基 于 传 播 问 题 的 跨 学 科 阅 读

"随波逐流"

读 书 笔 记

- 第 二 辑 -

"Going with the Flow"

Interdisciplinary Readings for Communication Studies (Vol. II)

单 波
肖 劲 草 /主 编

社会科学文献出版社
SOCIAL SCIENCES ACADEMIC PRESS (CHINA)

序 在分享中在家

单 波[*]

"随波逐流"读书会走过了二十年，忽然而已！然而，这种时光感慨也许表明心灵受到外在时间的限制，以至于用时间的刻度标示某种"成就感"，如此难免会遭到禅师们的"棒喝"：在觉悟者的心灵中，本无所谓时间长短问题，人们对日常时间的执着，不过是表现了人的不自由状态；只有不执着于过去、现在、未来的任何一点，才能显现自由通达的心灵。

写下这段不成样子的纪念话语，我不禁笑了，感觉"随波逐流"的禅意附体！当初同学们把读书会命名为"随波逐流"，有一点玩双关语的意思，兼具成语的反用和"随单波读书"的意味。我把它与"云门三句"连接，即涵盖乾坤，截断众流，随波逐流（也作随波逐浪），这里呈现了一种读书态度：一个读书人要使自己的慈悲之心充斥宇宙，以至涵盖乾坤；同时在读书过程中不随俗，把自己的心灵、精神与思维腾空，体验截断众流的感觉；最后要达到一种自然的开悟状态，即随波逐流，逐渐步入自由读书、明心见性之径。

渐渐地，读书会脱离"随波逐流"的俗意，而为其禅意所浸润。在武汉大学媒体发展研究中心资料室这个温馨的"家"，高高的书架上，那些被师生们"基于传播学问题的跨学科阅读"需要"请来"的图书，像老朋友一样与大家围坐在一起，感受每周新闻讲述者所呈现的全球媒体的喧嚣世界，然后安静地倾听读书分享者娓娓道来。分享者直观自己与一本书的情感共鸣与问题连接，诉说某种"相遇"的缘分，抓住自己在某一点上受到的启发，在条分缕析中尝试"观照"事物的本质和真相，唤醒内在的"觉性"。倾听者努力排除杂念，练习"静虑"的思考功夫，或与分享者"疑义相与析"，磨炼思考的定力。虽然那种"随波逐流"式的自然的开悟状态不可预期，但有些

---

* 单波，武汉大学媒体发展研究中心主任，武汉大学新闻与传播学院教授。

同学喜欢上思考，并乐于相互激发，这也是让我欣慰的事情。他们从爬梳文献到案例研究、现场观察，再到在与万物互动中直观心灵，丰富人生体验，拓展思维空间。那些偏爱四季珞珈的同学，在微信圈里所分享的珞珈山，映照着"惟见珞珈青又黄"的静观心灵，这也许就是所谓潜移默化吧！

就这样，读书分享携带着温暖的情感、交流的意义、参与的快感，把师生们圈进了这个"家"，并在互相启发、补充、印证的过程中创造互惠性理解的读书生活，在互惠性理解过程中与他人共在，消解人的碎片化，培养亲切与熟悉的感觉，体验"在家"的感觉。所谓"在家"，在黑格尔那里特指精神回到自身的一种状态，保持独立自在，同时扬弃与世界的对立，与之和解。其可能性在于，当我知道这个世界，尤其是当我理解了这个世界的时候，我就在世界中在家（in der Welt zu Hause）。① 因此，读书会是不设防的，鼓励每个人展现自己独立自在的思考，沉静于互动的世界；读书会也面向可交流的知识世界，开放理解的空间，邀请各学科专家、著述者、新闻人、汉学家、音乐人、唱《诗经》的农民等各类读书人，带来熟悉而陌生的分享，也偶尔到空悠悠书局、辅仁书院、经心书院等读书场所"串门"，与社会各界一切爱好读书的人交流心得。

虽然读书是很个人的事情，但对于研习传播学的人来说，需要面向交流如何可能的问题，这就要求把一部分读书实践纳入分享过程，在与不同学科学者的互动中拓展传播问题的思维空间。每一个分享者都可以扮演理论旅行者角色，带着交流如何可能的问题关怀，以及"望尽天涯路"的心愿，在"遇见"理论文本的过程中寻找可能的交谈者；或与不同学科的分享者对话，发现理解传播学问题的另类视域。

培根曾经这样启发人们：读史使人明智，读诗使人灵秀，数学使人周密，科学使人深刻，伦理学使人庄重，逻辑修辞之学使人善辩。凡有所学，皆成性格。我并不完全赞成这种刻板的划分，传播学问题涵盖不同的学科，研习传播学的人兼修各种学问以丰富自己对人类交流问题的理解，但并不为特定的学科所塑造。在我看来，他要养成的是与他人共在的交流习性，为此，我曾这样解读《论语·学而》的第一句：

---

① G. W. F. Hegel, *Grundlinien der Philosophie des Rechts oder Naturrecht und Staatswissenschaft im Grundrisse: Mit Hegels Eigenhändigen Notizen und den Mündlichen Zusätzen* (Frankfurt am Main: Suhrkamp, 2000), p. 24.

把"学"理解为去蔽、去固，"习"理解为像鸟儿学飞翔那样去实践，"朋"理解为交好者，"人不知而不愠"理解为独立豁达的精神状态，再加上此世间的一己之"悦"和主体间的情谊之"乐"，这是一种多么入境的书生交流啊！①

这便是我所祈望的"在分享中在家"，一种典型的精神回到自身的状态，一种可在日常生活中感受到的传播学人的初心。

这种"在家"的感觉是从同学们向我提出"我该如何读书"这一问题开始的。我大致从四个方面回应：第一，这一问题就像"我该如何做人"的问题一样，应该先向自己提出，并求得一个初步思考结果，然后在我们的讨论中规划读书路线，并在互动式学习过程中调整自己的读书路线；第二，读书必须带着问题去读，用问题意识激活知识系统，让自主认知进入开放之境，把知识转化为动词"识知"，在与万物交互中能动地领悟事物，扩展知的时空，通过交互性超越知的主观性和片面性；第三，每个人都有自己的性情、兴趣、才能和需要，因此，读书方法不必相同，应体现自己的特点，在追求真知的过程中唤醒自主性，同时要意识到自主性的偏向可能偏离获取真知的目的，转而亲近知识分享过程，生成具有关系性和反思性的自主性；第四，读书有着广泛的内涵，我们不仅要读用文字写出来的书，而且要读自然、人生、社会等不成文的书，即用一己之生命去观察、体验，置身于交流的世界去理解，这样，所得的学问将更为真实。

在这里，每一个分享者努力实践着"分享即参与"的信条，并通过公众号向社会发布读书报告，参与社会性知识生产。努力消解零和意义上的分享，相互启发而又拒绝掠人之美，使分享成为一种人际、情感意义上的"交流"，一种双向的、能够被聆听的表达，一个以知识启发知识、以思想滋润思想的过程。

然而，分享常常是艰难的，"在分享中在家"是一种难得的体验。对于这一代读书人来说，他们正在经历自我被数字分裂的痛苦。从鲍曼（Zygmunt Bauman）的视角来看，数字时代"分享"的流行形成线上世界与线下世界的分离，② 这种分离导致"我"的一种奇特状态："我"属于线下世界，而线上世界属于"我"，被线下世界制约的"我"，进入线上世界，可以成为规训分

---

① 单波：《作为交流的读书》，《中国社会科学学报》2017年11月24日。
② 〔英〕齐格蒙特·鲍曼：《门口的陌生人》，姚伟等译，中国人民大学出版社，2018，第108页。

享的控制者、情境管理者，也可以挥舞"禁言""踢人"的武器赶走"他者"；"我"表面上通过分享与他人在一起，实际上是寻找能够迎合"我"的意志的"同者"。从这个意义上讲，所谓的"分享"的时代很可能就是"我"的时代，一个分享很多而知之甚少的"我"对应一个不确定的时代。我们如何"在分享中在家"？这依然是一个未解的问题。

疫情发生后，师生们各自回家，不得不远离读书会之"家"，在线上展开读书分享。那时，社交平台把分享功能发挥到极致，人们网上办公、线上教学、云上玩乐，分享"一起在家"的意义，共享"一个世界"的理念。当人们习惯这一切的时候，实际上习惯了被网络所区隔，成了"在家里的陌生人"；人们也因为被区隔所困而难以理解这个世界，失去"在世界中在家"的可能性。线上分享的苦恼在于，人与人之间自然连接的状态被暂时搁置了，人们不是"投身"于这个世界，而是以在线化身（avatar）的形式隔着屏幕交流，而"在线"并不保证"在场"和参与，也不保证我所分享的会被他人聆听，"一起分享"的结果可能只是在网络空间中制造出更多没有归处的游离情绪。同学们体验到一种网络交往困境，我们在隔离状态中共同进入一本书的世界，但分享并不保障对话关系和意义理解的达成，读书分享面临失去意义的风险。

与此同时，大家触摸到一种现实路径，疫情中的"敲锣救母"、暴雨中的"救援互助文档"，网络空间中星星点点的分享可能获得聆听、牵动共情，将线上的信息流与线下的情绪和身体相连，这些或许是对分享意义的不断拉扯和填充，也是将"在线"和"在场"、"分享"和"参与"连接起来的尝试。更为重要的是，这也促使师生们思考一个特定的问题：如何超越技术的逻辑，克服没有在世感的网络交往困境，同时顺着技术的解放力量通向"在世界中在家"？在充满不确定性的时代，或许我们更需要破除技术的区隔与规训，建构基于自我反思的、基于聆听和参与的分享观念。因此，除了从他者出发，更重要的是从自我的反思性出发，尝试去理解他者、呈现分享的自我，在分享中保持聆听和互动，来对抗这个时代的不确定性。

在这一思考过程中，那种"与他人共在"的在家感悄然回归！走出读书会，同学们更愿意沉潜于交流世界，观察不同类型的人类交往实践，诸如养老院里老人的再社会化实践、中外粉丝间的跨文化冲突、文化接触地带的文化互动、国际新闻从业群体跨越边界的新闻生产活动等，揭示人类面临的交流难题，共同面对交流如何可能的问题，不断趋向"在分享中在家"的人生境界。

目　录

面向新闻而思

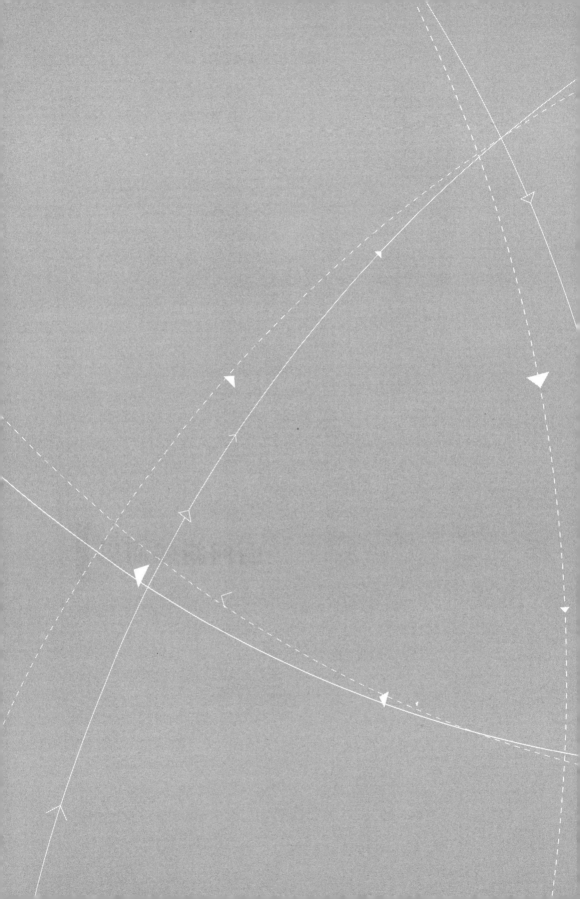

以"百科全书"之名：读《马克思主义新闻观百科全书》*

单　波

《马克思主义新闻观百科全书》① 最引人注目之处是"百科全书"首次成了马克思主义新闻观的"修辞"。马克思主义因其博大精深的理论体系、生生不息的思想运动和丰富多元的实践活动，常常为"百科全书""全书"所修辞，如《马克思列宁主义基本知识百科全书》（1953 年）、《马克思主义百科全书》（Encyclopedia of Marxism）线上版、《科学社会主义百科全书》（1993年）、《马克思主义哲学全书》（1996 年）等。但在马克思主义新闻观这样一个专门领域，"百科全书"之名除了覆盖专门知识之"全"外，还贯通百科之"博"，这无疑是令人惊奇的事情。

英文"encyclopedia"最早出自希腊语ἐνκύκλιος（拉丁文 enkyklios，意为"循环的，周期性，平常的"）和παιδεία（paideia，指"教育"），表达的是早期通才教育思想。到 18 世纪启蒙运动时期，《百科全书》（全称为《百科全书，或科学、艺术和工艺详解词典》)的出版产生了百科全书主义。它使启蒙运动具体化、生动化，成为启蒙的生产与传播过程的历史记忆，也建构了自身的意义：

> 它阐明了知识是有序的，不是随意的；排序的原则是对经验信息进行逻辑思考，不是贯穿传统的神启般的言说；而理性的标准，当被应用于同时代的制度时，将揭露出随处可见的荒谬与不义。②

---

* 本文曾发表于《国际新闻界》2019 年第 7 期，第 6~12 页。
** 单波，武汉大学媒体发展研究中心主任，武汉大学新闻与传播学院教授。
① 参见陈力丹主编《马克思主义新闻观百科全书》，中国人民大学出版社，2018。本文直接注明页码处均来自此书。
② 〔美〕罗伯特·达恩顿：《启蒙运动的生意：〈百科全书〉出版史（1775—1800）》，叶桐、顾杭译，生活·读书·新知三联书店，2005，第 527 页。

这种百科全书主义与受经济利益驱动的《百科全书》出版活动交织在一起，于是罗伯特·达恩顿用"启蒙运动的生意"（the business of Enlightenment）概括这一纠缠不清的过程，充满反讽的意味。幸运的是，启蒙思想遇上了马克思，百科全书主义也迎来了转机。

马克思所生活的莱茵省是德国受启蒙思想影响最大的地方，他的家庭也为启蒙思想所笼罩，以至"人的主体性的张扬"和"理性自由的诉求"深植其心灵。同时，马克思主义的三大来源也与启蒙思想一脉相承，英国古典政治经济学的代表亚当·斯密亦被视为启蒙思想家的重要代表，德国古典哲学的创始人康德更被视为启蒙思想的理论总结者，黑格尔被认为是自由主义哲学的基础代表，费尔巴哈在德国"复制"了启蒙思想，而法国和英国空想社会主义则植根于启蒙思想的沃土。马克思在《莱茵报》时期即践行启蒙思想，使其转化为实践的力量。他一方面肯定黑格尔等人"已经开始用人的眼光来观察国家了，他们从理性和经验出发，而不是从神学出发来阐明国家的自然规律"；① 另一方面又超越启蒙思想，从理性自由到自觉人的自由，从政治解放到人类解放，从理性的人到完整的人。这样一来，马克思主义的知识观突破了理性主义的视域，强调知识是人类实践的一个方面，而实践是一种必然的社会行为，认为知识可以由单个的独立个体获得的观点是值得怀疑的；知识产生于人类对世界的改造实践活动之中，因此所有的知识必须被视为源于特定的生产方式，而不是某种先天的纯粹理性的建构。② 也就是说，实践是获得知识的基础，实践的社会性决定了马克思主义知识生产的主体间性，仅仅依靠理性的个体去破除"神启般的言说"、揭露荒谬与不义是不够的，还必须在主体间交往中通过辩证思考揭示知识的限定性，进一步破除知性独断论。由此，"百科全书"的意义也由有序的、经验的、逻辑的静态层面上升为实践的、主体间的、辩证的动态层面，它不迷信权威，不屈从于权力与利益，因而不再是"生意"，而是面向实践与真理的"事业"。这种事业超越工具理性，具有"天职"（或汉语"志业"）的意义，对应的是英文"vocation"或德文"beruf"，即对人具有"召唤"意义的追求。

在新闻传播领域，对马克思具有"召唤"意义的"事业"就是在人类交往实践中追求交流自由。因此，他不是就新闻论新闻，而是从人的报刊实践

---

① 《马克思恩格斯全集》第一卷，人民出版社，1995，第227页。
② 吕旭龙：《"葛梯尔问题"的实质与马克思主义知识观的回应》，《哲学动态》2011年第3期。

活动的物质性与精神性出发来建构关于新闻传播的思维空间。在马克思看来，人们读报是为了在报纸上"寻找当今的精神和时代的精神"。自由报刊"是把个人同国家和世界联结起来的有声的纽带，是使物质斗争升华为精神斗争，并且把斗争的粗糙物质形式观念化的一种获得体现的文化"。① 在马克思这里，报刊或新闻媒体不是一个孤立的存在，而是作为社会系统的一部分而存在。它建立了个人与国家、与时代之间的联系，是社会交往的重要组成部分，也是连通人的物质交往与精神交往的实践场域，其面向真理的姿态是"社会的捍卫者"，"针对当权者的孜孜不倦的揭露者"，"无处不在的耳目"（第14页）。由于马克思扬弃了对人的本质的抽象理解，使之还原为"人的真正的社会联系"（第73页），从而开辟了面向普遍交往的思想路径，因此新闻传播的空间不再是专业化的封闭空间，而是基于人类交往复杂性的开放空间。由此，马克思将交往（或传播）延伸至社会的各个领域，构建了新闻传播学与政治学、社会学、经济学、法学、宗教学、历史学等学科的联系。这样一来，马克思主义新闻观就展现出一个以新闻传播专业问题为中心、广泛延伸到人类交往复杂性的思维空间。

学科的封闭性似乎与生俱来，学科（discipline）的本义即"一条自我约束的小鞭子"。这种含义后来变成思维训练、理论训练和专业训练工具。马克思主义新闻观面向工业革命后报刊实践的职业化发展，形成了早期的新闻传播学科意识，覆盖新闻理论、新闻业务、新闻史、媒介经营管理等各个领域，论及新闻、宣传、舆论、新闻真实性、新闻客观性、报刊的职责、新闻职业道德等专业问题。但由于马克思主义本身就是一个多学科的融合体，因此，对这些专业问题的讨论从来不局限于专业范畴，而是在报刊实践与人类交往的复杂联系中展开。比如，报刊实践常常与工人运动紧密相连，恩格斯极力捍卫工人享受免费文学的权利（第80页），将以出版自由为代表的各种政治自由的权利看作工人运动的环境条件（第24页）；同时认为报纸不仅仅是传播信息的工具，还是工人必要的生活资料（第79页），从而又转向经济学角度认知报纸与工人生活的关系。论及19世纪初的交往革命，马克思将它与当时的工业革命建立广泛的联系（第68页）；论及"用时间消灭空间"时，把思维引向伴随工业革命而来的世界市场的形成与拓展，以及物质交换条件的创新，让人们认识到，抢新闻的职业习惯实际上是物质交往要求用时间消灭空间在精神交往方面的一种直接反应（第70页）。这种多学科融合思维渗透

---

① 《马克思恩格斯全集》第一卷，人民出版社，1995，第179页。

到每一个概念的表述之中，展现出马克思主义新闻观的开放品格。

与此同时，马克思主义新闻观的开放品格还表现为以问题为导向的开放型思维方式，通过知识的相互作用拓展问题研究视域。马克思论及"报纸是作为社会舆论的纸币流通的"（第95页）这一命题时，融合了经济学、社会学、哲学等多学科的思考，借用"纸币是商品的等价符号"，说明"报纸就是舆论的等价符号"，由"纸币是因为流通才有了价值"推及报纸，认为报纸只有真实反映舆论，才能在市场上获得更广范围的流通，得到更多受众的认可。由于纸币实际上显现的是人的一种社会关系（第73页），为此转而通过解析纸币的社会功能，理解报刊在社会舆论中所起到的作用。进一步地看，纸币是看得见的物质交往，而舆论这一看不见的精神交往通过报纸被看见，完成精神交往的过程。在论述舆论的社会作用时，马克思作了"舆论陪审团"这一形象的比喻。陪审团对案子的裁定暗示着舆论对权力所起到的监督作用；而从心理学角度看，舆论的制约强调在某些正式场合对当事人或机构造成的一种无形的精神压力（第97页）。马克思和恩格斯多次谈到古登堡印刷术的发明以及印刷机的诞生对精神交往的巨大作用（第6页）。其中不仅包含生产力视角和技术史视角，还构建了物质意义上的信息传播与精神交往之间的联系，以及作为政治制度变革工具、作为科学复兴手段的印刷术，呈现一个问题的多学科视野。

然而，我们并不能由此认为马克思主义新闻观仅仅是通过知识交叉与融合表现自身的开放品格，也不能把这种开放品格等同于发散式思维与综合性思维偏好。从根本上讲，马克思主义新闻观是通过批判性思考实现自身的开放品格，其典型思想话语在于：人们创造的促进交往的东西最终限制了交往的进一步扩大；只有报刊有机地运动着，全部事实才会一步一步地被揭示出来；新闻敲诈是一种以政治投机和经济投机为目的的行为；自由报刊是人民精神无处不在的警惕之眼。这种批判性思考时时追问人类交往的困境，反思传播与权力的关系，追求人类交往自由。对于技术力量所主导的交往，马克思、恩格斯通过新旧交往形式的辩证关系形成批判性思考："已成为桎梏的旧的交往形式被适应于比较发达的生产力，因而也被适应于进步的个人自主活动类型的新的交往形式所代替；新的交往形式 à son tour〔又〕会变成桎梏并为别的交往形式所代替。"[1] 当人类的理性愈来愈被认为具有数学意义上的可计算性，人与人之间的关系日趋抽象化，马克思主义提醒人们从抽象的人回

---

[1] 《马克思恩格斯全集》第三卷，人民出版社，1960，第81页。

到现实中的人，从抽象的传播回到现实中的传播。这些批判性思考不断面向新问题、生产新知识、创造新交往，使马克思主义新闻观融入人类交往实践的历史过程。

这样一来，马克思主义新闻观成为一个公共论域，它内含一种新百科全书主义：知识是有序的，也是在交往实践中发展的；知识是基于特定经验的，也是在主体间交往关系中发生交叉融合的；知识是有逻辑的，也是通过批判生产的。因此，以"百科全书"之名建构的不再仅仅是完整、全面的知识体系，而是开放的思维空间。

陈力丹主编此书的本意是梳理 200 年来马克思主义经典作家的新闻传播实践经验和理论贡献，提供基础的研究素材。他以准百科全书式的工作方式（45 个单位 168 人）建立框架、厘清脉络、翔实考证，看上去平淡无奇，只是朴素地从理论思想、观点术语、人物活动、论著文件、媒体组织和历史事件六个部分展开，但正是这一框架建构了集观念、实践、文本、历史于一体的马克思主义新闻观，在一定程度上回应了其内含的新百科全书主义。

第一，在交往实践中展开马克思主义新闻观，使其还原为一个开放的历史过程。作者把握了马克思主义考察现代新闻业的宏观视角——世界交往，以及马克思主义在考察作为交往方法的报刊的过程中所建构的核心观念，使新闻传播的知识建构既呈现为以一定交往方法为中心的序列，又能够在交往实践的历史过程中得以展开，显现为具有交往意义的重要历史事件和人物活动。然而，由于作者局限于作为交往方法的报刊实践，没有推广到恩格斯晚年所说的铁路、电报、工业城市、有组织的人民集会等更广阔的交往方法，这就使得该书表现出有限的开放性。虽然作者从德文原著出发，考证发现马克思恩格斯对交往/传播（verkehr 或 kommunikation）的使用既指物质意义上的商业贸易、交通运输，也指精神意义上的信息传通，纠正了马克思恩格斯著作中译本译作"交通工具"的狭义理解偏差，但作者没有继续挖掘马克思主义新闻观在物质交往层面的发展，这在一定程度上限制了思维空间的扩展。而事实上，恩格斯视全球贸易、地理空间、语言、作为新技术的印刷术、教育为现代报刊产生的条件（第 76 页），确立了交往的物质性与精神性的思维空间，也使新闻传播学延伸到广阔的知识领域。

第二，在"历史事件"部分，抨击、批评、诉讼、争论、论战、冲突、打破沉默等交往性词汇还原了马克思主义新闻观的真实状态与复杂关系，从而表现出马克思主义新闻观在主体间交往关系中建构自身的过程。一方面，马克思主义经典作家在社会交往中发展自己的学说，如为了保护信息源马克思不惧官司和报纸被查封风险，在此事件中马克思阐发了对隐匿权的观点；在抗议俄国社会主义者未经同意便擅自翻译马克思和恩格斯著作的过程中，恩格斯表达了对版权问题的看法。另一方面，马克思主义在内部交流、批评与外部冲突、论战之中完善自身的学说。在这一点上，该书还可以进一步扩展内容，特别是马克思主义者对西方马克思主义、自由主义新闻传播观的回应。

第三，马克思主义直面资本主义的内在矛盾，它所养成的批判精神也延伸到人类交往领域，揭示了物质交往与精神交往的辩证关系，把普遍交往建立在生产力的普遍发展与人的自由、全面发展和普遍联系之上，从而成为寄居在资本主义交往体系之中的一只"牛虻"。① 在资本主义交往体系内部，新闻传播学与马克思主义更像是一对咬合的齿轮，在调适、嵌入、脱嵌、背离、碰撞、整合中向前发展。其中，马克思主义对文化工业领域中资本积累的批判、对商品拜物教的批判以及对意识形态控制的批判，为西方新闻传播领域的知识生产提供了基本的认识工具。因此，马克思主义新闻观的思维空间也表现为资本主义交往体系的建构者及其批判者之间的思想竞争关系。在社会主义发展进程中，马克思主义新闻观还涉及各个区域的社会主义传播实践，同时也要面对民主社会主义、市场社会主义、后工业社会主义、生态社会主义所建构的新闻传播问题。由此，可以进一步展现马克思主义新闻观面向交往异化的多维思想空间。

《马克思主义新闻观百科全书》已构成跨校合作的知识生产空间，如果进一步转向全球化的、跨学科的知识生产，将会开辟新百科全书主义的知识创新路径。实际上，互联网已为它预备好了知识生产平台化机制：问题讨论的、跨学科的、开放且异质的内容生产让人们会集在一个透明的知识空间。其可能的前提是，交往异化使人们不断寻找交往实践的出路，技术文明的偏向与媒介权力的支配使人们自愿接受媒介批判与变革，迫切需要走向自我救赎，而且人们相信马克思主义那里有自己需要的灵感与智慧。

---

① 单波、冯济海：《西方传播学理论是如何与马克思主义发生联系的?》，《新闻大学》2016年第3期。

如何面对多媒介世界的不确定性？

王宵静[*]

如今谈到新闻时，我们总能联想到一系列规范化、专业化的表述，当新媒介技术的出现动摇了新闻业原有的专业基础和生产方式时，我们难免担忧起新闻业的未来，想象如何在危机时代重思新闻业、如何救赎新闻业等。

事实上，新闻业（journalism）这一术语在19世纪30年代才出现在英语中，至今也不到200年的时间；查勒比（Jean K. Chalaby）认为新闻业是19世纪下半叶"盎格鲁-美利坚"式的发明，并逐渐被世界其他地方借鉴使用。[①] 然而，在全球与地方、历史与当下的交织中，"盎格鲁-美利坚"式的新闻业总是难以完美地应对实践带来的挑战。

许多学者试图规避对新闻业的规范化、本质化理解，采用去西方化的范式开展新闻研究，或者跳出新闻编辑部，将新闻视为人们交往网络中的一个节点，以重新理解新闻。无论如何理解，需要注意的是，新闻（news）并不等同于新闻业。在英语中，"journalism"是指宏观意义上的"新闻"，通常与"新闻事业"或者说"新闻行业"这两个含义紧密相关；"news"是指微观意义上的"新闻"，通常是指具体的新闻报道。[②] 还有一种说法认为，"news"这个词由n、e、w、s这四个字母组成，分别代表了north、east、west、south，也就是说，新闻来自四面八方。虽然可能只是巧合，但基本符合我们对新闻的认识。

面对当下的媒介环境，报纸的未来似乎完全不清晰。《新闻的发明：世界是如何认识自己的》(*The Invention of News: How the World Came to Know about It-*

---

[*] 王宵静，武汉大学新闻与传播学院博士研究生。

① Jean K. Chalaby, *The Invention of Journalism* (New York: St. Martin's Press, 1998), p. 1.

② 徐天博：《新闻：一种"盎格鲁-美利坚"式的发明——西方学者对新闻事业起源与发展的探讨》，《中国社会科学报》2011年5月5日。

self）以 news 命名，将目光聚焦在了 1400—1800 年的欧洲，也即中世纪之后到大众传媒到来之前的这一时期。① 该书带领我们重新回到报纸的史前史，观察在报纸兴盛之前，新闻是如何传播的。

佩蒂格里（Andrew Pettegrce）并非新闻学领域的学者，而是一位英国的历史学家，主要关注欧洲的宗教改革、书籍史和媒介变革。因此，他较少受到新闻学专业观点的影响，在考察欧洲 15 世纪至 19 世纪的新闻传播史时，也仅仅将这四个世纪媒介的发展、新闻的流通特点置于当时的历史情境中加以描述，大量的史料也使得该书充满了故事性，较少有作者观点的直接表达。

然而，正如有评论所指出的那样："这本书的一个根本缺陷是它的欧洲中心主义；更合适的标题是《欧洲新闻的发明》。否则，它强化了一个危险的观念，即欧洲人是唯一能够分享有价值新闻的人。"② 也有读者为它取了一个更准确的标题：《1400—1800 年印刷新闻的发展：西欧如何认识自己和世界》。③然而，即便是欧洲，它也仅涉及了法国、意大利、葡萄牙、西班牙、荷兰、英国、德国、丹麦、瑞典等。

总体而言，这本书至少可以带来两个方面的启发：第一，我们如今所熟知的新闻观念和实践只是特定情境下的产物，既不普适于各个地区，也不适用于各个时期；第二，在更长的历史时期里，多媒介并存的信息传播才是生活世界的常态，报纸乃至大众媒体占主导地位的时间是如此短暂。由此，我们似乎应该搁置对新闻业的规范认知，重新以 news 为棱镜，透过它观察我们的交往世界，以一种更平和、更理性的心态面对当今多媒介世界的不确定性。

一 报纸出现前：多种传播方式并存的世界

欧洲 1400~1800 年这四个世纪的媒体环境和当下一样，是一个多媒介世界。15 世纪中叶铅活字印刷术发明之后，新闻市场开始逐渐发展起来，除了口头传播以外，还出现了新闻小册子、新闻信札、报纸、期刊等多种媒介形

---

① 该书的英文原版（*The Invention of News: How the World Came to Know about Itself*）出版于 2014 年，本书评主要参考中译本〔英〕安德鲁·佩蒂格里《新闻的发明：世界是如何认识自己的》，董俊祺、童桐译，广西师范大学出版社，2022。

② Jon. Marshall, "Marshall on Pettegree, 'The Invention of News：How the World Came to Know about Itself,'" August, 2017, https://networks. h-net. org/node/14542/reviews/189472/mar-shall-pettegree-invention-news-how-world-came-know-about-itself.

③ Goodreads 读者, "Art," September, 2016, https://www. goodreads. com/book/show/18693394-the-invention-of-news.

式，但它们彼此之间并不是一种替代关系，在很长的时间里都是共存的。一种传播方式的出现以及流行与否和多种因素有关，比如造纸术、印刷术和邮政网络的发展，识字率的提高，集市旅馆以及后来的咖啡馆等公共场所的繁荣，信息交换带来的商业价值，权力阶级控制信息的需求以及人们追求新闻自由传播的欲望，等等。在1400—1800年这四个世纪里，即使新闻有不同的传播方式，但"速度、可靠性、内容把控和娱乐价值"理念在这几个世纪里未曾改变，它们在很多方面主宰着新闻业①。

在前工业社会，欧洲的识字率普遍较低，人们主要在面对面的相会中实现信息的传播，形式包括布道、大学演讲、颁布新法、游吟诗人讲故事，其中也包括分享新闻。② 识字率也影响着书面新闻的普及，在15世纪，西欧的识字率普遍在10%以下，到了18世纪，主要国家的识字率已经达到了50%以上。在这种情况下，旅行者、流动小贩、朝圣者是重要的信息传播者，集市和酒馆则是重要的信息交换场所。此外，前工业社会在很大程度上还是一个熟人社会，口语消息被普遍认为比书面消息更可靠，它由可信赖的人传播，一条新闻的可信度与这条新闻发布者的名誉和声望紧密相关，甚至手写信件的真实性也要由传信人的信誉作为保证。所以，一个可信赖的朋友或者信使口头传达的新闻要远比一篇匿名书面报道更有可能被人相信。因此，口语传播的重要性并没有因书面新闻的出现而减退。事实上，直至今日，我们依然无法忽视口语传播在日常生活中的作用，它既是获取信息的来源，更是满足情感、结伴需求的手段。

造纸术、印刷术和邮政系统的不断完善为书面新闻的发展提供了不可或缺的条件。造纸术在12世纪传入欧洲，在14世纪成为欧洲大陆首选的记录和通信介质。15世纪中叶铅活字印刷术发明，但其最初并没有用于传播新闻，而主要是用来印刷《圣经》这种大部头的书籍，但由于价格非常昂贵，只面向特定的客户，所以印刷商通常获利很少。后来，印刷商从赎罪券中发现了商机，与教会机构合作，大量印刷这种有重复条文的赎罪券，以至于赎罪券生意养活了许多印刷厂。在之后的赎罪运动中，教会利用一些小册子呼吁人们为国际事业筹集资金，这时出版物所具备的媒介价值开始凸显。接着，15世纪末哥伦布发现新大陆成了一个重要的新闻事件，印刷物作为新闻媒介

① 〔英〕安德鲁·佩蒂格里：《新闻的发明：世界是如何认识自己的》，董俊祺、童桐译，广西师范大学出版社，2022，第14页。
② 〔英〕安德鲁·佩蒂格里：《新闻的发明：世界是如何认识自己的》，董俊祺、童桐译，广西师范大学出版社，2022，第43页。

的潜质开始被意识到。① 然而，最重要的新闻事件当数新教改革。

马丁·路德将自己的《九十五条论纲》（*Ninety-five Theses*）寄给了几个可能会支持他的人，很快《九十五条论纲》就被大量印刷。与宗教改革相关的小册子也大量出现，动员了更广泛的公众参与。对于印刷商来说，印刷小册子可以面向更多读者，带来更多收入；对于试图传播新观念的人士来说，小册子也是一种极其有效的途径。更重要的是，由于印刷量的增加，更多的人开始接触到印刷物，养成了读书的习惯，更多种类的小册子开始出现。

16 世纪，新闻小册子的传播突破了固定的网络和熟人圈层，在人群中广泛传播，但可信度也因此成了一个问题。由此，一些私人新闻处建立起来，其以订阅的方式提供机密新闻，也就是手抄新闻信札。这种特殊的新闻服务往往只有统治阶层或商业阶层才能负担得起，而传递这些新闻的人则被称为"新闻作者"（意大利语 novellante），他们的信誉尤为重要。手抄新闻的内容简短且清晰，以提供最大量信息为目的，避免表达观点。这种秘密的手抄新闻服务一直持续到 18 世纪下半叶。

中世纪欧洲的邮政网络主要由教会、国家和商人阶层维护。教会人士一般拥有读写能力，起着记录社会、建构集体记忆的作用，于是竭尽所能搜集有关这个世界的愚行和苦痛的信息。同时，教会可以依靠那些有意愿且信得过的使者传达信息，形成自己的邮政通信网络。统治者搜集与传达信息则主要是为了维护统治。消息、令状、传票和新法律的通知都由骑马的信使来传播，以促进国家意识、地方意识和社区意识的构建。② 除此之外，欧洲当时的大学生群体远离家乡，为了缓解他们的思乡情绪，大学为他们提供了固定的信使服务，以使他们与家人保持联系。然而，这时的邮政系统充其量只是有了一些专门传递信息的人，为特定的对象服务，传递的很多内容并不能被称为新闻。

直到 1490 年，罗马帝国的马克西米利安一世（Maximilian I Joseph）基于其统治范围的广度和统治事务的复杂程度，对快速且持续获取政治情报产生了巨大的需求，于是创建了一个横跨欧洲大陆的帝国邮政服务系统。其特别

---

① 哥伦布在寄给西班牙王室的信件中描述自己的途中见闻，使得他的故事的手抄本在多个城市流传，并被译成意大利语等多种语言，印刷技术的广泛应用更是让该新闻被更广泛的公众所知。

② 〔英〕安德鲁·佩蒂格里：《新闻的发明：世界是如何认识自己的》，董俊祺、童桐译，广西师范大学出版社，2022，第 36~37 页。

之处在于：以固定的间隔建立长期驻人的驿站；信使以每小时 7.5 公里的速度，每天驰行 180 公里。这里暗示的一点是，一个庞大的邮政系统需要依托于一个主权国家，其维持统治的需求以及掌握的权力和资源使这种邮政系统的建立成为可能。然而，由于维护成本过高，最后不得不承包给私人家族，按照商业逻辑运转。该邮政系统成为 17 世纪邮政系统升级的一个重要参照。

商人既是新闻的主要消费者，又是新闻可靠的提供者。1200~1500 年，欧洲贸易的繁荣和大型商业公司的崛起使得商人对信息的需求量增加，商人之间自发地联合起来创建了一个共享信使服务系统。他们传播的新闻无论是速度还是可信度都要优于统治者的邮政网络，且维系费用相比于商业利益来说几乎是微不足道的。15 世纪，得天独厚的地理条件使威尼斯同时成为欧洲的商业中心和新闻中心。商人可以通过海路运输货物，通过陆路发送信息，从而可以在货物到达之前影响市场，获取更高的利润。欧洲贸易网络直接影响了其通信网络的发展，威尼斯与布鲁塞尔、德国南部城市都建立了联系紧密的通信节点。佩蒂格里在书中提供了一张 1500 年前后欧洲主要的贸易路线图，这实际上也是主要的通信路线图。也就是说，贸易范围直接影响了通信范围，贸易网络直接催生了通信网络。这些通信网络跨国、跨地区存在，消弭了国家边界，它们由商人自发建立，彼此对信任的需求也保证了新闻的可靠性。

国家也是出版行业最重要的资助者之一。利用媒介宣扬爱国精神是国家的普遍做法。以法国为例，从 1494 年开始到接下来的 60 年里，法国向意大利半岛发动军事战役，并用一系列小册子宣扬法国精神，使国家信息在全国范围内传播。[①] 这样的宣传小册子无疑使法国人民在很大程度上团结在一起。但又由于小册子只报道胜利的信息，对战败有关的信息避而不谈，这导致战败信息以谣言的方式传播，极大地损害了国王的威严。16 世纪，一种耸人听闻的大报成为德意志印刷文化的一个特色，它主要报道犯罪细节和死刑场面，让更广泛的公众间接体验到这些邪恶行为的恐怖或刺激。对这些犯罪小册子最热心的消费者是那些已取得物质成功的人，他们最害怕佣人和学徒变坏或变贪婪。[②] 16 世纪国家对印刷媒介的利用证明了它的宣传价值，但只要稍加考虑当时的信息环境，便可推测由于印刷物的普及率远没有那么高，口语传

---

① 〔英〕安德鲁·佩蒂格里：《新闻的发明：世界是如何认识自己的》，董俊祺、童桐译，广西师范大学出版社，2022，第 88~90 页。

② 〔英〕安德鲁·佩蒂格里：《新闻的发明：世界是如何认识自己的》，董俊祺、童桐译，广西师范大学出版社，2022，第 101~107 页。

播依然占据十分重要的地位。因此，官方印刷内容的影响力是十分有限的，人们将官方印刷的内容与他们在街头巷尾听到的内容进行比较，渐渐形成自己的新闻价值观。

从以上的叙述中可以看出，新媒介和旧媒介之间并不是一种替代关系。口语交流一直占据着十分重要的地位，小册子更具有娱乐价值，聚焦最激动人心的战役、犯罪和其他轰动一时的人或事，通常会在整件事结束后发表，叙述较为详细。大范围传播也使得更多的人接触到印刷物，并在一些政治事件中发挥了关键作用。而商人等群体对可靠信息的渴望又推动了手抄新闻的出现。后来，17世纪的早期报纸从手抄新闻中继承了冷静严肃、不偏不倚叙述的传统，与散漫杂乱的小册子几乎没有共同之处。需要知晓的是，手抄新闻和早期报纸的风格和官方对新闻内容的把控是分不开的，聚焦信息、避免发表时事评论也是传播者逃避审查的一种方式。直到18世纪，新闻的传播仍然依赖于目击者的描述、通信和新的印刷媒体的结合。

二 从出现到流行：报纸何以成为新闻传播的主要方式？

在有关新闻业的书写当中，我们已经习惯了将报纸视为新闻传播的主要方式，似乎这是自然且必然的结果。但事实上，报纸初期的发展是十分缓慢的，它的出现并没有立即替代原有的新闻传播方式。

报纸的出现得益于邮政服务的进步。17世纪后，私人投资的加入、读者群体的扩大、战争的推动，使得国际邮政服务全面转型，邮递通信变得更快、更便宜、更频繁，由邮政连接的地区网络变得更加密集和复杂。[①] 欧洲的主要商业中心都加入了国际邮政系统之中，这为报纸的诞生提供了必要条件。

1605年，一位叫约翰·卡罗卢斯（Johann Carolus）的书商在斯特拉斯堡印刷了西方第一份报纸。他改变原有的手抄新闻信札业务，使其机械化，按周印刷新闻，名为《报道报》(Relation)。其内容和形式类似于新闻信札，没有插图和故事化的讲述，并不易读。1609年，德意志周报《新闻信札》加入《报道报》的行列，有了标题页以及木刻版画，这种新的出版物迅速在德意志传播开来，更多的报纸开始出现。汉堡第一份报纸的创始人主要从事长途货运，提供手抄新闻服务，他创办的《每周新闻》(Wochentliche Zeitung) 也是对已有新闻业务的机械化尝试。由于汉堡是一个重要的贸易和新闻区域性中心，

---

① 〔英〕安德鲁·佩蒂格里：《新闻的发明：世界是如何认识自己的》，董俊祺、童桐译，广西师范大学出版社，2022，第191页。

所以其新闻业发展潜力要大得多。汉堡很快确立了其作为整个德意志北部新闻供应者的地位，且因报纸出版的潜在利润，各出版商之间出现了激烈竞争。这说明了一个事实：报纸是能挣钱的。到了17世纪末，德意志出版的报纸大约有200种。此外，17世纪早期，在德意志重大政治事件的刺激下，还出现了政治大报——主要作为政治宣传的工具。出版商越来越多地使用能呈现更清晰细节的铜版画，取代16世纪的木刻版画。与新闻小册子不同的是，它只在事后发表意见，"小册子作者常常冒着风险去支持一项事业，政治大报却喜欢打击已被大事件摧毁的政治人物"，以此来迎合读者的喜好。[①]

1618年，首份在德意志以外出版的报纸出现在阿姆斯特丹，创新之处在于：最先刊登广告。相比于其他主要提供外国新闻的报纸来说，广告为报纸引入了少量本地信息。1620年，费尔赫芬（Abraham Verhoeven）的《新闻报》（Nieuwe Tijdinghen）给标题页加上插图，文章短小、活泼、易读，其本质是当地哈布斯堡政权的宣传工具，混杂了新闻、评论和党派偏见，但这种超前的形式在当时并没有流行起来。英国当局则采取了垄断的方式控制新闻，巴特（Nathaniel Butter）和伯恩（Nicolas Bourne）拿到了垄断权，出版了连载新闻书。1631年出现的巴黎《公报》（Gazette）则主要以一种奉承的语气报道国王的活动，除此之外则主要是外国新闻，值得注意的是，当时的《公报》有许多地方版本，使宫廷的声音传遍了全国。

在17世纪40年代的英国，巴特和伯恩提供的关于大陆战争的报道不再能满足公众的期望，读者对国内新闻有更迫切的需要。1640年，先法辩论的紧迫性催生了一种新型的连载出版物——"日报"（diurnal 或 daily），其对议会活动进行总结，最初是以手稿的形式流传的，直到1641年11月，才第一次以新闻信札的形式印刷出版。到1642年底，已经有超过20种独立的出版物以"日报"或其变体为标题。[②]与小册子的文字基调相反，日报显得沉着谨慎，是第一次主要致力于报道国内事件的定期出版物。议会和国王的冲突也导致了致力于保王派事业的《宫廷信使报》（Mercurius Aulicus）出现，成为鼓吹式新闻的开端。可以说，报纸深入参与了那一时代的政治冲突，但由于当权者的压力，内容往往是相当谨慎的，经常成为宣传的工具，公众成为被

①　〔英〕安德鲁·佩蒂格里：《新闻的发明：世界是如何认识自己的》，董俊祺、童桐译，广西师范大学出版社，2022，第250页。

②　〔英〕安德鲁·佩蒂格里：《新闻的发明：世界是如何认识自己的》，董俊祺、童桐译，广西师范大学出版社，2022，第252页。

哄骗和说服的对象。

相比于德意志和英国，意大利人并没有更热情地拥抱报纸。就政治生活日常和宫廷的阴谋而言，手抄新闻信札更能保持订阅者的忠诚。此外，对于罗马和威尼斯这种以八卦和私人情报为生的社区，"秘密"新闻不可或缺，在这方面，手抄新闻信札更为微妙和灵活。因此，在整个17世纪，意大利的新闻信札作者既提供常规的手抄新闻服务，也为特别顾客量身定制"秘密"新闻。意大利大量的抄写劳动力也使规模可观的工作坊得以建立，带来了比印刷报纸更高的利润。① 可见，即使处于同时期的欧洲，报纸的发展也有着不同境遇，它只能在人们的政治与社会日常生活之间寻求一个合适的安插点，周遭的任何元素都可能对其形态产生影响。

到了17世纪中后期，英国于1665年出版的官方报纸《伦敦公报》（*The London Gazette*）在接下来的14年里成为英国唯一出版的报纸。它们在内阁大臣的办公室进行编辑，内容挑选自收到的新闻信札和外国报纸。它的发行量迅速增加，每周两期，售价一便士，消息及时且权威。但它大部分内容为外国新闻，除了官方公文、再版公告或宫廷通告外，几乎不会提及当时动荡的政局。与此同时，咖啡馆在英国迅速流行起来，《伦敦公报》、小册子、手抄新闻信札都在咖啡馆流通，而小册子则在公共事务的讨论中发挥着主导作用。《伦敦公报》的垄断地位逐渐瓦解。1695年，随着《授权法案》的最终废除，其他报纸迅速发展起来。1704年伦敦有9种报纸，1709年至少有18种定期出版物。

广告对报纸产业的影响是巨大的。"商业世界对报纸的主要影响不在于提供讨论高层政策或投资战略的材料，而在于通过付费广告辅助商品和服务贸易。"② 另外，广告元素事实上也为报纸融入了本地元素。广告是使报纸区别于手抄新闻和小册子的重要部分，使报纸的持续发展成为可能，为报纸成为主要的新闻传播方式创造了必要条件。此外，18世纪教育、邮政网络的进步和写作材料成本的下降，推动了写信的潮流，读者来信也成了报纸的内容之一。

报纸发行量的增加也带来了雇佣"记者"的需求，女性参与到了18世纪新闻业之中。在18世纪早期的伦敦，批发贸易几乎完全落入了"信使女"手中，她们一般是知名印刷商的妻子或遗孀，有广泛的人脉，与她们联系的许多小贩

---

① 〔英〕安德鲁·佩蒂格里：《新闻的发明：世界是如何认识自己的》，董俊祺、童桐译，广西师范大学出版社，2022，第235页。

② 〔英〕安德鲁·佩蒂格里：《新闻的发明：世界是如何认识自己的》，董俊祺、童桐译，广西师范大学出版社，2022，第343页。

也是女性，但新闻内容基本还是由一个人负责。在 18 世纪，职业新闻工作者对新闻生产的参与越多，越会被认为是在削弱而非增强新闻的可信度。因此，他们逐字逐句发表官方通讯，避免编辑加工，避免更多的人参与。直到 18 世纪末，欧洲其他地方（包括除伦敦外的英国其他地区）的大部分报纸基本上都是"单枪匹马"生产的，且有的报纸业务只是印刷商的"兼职"项目。

然而，报纸在当时并没有受到广泛欢迎，甚至被视为一种时尚和新闻出版的倒退。首先，相比于以往熟悉的新闻交流圈，报纸新闻的可信度始终是一个问题；其次，不同于新闻小册子的完整叙事，报纸作为一种连载刊物，以报道外国事件为主，难以灵活地对重大事件作出充分的反应，其内容也杂乱无章，缺乏优美的语言文字，且避免发表冒犯性的言论；最后，其易受到内战和政治辩论的影响，内容嘈杂且观点偏颇。因此，只有少量定期关注新闻事件的人才会订阅报纸。

18 世纪，期刊崛起。相比于报纸来说，期刊篇幅较长，语言更加生动，文章体裁也更为多样，具备小册子的一些特点。期刊也可以就某一类话题深入讨论，以满足特定读者的需要。对于出版者而言，期刊定期订阅的方式为他们提供了可预期的收入，且可以吸引广告商刊发广告。相比于其他类型的出版物，出版报纸的人并不受当时的人尊重，甚至被当成一个不光彩的职业，这是当时的律师和绅士瞧不上的。小册子比报纸受欢迎，它被认为是一种有声望的政治讨论媒介。政治期刊由于可以展示自己的才能并署名，也受到了绅士的喜爱。

随着 18 世纪英国的新闻自由斗争以及法国和美国革命的发生，报纸才发出了强有力的社论声音，新闻事业才真正成为可能。其中，威尔克斯（John Wilkes）因谴责国王而受到的审判、《公共广告人》(General Advertiser) 三名编辑因煽动性诽谤而受到的审判共同改写了诽谤法，这削弱了报纸作为新闻控制工具的有效性。"在 18 世纪的最后几十年里，这个忙碌、繁荣，但要求不高的新闻界被以惊人的速度彻底重塑。在法国、英国和美洲殖民地，新的政治争议不仅改变了新闻界的作用，也使报纸的数量和发行量大增。报纸第一次不仅在记录，而且在塑造政治事件方面发挥了重要作用。"[①]

报纸从出现到 18 世纪末的决定性突破，用了将近 200 年。它是在一个复杂的传播环境中发展起来的，即新闻已经通过口头、信函、非连载出版物、

---

① 〔英〕安德鲁·佩蒂格里：《新闻的发明：世界是如何认识自己的》，董俊祺、童桐译，广西师范大学出版社，2022，第 372 页。

公告、小册子等多种方式以相对有效的方式传播着。在很多方面，报纸意味着一种倒退。它何以成为主流？按照佩蒂格里的说法，报纸成功的部分原因在于它们所代表的事物，而非它们所包含的内容。在中世纪的欧洲，只有权力圈层才有能力获取新闻，新闻是他们的特权。到 18 世纪，相对普通的公民也可以旅行、收发邮件和购买新闻报道，信息交换的过程已建立在合理的商业基础上。此外，不可忽视的还有欧洲的思想运动促使人在解释事件时，从强调神的作用转变为强调人的作用。当人们不再诉诸上帝的旨意行事时，日常生活的信息便成为人们做判断的关键依据。也正因如此，及时性变得至关重要，而这一时期邮政网络的巨大飞跃也为及时性提供了条件。18 世纪末，英国争取新闻自由以及法国和美国革命的发生，使得报纸发挥了极大的舆论作用，促使新闻业逐渐意识到自己的力量。此外，巨大的信息流通量、更低的价格、欧洲经济的繁荣、识字率的提升、蒸汽驱动印刷机和取代碎布纸的木浆纸的发明都为报纸成为 19 世纪主要的新闻传播方式奠定了基础。

三 从"新闻"到"新闻业"："盎格鲁-美利坚"式的发明？

从《新闻的发明：世界是如何认识自己的》一书中，我们无法找到对报纸的一个明确定义，它在欧洲不同的历史时期、在不同的国家都表现出不同的特点。如果寻找其共同点的话，报纸区别于小册子、手抄新闻的特点大概是：印刷品、定期出版、以刊登信息为主。如果回到这本书的标题《新闻的发明：世界是如何认识自己的》，便可发现该标题并不准确。这本书对西欧 1400~1800 年信息传播的描写，在何种程度上可概括为"新闻的发明"？一般而言，news 的传播要远远早于 15 世纪，人类社会早期的口头传播活动就已经在传播 news，它并不是 1400~1800 年的发明。此外，该书也仅涉及了欧洲的部分国家，如何称得上"世界"？事实上，如果对这本书的内容加以概括的话，它只是在描写 1400~1800 西欧主要国家的新闻传播活动，以及影响这些传播活动的技术、权力、商业、战争等环境因素。

佩蒂格里在新闻业（journalism）这一术语出现之前就结束了这本书的写作，这不禁给我们留下了一个疑问：《新闻的发明：世界是如何认识自己的》一书中所描述的元素，如信使和邮政网络、造纸术和印刷术、集市和商业交易、战争等，在其他文化中也并不少见，为什么当我们谈起新闻业时，会认为它是英美的发明？

查勒比认为，"正是在美国，以及较小程度上在英国，发明了新闻业特有的话语实践和策略。也正是在这些国家,新闻界更快地推进工业化,迅速成为一个自主的话语生产领域。其他国家,如法国,逐渐引进、调整和适应了英美新闻的方法"。① 也就是说,他把新闻业视为一种话语实践,是新闻界人士给予自身职业合法性的一种策略,只有在新闻话语和其他话语,如文学、政治话语等分开时,才能说新闻业诞生了。这种话语实践和策略诞生于 19 世纪后半叶,在此之前的历史并不能称得上是新闻业的历史。因此,查勒比建议在分析 18、19 世纪的报纸时,用公共话语(public discourse)和公共人士(publicist)来分别替代新闻业和记者的概念。②

其实,与新闻业相关的现代意义上的"journalist"(记者)一词很晚才出现。它最早出现在 1693 年的英语报道中,指的是靠写作为生的人,但不一定是为报纸工作,且通常含有轻蔑意味。艾迪生(Joseph Addison)在 1712 年的《旁观者》(The Spectator)中称一位女通讯员为记者,但他指的是那些坚持写日记的人——"充满了一种时髦的欢乐和慵懒"。乔纳森·斯威夫特(Jonathan Swift)曾尝试用另一种变体"journalier"表示报纸作家,但这种说法并没有流行起来。这个词来源于法语中的"journal"(报纸),最终演变为"jour"(日),强调时事报道的时效性。③ 从中也可以看出,记者当时还并未被当成一种特定的职业,它只是和写作有关,并不专指为报纸工作的"记者"。而"newspaper"(报纸)一词也是到了 1670 年才被首次记录。尤其是随着咖啡馆发展,资产阶级将之作为信息来源地,公共领域和新闻之间的联系得到了强有力的加强。咖啡馆既吸引了讨论政治的顾客,同时也吸引了渴望提炼和传播最新信息的新闻记者。④

1833 年 1 月,"新闻业"一词在《威斯敏斯特评论》(Westminster Review)的一篇文章中从法语世界进入英语世界。在法语中,它最初指法国大革命之后蓬勃发展的各种观点,传入英语世界后,依然指代关于公共事件的党派辩论,但作为政治运行失调的标志,带有负面意义。⑤ 这个词刚一出现,就成为

---

① J. K. Chalaby, "Journalism as an Anglo-American Invention: A Comparison of the Development of French and Anglo-American Journalism, 1830s–1920s," *European Journal of Communication* 11 (1996): 303–326.

② Jean K. Chalaby, *The Invention of Journalism* (New York: St. Martin's Press, 1998), p. 1.

③ 〔英〕安德鲁·佩蒂格里:《新闻的发明:世界是如何认识自己的》,董俊祺、童桐译,广西师范大学出版社,2022,第 352 页。

④ M. Conboy, *Journalism: A Critical History* (New York: Sage, 2004), pp. 45–52.

⑤ K. Wahl-Jorgensen, T. Hanitzsch, eds., *The Handbook of Journalism Studies* (New York: Routledge, 2009), p. 19.

知识分子群体和政治辩论中最热门的话题。也就是说，"新闻业"一词一开始就有观点辩论意味，它出现在英语中的时间也恰恰是英国政党报刊盛行的时期。

在19世纪早期，报纸的力量被充分证明。同时，英国早期工业革命带来了严重的失业和城市化问题，以至于更多的下层人士也开始关注政治和社会话题，报纸不再只是将目标读者瞄准中产阶级。然而，由于高昂的知识税，当时出版的大量报纸属于非法品（unstampeds），在这些出版物中，充斥着大量的政治评论。1836~1861年，知识税逐渐取消，带来的一个显著结果是，更多的廉价报纸出现，新闻界开始了自由且激烈的竞争，市场逻辑由此主导了新闻出版。在美国，新闻界则是一开始就反对英国的印刷税，争取新闻自由，建国后政府也未曾对报纸采取强力的控制，而是使其按照市场的逻辑发展。19世纪末20世纪初，新闻界经历了一系列兼并重组的过程，出现了媒体大亨，新闻事业的运作方式基本稳定。与此同时，采访、倒金字塔的写作方式、记者协会、新闻教育、新闻学术期刊的出现，逐渐形成了我们如今所熟知的新闻业领域特征：重视真实性、客观性，记者必须是中立的、公正的；新闻信息由记者运用"专业的"方式采访得来，经历了一整套工业化的生产过程，最终以文字、图片、音频、视频等方式呈现在读者面前；新闻业应该是社会的"第四等级"或监督者，发挥其公共价值。

这种新闻业模式被视为"盎格鲁-美利坚"式的发明。然而，无论是回看报纸的史前史，还是在报纸占主导地位的大众传媒时期，抑或当下以及未来的多媒体世界，新闻事业从未以单一的模式存在。如19世纪的激进政治理论还呈现了一个另类新闻的设想，并且影响了20世纪共产主义政权的媒体系统，认为媒体系统应该致力于揭露并克服阶级特权。[①] 在19世纪的法国，文学规范和价值观长期主导着法国新闻界，许多青年男女把从事新闻工作视为迈向辉煌文学事业的第一步。除了文学性外，法国新闻的另一种体裁是论战性文章——通常是政治性的，许多有名的记者都是辩论家。[②] 这说明新闻业在很大程度上是一种地方性的发明。然而，到了19世纪的最后几十年，重视信息性和中立性的新闻实践开始被引入法国。这时，英美的新闻业被赋予了"全球性"和普遍性的意味，地方特点被忽视和遮蔽，但这并不意味着英美新

---

① K. Wahl-Jorgensen, T. Hanitzsch, eds., *The Handbook of Journalism Studies* (New York: Routledge, 2009), p. 22.

② J. K. Chalaby, "Journalism as an Anglo-American Invention: A Comparison of the Development of French and Anglo-American Journalism, 1830s–1920s," *European Journal of Communication* 11 (1996): 303–326.

闻业的规范可以完全适用于地方性实践。

以巴西新闻业为例，政府的控制、大量的文盲、农村，以及坚实公共领域的缺乏，都拖延着巴西新闻界的全面发展。直到 19 世纪末，巴西才出现了更为稳固的正规媒体，主要分布在首都。然而，巴西新闻界主要受法国影响，记者认为自己是文人，新闻是一种文学类型，他们强烈抵制美国文化。美国对巴西文化的影响直到 20 世纪 30 年代末都非常有限。20 世纪 40 年代初，美国开始有意地加强与拉丁美洲国家的关系，在拉美新闻界投入了大量资源，并资助拉美记者前往美国学习。二战结束时，巴西的报纸变得越来越商业化，一些新闻工作者被美国的新闻修辞和技巧所吸引，开展了一场改革巴西新闻业的运动。然而，巴西报纸并没有完全复制美国新闻业的模式，而是做了创造性的调整，以适应巴西的现实。巴西记者并不完全信奉客观性原则，对于许多记者来说，新闻报道是一种文学活动，那些"靠事实生活、依赖事实"的记者是"客观白痴"。在采访方面，巴西记者认为自己是政治精英之间的调解人，而不是精英和观众之间的调解人，记者与那些接受"采访"的人达成协议，但不涉及观众的知情权。在对"第四部门"（Fourth Branch）的解释方面，美国主要与分权制衡的原则有关，记者认为他们的机构角色意味着对宪法秩序的承诺，以及对整个"制衡"体系的承诺。在巴西，"第四部门"的作用是维持秩序，引导宪法部门朝着维护国家利益的方向发展，而不是成为它们之间的平衡因素。[①]也就是说，即使由于国际影响力的原因，英美的新闻业模式广泛地被其他地方所借鉴，其从未也不可能成为普适性的存在，而是要随着地方性经验不断改变，在全球与地方、观念与规范之间寻求自身可能的存在方式。

总而言之，英美的新闻业模式是特殊的、稀少的，甚至是一种偶然的发明，它的形成是由许多不可或缺的因素促成的。因此，新闻业为何是"盎格鲁-美利坚"式的发明这个问题或许应该转化为：为何是"盎格鲁-美利坚"式的新闻业话语与实践可以在全球流行？它们是如何扩散的？与其他地方发生了怎样的碰撞融合？

四　如何面对多媒介世界的不确定性?

在《新闻的发明：世界是如何认识自己的》英文版的封面上，第一句话是这样的："收集新闻、获取信息的本能，可以追溯到人类历史的深处——远

---

① A. De Albuquerque, "Another 'Fourth Branch' Press and Political Culture in Brazil," *Journalism* 6（2005）：486-504.

在印刷术发明之前，更不用说定期出版物的传播了。"既然是本能，我们当下对信息传播的需求和前工业社会便无太大差异。在该书的结尾，佩蒂格里写道：

> 如今生活在 21 世纪初这个动荡易变的多媒体世界的不确定性中，我们也许更容易明白为什么类似的多样化的新闻传播方式似乎完全适用于本书重点关注的四个世纪。15 世纪中叶印刷术的出现提供了许多新的机遇，但它必须在一个新闻传播网络已经发展起来的世界里有所成就，即一个权力圈子里的人完全熟悉的拥有标准、惯例和社会运力的网络。在随后的几个世纪里，印刷业瓦解并重塑了这一基础设施，将新客户带入了新闻圈，但并未完全取代现有的规范。这个时代的新闻媒体和我们的一样，都呈现出一种多媒体现象。正是这一点赋予了这一时代特殊的魅力。①

作为一个史学领域的学者，佩蒂格里并没有显示出对未来新闻业的担忧，而将目光从新闻业的历史中移开，带领读者来到了 15 世纪的欧洲——以面对面交流为主要传播方式的社会。在此后的 400 年里，欧洲社会慢慢经历了印刷术的发明、邮政系统的出现和改善、造纸技术的进步，其间还伴随着宗教改革、文艺复兴、启蒙运动以及长期的战争。这 400 年是多媒介共存的社会，报纸还未成为首要的大众传播方式，它和口头新闻、手抄新闻、小册子、期刊以及各种信件一起，构成了人们的交往媒介网络。

报纸在各个时期、各个地区都呈现不同的特点，它始终在寻找自己合适的形态以适应所处的社会环境。当报纸有足够多的消费者，可以大规模发行并带来持续的利润时，它便在社会中流行并成为主要的传播媒介。而当传播环境改变时，报纸也会以新的形态出现，不再是大众传媒时代意义上的报纸。

这四个世纪的新闻传播历史始终提醒着我们：新闻业的历史是相当短暂的。当我们将新闻业视为"盎格鲁-美利坚"式的发明时，往往会遮蔽新闻业的地方性实践，会忽视英美的新闻业模式只是一个相当偶然的发明，是特殊而非普遍的存在。如果我们抛弃对新闻业的规范理解，仅仅从新闻（news）传播的角度考察我们所处的媒体环境，重新给新闻的传播者和消费者画像、思考交流与理解的可能，或许可以减少对新闻业未来不确定性的担忧与恐慌，重新激发对新闻业的想象力。

---

① 〔英〕安德鲁·佩蒂格里：《新闻的发明：世界是如何认识自己的》，董俊祺、童桐译，广西师范大学出版社，2022，第 423~424 页。

想象未来的新闻业：矛盾展露 与破茧求解

罗 晨[*]

我们为何需要想象未来的新闻业？这个问题毫无疑问有多种答案。近年来，最直观的一个现象就是数字新闻的汹涌浪潮为新闻学子和新闻从业者开辟了想象的前沿阵地。诸如不需要额外人力介入的算法驱动式新闻生产、尽可能追求生动体验的 AR/VR 新闻呈现等。技术的魅力总是如此诱人，以至于对技术的追逐容易被当作想象未来新闻业的基石。但是，如果只囿于片面的、强调特定维度的想象，那么势必陷入单向度的决定论（如技术决定论）。因此，无论是新闻学界还是业界，急需一种全面、深入思考的回归。芭比·泽利泽（Barbie Zelizer）教授在《想象未来的新闻业》[①] 中付诸的努力，生动展示出整体认识论视角所带来的全面性和深刻性。她所描绘的想象，亦建立在这一认知视角的基础上。新闻业在这本书中不仅指代新闻实践，更是嵌入在整体社会脉络中的有机单元。泽利泽深入考察了新闻业在哪些方面被改变了，并且从实际改变进程和认知更新进程的步调差异中，发掘新闻研究在哪些方面的理解还有所欠缺。进一步地，她试着搭建想象的框架，力图帮助新闻从业者以及研究者更好地去理解现状。想象的意义正是从这种分析现状、剖析矛盾、提炼策略的逻辑递进中逐渐析出的。

一 想象的必要性与多元性

在第一章"想象新闻业"中，泽利泽归纳了想象未来新闻业的五项基础动因，包括技艺、政治、技术、经济、道德。在围绕五项动因进行案例梳理

---

① 参见〔美〕芭比·泽利泽《想象未来的新闻业》，赵如涵译，中国人民大学出版社，2022。本文直接标注页码处均来自此书。

与历史回溯后，泽利泽明确指出："就技艺、政治、技术、经济和道德而言，当前的环境未能推动新闻业适应变化，却提供了想象新闻业的可能。"（第7页）这意味着，面对急速的环境变迁，与新闻业有关的认识论理当抛弃一些简化的认知以适应流动不居的现象。这里的"简化认知"既有之前提及的技术决定论，也包括"新旧媒介模式此消彼长"的对立论、"记者作为权威在场者"的认知偏狭性，以及"新闻报道应该如何做，又不能如何做"的教条思维。换言之，在新闻领域，不再有一统天下、神圣无比的圭臬，只有适应环境、不断否思的认识论演变。

以上谈及的"复杂认识论"要旨旋即在第二章"有关新闻业的12种隐喻"中得到了具象化的呈现。将新闻业封装进特定的隐喻中并非新鲜事。譬如，有学者用圆环展示不同新闻工作者隐喻、新闻本体隐喻的切换及过渡。[①]以奉持"公共利益保护者"（public interest protector）角色隐喻的新闻工作者为例，他们不会决绝地将自己的工作排除在社会干预行动之外，一方面，他们力求缓和社会上既存的矛盾与鸿沟，防止舆论撕裂、极化可能造成的对公共利益的威胁；另一方面，他们也期待凭借新闻报道来寻求已暴露问题的解决方案。类似地，泽利泽也总结了12种来源于新闻记者和新闻研究者的新闻业相关隐喻。

对新闻记者来说，每种隐喻都是对其自身实践的意义阐释（可理解为"贴标签"行为），盛行的七大隐喻包括：第六感、容器、镜子、故事、孩子、服务、参与。这些隐喻无一例外都是建立在活生生新闻实践上的世界观和认识论，折射出新闻业如何被宏观结构所形塑，以及新闻行动者希望如何凭借新闻实践来对所嵌入的宏观结构进行干预或调整。在新闻研究者这一端，流行的五大隐喻包括：职业、制度、文本、人民、实践。以职业为例，该隐喻认为，新闻记者是一个高度职业化的群体，从事新闻工作本身仰赖于经过一定培训后形成的技能、自主能力，新闻行业也有相关的行为准则、组织模式等。相对地，人民这一隐喻更多地聚焦于谁可以成为新闻记者。这个问题在某种程度上是对职业化隐喻的反思和质疑，本质上是对从业者身份边界的争夺，以及对意义生产权力的持续协商和重新界定。

新闻界对隐喻的偏爱究竟发挥了何种功能？泽利泽指出，每种隐喻都提供了一种"思考新闻业如何能比今天做得更好"的方法（第34页）。隐喻本

---

① 参见 K. Andresen, A. Hoxha, J. Godole, "New Roles for Media in the Western Balkans: A Study of Transitional Journalism," *Journalism Studies* 18 (2017): 614-628.

身就是想象的载体，隐喻的盛行揭示出想象未来新闻业的前进方向。但比较可惜的是，隐喻必然是一种简化的认知框架和思考模式，无法全然涵盖新闻这一复杂现象的方方面面。泽利泽在接下来章节里所付诸的尝试就是提出自己的"隐喻"，只不过，泽利泽的"隐喻"更加综合、多元。其对既有隐喻的回溯和总结也折射出一个基础的逻辑——无论是新闻从业者还是研究者，都需要尽力尊重异质性认知的共存（如多重隐喻的共存），不轻易否定特定在地化新闻实践经验和认知模式的意义，在多样化视角的磨合中寻求多元的未来新闻生态。

二　暴露矛盾：技术"光环"、民主的必要性、液态的伦理

如果说前两个章节意在展望，那么进入涵盖第三、四、五章的"新闻研究中的关键张力"部分后，泽利泽敏锐且深入地指出新闻业中存在的一系列矛盾。在第三章"作为新闻活动关键词的'目击证据'：报道、角色、技术和光环"中，虽然主标题凸显"目击证据"这一概念，但是泽利泽的实质论点聚焦在"技术"这一概念上。自现代报业开端，"看见"和"我在现场"便成为"权威的证据"。在技术的加持下，"目击证据"一度生动到逼近真实的新闻现场（或者说是达成了"无中介感"或"绝对临场感"）（第55页）。但技术的泛化使得权柄开始从新闻专业生产者手中转移至更广泛的、由从业者和传统意义上的新闻消费者所共同组建的、貌显"杂糅"的群体手中。这一权力转移进一步消解了专业新闻实践者的阐释合理性，亦同时为新的目击实践景观揭开序幕（如作为新的新闻生产和组织形式的外包，其放大了非专业新闻生产者的价值）。技术一度赋予专业新闻生产者闪亮的徽章，使这一群体得以自我标榜为"新闻真实性""新闻权威性"的卫道士，但是技术的广泛渗透也消弭了新闻专业领域曾引以为傲的权威。这充分印证了史安斌教授在推荐序中提到的从"赋魅"到"祛魅"的过程（推荐序第4页）。这是泽利泽为读者揭示的第一个主要矛盾。对于研究者和从业者来说，这也是新闻业正在经历的一种显性冲击。

第二个主要矛盾彰显了新闻研究中的民主危机。早期的新闻规范理论将新闻自由视为民主的必要条件，这一理念绵延至今，甚至于被"（大多数的）西方新闻研究不加质疑地坚持"（或言被成功地制度化了）（第67页）。泽利泽颇具洞见地指出，新闻与民主密切捆绑的母题并不总是成立。在书中第71页，她写道："不同的民主国家发展出了不同类型的新闻业，并且他们反过来

在双方之间产生了不同的（错综复杂的，主讲人注）联系。"母题背后，看似理所当然的逻辑不攻自破，因为现实世界与之总有出入。带有西方中心主义的母题从诞生之初就默认了放之四海而皆准的公理式思维，使其在面对超越西方中心的多元语境时疲态尽显。以难民危机为焦点，泽利泽论证了"新闻业不一定需要民主环境才能生存"和"于民主环境中运作的新闻业并不总是恪守民主价值观"（如对难民问题报道的后劲不足、刻板印象盛行、难以抑制的偏见式修辞、委托报道的正当性争论）两大论点。在第四章末尾，作者明确呼吁：祛魅并解构由西方制度和西方权力体系主导的民主，新闻研究者理应克服狭隘化、排他化思维，致力于发掘民主的多维指涉。例如，全球南方有何独特的民主意蕴？在民主程度不那么高的国家，新闻从业者如何践行信息开放、信息自由流动的原则？这些对于新闻业中民主危机的反思既暴露了矛盾，也展示出未来新闻实践和新闻研究的广阔想象空间。一言以蔽之，新闻业有其自身的逻辑，"把民主作为必然进步、合理和普遍的现象，或作为一种特殊的现代性以诱导学者们开展研究是行不通的"（第85页）。可以看出，泽利泽对新闻业破局的第二重反思体现在对民主、新闻关系的反思上，折射出了新闻业发展的相对独立性。

第三个主要矛盾源自新闻实践和伦理准则之间的出入。泽利泽的原话——"（现有的新闻实践）表明现存的新闻伦理是多么不堪一击"（第87页）——振聋发聩、令人深省。新闻伦理诞生之初意在用"专业"理念来规制"职业"行为，而如今的职业人士在不同的新闻生产场合不得不权衡遵守专业理念（应然）与适当背离专业理念（实然）的损益。面对千变万化的新闻场景，新闻伦理也变成了液态化的概念，它没有固定的约束边界，必须与事推移、与时推移。以至于"新闻实践和抽象伦理准则之间保持了灵活的亲密关系"（第92页）。在对"地理与新闻伦理"的相关讨论中，泽利泽运用了与剖析第二个矛盾时类似的"反思西方中心主义"方法，认为诞生于西方工业化民主国家的伦理准则并不能被不假思索地嵌套在所有社会系统之上，否则必将产生一种混乱的局面。此外，新闻伦理准则如何被政治、经济、社会体制所束缚也展示出了新闻活动根本无法超然于社会系统中各单元的纠葛关系。与伦理相关的矛盾终极指向为何？泽利泽提供了一种全方位、系统化的伦理理解方式。笔者将其转译为对新闻伦理应持一种"情景化"理解的观点。有关伦理的思考，应该是在特定时段内、针对特定空间所展开的。我们不仅要思考怎样坚持伦理，还要思考伦理原则在今天被践行时有什么不可能之处。比如，在数字技术兴盛的当下，新闻研究者理应洞察何种伦理原则被改变了、何种依然屹立、何种还处于认知的迭代过程中，[①] 而非执念于传统的原则来对所有貌似违背伦理的现象展开严厉批评。唯有如此，才可丰富新闻伦理的理论框架，并使其更契合具体多变的新闻实践。

三 扩展新闻学研究：去制度化的文化研究取向

在结束第一部分针对新闻业内部张力和现存诸多矛盾的分析后，第二部分的主题为"关于学科"，也即如何扩展新闻学界的研究取向和研究视野，使新闻学术研究得以和新闻业界发展保持紧密联系。泽利泽明确指出，新闻相关的学术变化并不能同时反映迅速变化的新闻实践，这意味着，新闻学研究和新闻业之间缺乏共识和连贯的逻辑。

泽利泽在这一部分有破有立。在指出新闻研究目前存在的问题（滞后、研究旨趣碎片化等）后，她创造性地提出了"阐释共同体"（interpretive community）的分析策略，帮助我们从更综合的视角来图绘新闻业的格局。通过对新闻记者、新闻教育工作者、新闻专业学子、公众、新闻学学者有关新闻的阐释进行展示和分析，泽利泽充分呈现出新闻的多面性和其缺乏统一论调的特质。类似地，新闻学与社会学（新闻生产社会学）、历史学（新闻史、集体记忆）、语言学（修辞分析、话语分析）、政治学（传媒的四种理论）、文化学（文化研究）等学科领域有千丝万缕的关联，由不同学科核心视点驱动的新闻研究也有一套自我的阐释逻辑，折射出了无限扩展的研究想象力。复归新闻研究的多样性、抵抗本位主义是泽利泽提出的推动新闻研究发展的第一个方案。其中，可以看出泽利泽对于文化分析取向的隐隐支持——文化分析和目前新闻业内，以及新闻研究内部的缺乏共识现状相呼应，文化分析本身就认可多元文化的包容性共存，也假设了新闻业内部缺乏统一，从文化出发可以比较妥善地观照其他路径难以观照的盲点。从之后的章节中也可以看出泽利泽对于文化分析这一路径的偏爱。

学科讨论的第二个维度是分析并回应新闻学与传播学的"瑜亮之争"（推荐序第 5 页）。概而言之，传播学向"制度性存在"发展的过程中伴随着一些重要子领域的凋零和相对牺牲。尽管新闻业帮助传播学研究立足，但是

---

① 相关的尝试案例可参见常江《规范重组：数字媒体环境下的新闻伦理体系建构》，《新闻记者》2019 年第 8 期，第 37~45 页。

新闻学的"重要性和中心地位都在下降"（第144页）。新闻学逐渐边缘化的一个内在原因是传播学发展过程中出现的与新闻学的逻辑分歧。传播学研究的许多分支在迈向成熟的历程中，已经开始热切拥抱现代性、理性主义、普遍主义的一切观念，无意对一些居于"普遍"之外的、违背预期的社会现实进行机制拆解和详尽考证。或者说，泽利泽认为传播学在努力寻求通则，以建立一套适用于尽可能广阔的人类传播现象的普适性解释机制，这使得传播学本身的学科符号建构和意义展示会故意略过一些与此目标不兼容的要素（也即"抛开差异寻求共性"）。而新闻学对于现代性、理性主义、普遍主义的依附是比较有限的（也即关注"零散的多样化经验"）。泽利泽提供的解决方案是：想象一个没有中心的传播学领域，并尽力从新闻业的活力出发抵抗传播学日趋制度化的板结。这要求传播学者为全球各地特殊经验提供学理关怀，克服僵化思维，并不断反思自己是否坠入了单向度认知的陷阱。

第八章延续了第六章、第七章对多元、全面原则的强调，立足于新闻业与文化研究的交叉地带展开论述。文化研究高度聚焦符号系统、意义生成、意识形态，强调对文化现象进行频繁的、敏锐的质询及反思。尽管文化研究的主观性、参与性和建构性分析取向与遵从客观性、真实性的新闻业貌似背道而驰（如同推荐序第5页、正文第169页中的概括），但新闻本身恰恰是社会权力分配的折射镜及文化生产的最耀眼之地。新闻文本和新闻画面从未脱离权力的干预，虽然新闻从业者从来都将对事实、真相的执着追寻作为第一要务。此外，在回顾文化研究发展历程时，泽利泽也指出新闻报道曾是文化研究的重要原材料。如果将对于新闻业的讨论纳入更大的社会和文化结构，那么新闻的文化意义也会得到进一步的凸显。在阐述新闻业为何应该被文化研究学者所关注的同时，泽利泽也揭示了文化研究目前较为失衡的关注视野——文化研究学者偏爱"趣味更浓"（第167页）的文化产品（如肥皂剧、真人秀、讽刺节目），而对奉持刻画事实、挖掘真相的新闻兴味索然。通过为文化研究和新闻业之间的联姻提供可能证据，泽利泽开辟了另一重想象进路——"新闻业可以帮助文化研究以优雅和慷慨的方式来度过自己的'中年危机'"（第172页），而文化研究可以从学理化的角度揭示新闻业运转背后的一些规律，尤其是那些无法被专业化视角所解释的运转现象。

四　想象的进路：阐释的、文化的、跨越时空的

进入第九章"新闻记者作为阐释共同体的回归"后，一直到该书末，泽

利泽开始"大刀阔斧"地描绘想象的画卷，她认为，"复杂和持续的变革使新闻业需要一种适应其不断变动的自身概念的理解方式"（第177页）。泽利泽希望能够更加准确且敏锐地捕捉到新闻业正在经历的巨变。为此，如同该书开篇提到的那样，她特意回避了一种二元对立的僵化式思维，选择从"阐释共同体"这一个独特的、更具灵活性和流动性的角度切入。这也是"阐释共同体"在该书中的第二次密集现身。在本章中，这一概念的含义得到了进一步的明确。"阐释共同体"是"一个因对现实的共同解释而团结在一起的团体"（第184页），指代对"包含新闻话语、非正式交往、叙事、讲故事等在内新闻实践维度进行考察，以理解新闻工作者如何阐释现实、建构自我，并借此把握处于不断变动中的新闻业"（第180~181页）。可以看出，这里的"阐释"既可以是印刷在报纸版面上的正式文本、明确的机构规章，也可以是所谓的经由新闻工作者交往而构建起来的"非正式的联结网络"（第182页）。泽利泽明确指出，阐释是职业化理念和非职业化理念交融的产物，如果研究者仅仅抱持"将新闻工作视作一种职业的观点，（那么无异于）提供了一个限制了新闻实践与新闻业的解释方式，……为新闻工作运行的动力与方式提供了一幅并不完整的图景"（第184页）。这一视角显然与过往的职业化、专业化、规范化考察理念有很大出入。在"阐释共同体"的操作化或者具体表现上，泽利泽提出了两派路径——通过审视新闻史上的关键节点（类似于集体记忆分析）来分析在地性经验（聚焦发生时刻的"当下"，秉持职业共同体身份的在场观察者们如何解读新闻事件，以建构集体的意义和话语权威）和延续性经验（立足过往，反思标志性新闻事件的报道流程，以建立特殊的意义和话语权威）之间的互构。

在第十章"思考新闻文化"中，泽利泽实则再一次敲响文化研究的钟声。她鼓励新闻学研究者和新闻业观察者"将新闻看作一种文化，一种复杂的意义、仪式惯例与符号系统网络"（第200页）。在这一部分，泽利泽把新闻的文化视角和产业化视角、职业化视角、制度化视角、技艺化视角放在对比的语境中，论证了文化视角的一些比较优势。新闻文化分析的优势究竟是什么呢？为何泽利泽对这一路径如此青睐？新闻文化的分析目标是了解"新闻工作者如何以不同方式搭配使用符号、叙事、仪式、世界观工具，以解决不同类型的问题"（第203页）。新闻文化考察路径突破先验化、固定化的思维框架，而选择从实际经验、动态过程着手，这有助于帮助研究者更好地理解每个时代、不同场合内特殊的、有机的新闻生产经验，新兴的新闻信息提供者

（如新新闻工种）角色，新颖的新闻事件展现方式等重要问题。文化的开放和包容没有将新的新闻实践现象排除在外，而是构建了一个非排他性的讨论空间。文化视角对一系列根深蒂固的规范化理念提出了挑战，并烛照了难以被传统认知向度所充分阐释的新兴问题。

第十一章"当21世纪的战争与冲突被浓缩成一张照片"延续了泽利泽长久以来的研究兴趣——新闻视觉符号分析，展示了与战争、冲突相关的新闻图像背后的意识形态、绵延的延续性经验、具体的视觉要素搭配策略，以及当下的视觉实践经验如何与集体记忆巧妙地建立勾联。涵括图像在内的视觉文化符号是文化研究学者偏好关注的对象，因此这一章可以被理解为是泽利泽运用之前提出的想象路径开展的一项实例化考察。

尾章"对未来新闻业的时代思索"不仅是对全书与"想象"相关内容的梗概，更呼应了作者在开头引用的那句充满哲思的名言："逻辑可以将人们从A点带往B点，但想象力可以将人们带往任何地方。"（第1页）这一章的早期版本曾刊登于《全球传媒学刊》，题为《把握新闻业的未来：兼论新闻学研究与新闻教育面临的挑战与应对》。[①] 泽利泽倡导在反思新闻业过去（过去我们如何做新闻？）、审视新闻业当下（现在我们如何做新闻？）的基础上向前迈进（未来我们可以如何做新闻？）。在提供一种历时性反思观点的基础上，泽利泽还敏锐洞察到组织化知识也许遮掩了一些具有活力的思想微光。通过反思过去，可以以史为鉴，克服封闭的新闻观念（如记者的身份仅局限于那部分受过专业教育的人）；通过推动公开透明原则，提升目前新闻实践的可靠程度，可以更好地辨析新闻业自身的弱点（如新闻记者无法单打独斗，而是需要和所谓的"外行"进行协作式生产，以此方能全面地认识复杂问题）；通过前摄性地参与未来的新闻想象，寻觅更加灵活、多样的实践模式，进而保证有准备地应对多样化挑战（如何更新技能体系及知识体系，以顺应社交媒体迅猛发展带来的新闻生产、分发变革趋势）。

五　《想象未来的新闻业》之烛照意义

新闻永在发生，但关于新闻实践、新闻研究、新闻业本身的思考却并不总是与时俱进。综合来说，泽利泽从揭露新闻业矛盾、反思新闻学科、提供新考察取向三个维度出发展示了想象未来新闻业的诸多可能。其中，前两个

---

① Barbie Zelizer、史安斌：《把握新闻业的未来：兼论新闻学研究与新闻教育面临的挑战与应对》，《全球传媒学刊》2015年第1期，第22~33页。

层面对应"矛盾展露"，最后一个层面则对应"破茧求解"。虽然题名中仅包含"新闻业"，但是书中同时容纳了新闻实践、新闻研究、新闻教育，折射出泽利泽作为一名卓越研究者的综合性视角。该书译者——中国传媒大学赵如涵教授是笔者的老师，在撰写书评期间笔者与赵如涵教授进行了交流。赵如涵教授用"刺激"两个字来形象地概括自己的翻译体验。笔者相信，"刺激"一方面来自与泽利泽教授通过书籍进行精神交往时，能被其广博的学术视野、博大的学术关怀所震撼；另一方面，泽利泽教授扎实、深邃、灵动的写作风格也给翻译工作带来了巨大的挑战。恰如史安斌教授在推荐序中所写的一样："泽利泽教授已有三本著作的中文版与国内出版社签约，但由于翻译其著作具有一定的难度和挑战性，《想象未来的新闻业》是第一本正式面世的。"（推荐序第1页）同样地，在阅读过程中，笔者也因泽利泽教授深奥的文风和厚重的思想而有非常"刺激"的阅读体验。作为读者，笔者感叹于泽利泽教授高度的学术敏锐性，尤其是其虽立足新闻教育领域，却能游刃有余地将视野投射到多个学科、多个新闻相关场域、多个时间节点上，为未来新闻业的发展汲取养料。这与其一直未间断的新闻实践经历不可分割，也与其作为世界顶尖学者的极佳学术研究能力密切相关。

在论述完书籍对想象新闻业的可供性后，笔者还希望进一步深入挖掘这本书中的一个关键概念——"阐释共同体"，以及这一概念对我们的新闻学研究究竟有何启迪。再者，从自我的研究兴趣和研究经历出发，论述泽利泽在字里行间透露出的思想能如何指引笔者更好地基于自己的研究兴趣点进行想象。

在另一本书 *Taking Journalism Seriously*（中译本书名为《严肃对待新闻》）中，泽利泽使用"阐释共同体"这一个概念梳理了新闻实践、教育、学术领域在不同地理空间的形成路径以及基于这些路径形成了哪些不同的阐释共同体。进一步地，她分析了这些"阐释共同体"及对应的阐释策略是如何导致"学科短视"的。[①] 国内学者同样高度关注"阐释共同体"概念本身及其运用。譬如，白红义教授于2015年发表的论文《记者作为阐释性记忆共同体："南都口述史"研究》[②] 就是一项典型的运用该概念展开的研究。在论文中，

---

① 《芭比·泽利泽：新闻得到严肃对待了吗？｜书托邦认真播播预告》，https://mp.weix-in.qq.com/s/1IV5BE_aFcipxfJxDqUAmQ。

② 白红义：《记者作为阐释性记忆共同体："南都口述史"研究》，《国际新闻界》2015年第12期，第46~66页。

白红义教授从作为记忆文本直接生产者的记者入手，意在发掘记者作为记忆的主体如何阐释所在新闻行业的历史，构建起与新闻业相关的集体记忆。研究聚焦《南方都市报》创刊 18 周年之际的"南都口述史"，凭借对口述史资料的梳理描摹了记者们所建构的"阐释性共同体"。这一共同体的意义建构折射出《南方都市报》在市场化运营、新闻报道范式、管理模式等维度上的特殊性，这些特殊之处也成为这一阐释共同体区别于其他同行业阐释共同体的关键身份标志。此外，"阐释共同体"还在意义层面为《南方都市报》记者划定了一些重要的边界，如专业和不专业媒体操作之间的分野。在周睿鸣等①开展的一项研究工作中，也显露出了"阐释共同体"的光芒。研究者跳脱具有特殊意义的"热点时刻"（如重大社会公共事件），选择从更为一般的意义层面来考察百余位中国新闻从业者对职业共同体这一概念的在地化理解。整项研究建立在对深度访谈资料的分析把握基础之上，重点关注中国新闻从业者的专业话语，以及话语之间隐含的勾连、矛盾、共识。研究者总结了职业共同体成立与分化背后的阐述逻辑和支撑主题，从而得以发掘在"中国传媒改革进程中，新闻从业者始终未能被整合在同一套话语体系中，因为缺乏可立足的社会制度原则……另一方面，在充满不确定性的行业变动中，新闻从业者表达了保持'连接'的渴望"（第 41 页）。总结而言，对"阐释共同体"的关注有助于克服专业社会学考察视角的一些局限，得以在兼顾正式文本和非正式交往实践的基础上，发掘时刻处于流动状态的意义建构内核，以及不同阐释群体间意义建构的差异和张力。

回归到《想象未来的新闻业》对自我研究的观照这一话题上。身为健康传播研究者，在阅读这本书的过程中，笔者不止一次地联想起一位全球闻名的健康传播研究者莫罕·达塔（Mohan Dutta），他目前是新西兰梅西大学（Massey University）的传播学教授，也是国际传播学会的会士。达塔教授长期致力于关注边缘群体或欠优势群体的健康经验、健康参与、医疗关怀，他提出了文化中心/文化本位路径（the culture-centered approach），强调将文化置于健康实践的中心，并希望通过促成不同文化群体的对话来改变现存的社会结构，放大边缘群体的声量。② 在他的文化中心体系内，属下阶层（subal-

---

① 周睿鸣、徐煜、李先知：《液态的连接：理解职业共同体——对百余位中国新闻从业者的深度访谈》，《新闻与传播研究》2018 年第 7 期，第 27~48 页。

② M. J. Dutta, " Communicating about Culture and Health: Theorizing Culture-Centered and Cultural Sensitivity Approaches," *Communication Theory* 17（2007）：304-328.

ternity）被予以重视，达塔教授力求将属下阶层的声音引入"主流的"健康促进范式当中，强化这一阶层的意义可见性、实质性参与，从而扭转健康促进和健康研究中隐匿着的结构性不平等问题。[①] 虽然达塔和泽利泽是来自两个截然不同研究领域的学者，但是他们在研究视野和理论意识上有着高度共鸣。两位学者都关注文化层面的探索和内置于文化当中的理论创新资源，经由文化延伸的想象力有望挑战既存结构，从而启迪新的分析向度。最为重要的是，泽利泽和达塔的研究似乎都提出了一个关键的问题：学术研究应该如何观照现实的多样性？从健康传播研究的认知基点上看，笔者认为关注多元群体的健康经验、依照阐释路径来理解不同的健康问题看待方式、深入解析不同文化语境内的健康思潮蕴含着极强的创新势能。没有一种理论框架可以映射万千，看似边缘之地域或阶层的实践也绝非萤火之光，具有反思力和追求理论突破的研究者理应慎重对待每一处可供想象蔓延的节点，并对多元的意义阐释予以重视。

---

①   M. J. Dutta, "Communicating about Culture and Health：Theorizing Culture-Centered and Cultural Sensitivity Approaches," *Communication Theory* 17 (2007)：304-328.

理解媒介

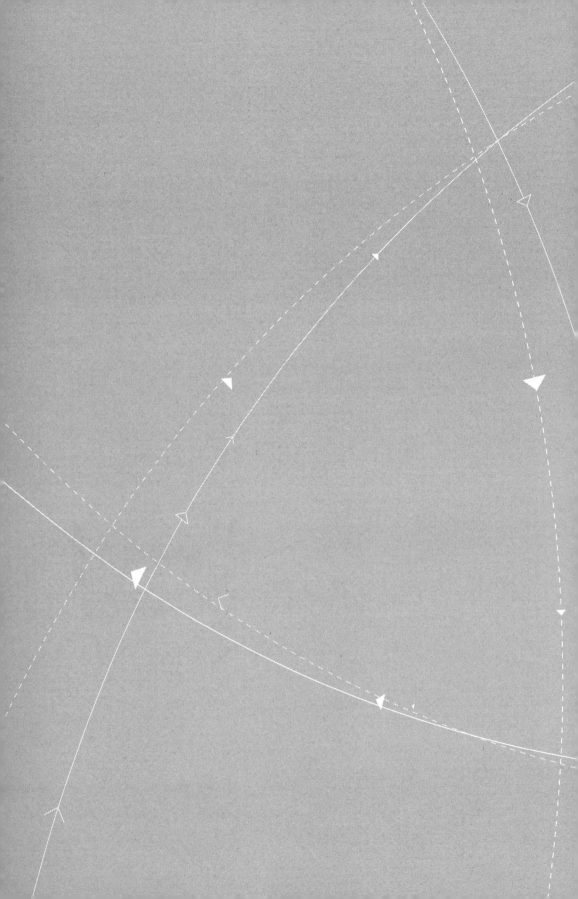

《消失的地域》：媒介、场景与行为

叶　琼*

作为媒介环境学派第三代的代表人物，梅罗维茨在 1985 年出版的《消失的地域：电子媒介对社会行为的影响》(*No Sense of Place: The Impact of Electronic Media on Social Behavior*) 成为媒介环境学派的又一经典之作。将近 40 年之后的今天，电子媒介早已从广播电视时代进入社交媒体时代，但这本书所阐发的理论依然适用，书中对其他理论的运用与融合依旧可以启迪我们的思维。所以，在该书出版近 40 年之际，依然有必要重温经典。

一　媒介理论与场景主义

媒介环境学派的媒介理论对不同传播媒介创造的不同文化环境进行历史性的、跨文化的研究。除了媒介的内容以外，还有媒介所具有的潜在的影响。媒介并不单纯是两个或多个环境之间传递信息的渠道，而且也是一种环境。麦克卢汉提出"媒介即讯息"，只有媒介本身才是有意义的讯息，使用不同的技术会影响人类感知的结构。口述交流、印刷媒介、电子媒介，这些不同的媒介技术所产生的社会影响是不一样的。但是，之前的学者并没有真正把对媒介特征的分析同日常社会交流的结构和动态性分析联系在一起。①

社会学家托马斯和戈夫曼执着于对场景的研究，他们关注社会场景塑造社会行为的方式。我们构筑了社会场景，每一个特定的场景都有具体的规则和角色，社会场景也对我们产生束缚，我们会下意识地适应场景。研究者们提供了一种观察社会角色和行为规则的有用且有趣的方法，但是大

---

* 叶琼，武汉大学新闻与传播学院博士研究生。

① 〔美〕约书亚·梅罗维茨：《消失的地域：电子媒介对社会行为的影响》，肖志军译，清华大学出版社，2002，第 20 页。

家都将社会场景当作一种静态的结构，鲜有人关注当场景变化时行为会如何变化。①

场景暂时的打破仅会导致迷惑和混乱，而永久或长期的打破则会导致新行为模式的诞生。当两个场景融合后，很少会发生两个场景的简单组合，而是常常会演化成具有统一新规则和角色的新场景。② 在传统的场景里，主要有前区（前台）与后区（后台），个人的台上表演依赖于后台区域的存在。在这个与观众隔绝的区域中，表演者可以了解自己的角色，进行演练。台上的表演是前区。以后区和前区观念为基础，在混合场景中出现的新行为可被称为"中区"行为。相反地，从场景的分离中产生的两类新行为就被称为"深后区"行为和"前前区"行为。"深后区"行为和"前前区"行为会因为演员与观众的分离程度的增加而产生。

媒介理论与场景主义这二者几乎没有共同点，仅仅是存在一些共同的元素，几乎不可能融合在一起。但是，梅罗维茨跳出了原来场景主义学者对场景的定义的圈子。传统意义上，场景通常是根据有形的地点中的行为来定义的。但是，行为场所是否必须有确定的地点呢？不是。他在此基础上提出了信息系统的概念，行为场所并不是固定的地点，而是信息的感觉屏障。③ 电子媒介跨越了以物质场所为基础的场景界限，新媒介造成场景的分离与融合，由此影响了社会行为。通过弥合这两个理论，梅罗维茨基本确立了媒介情境论的模型，即"媒介–情境–行为"。

二 从印刷媒介到电子媒介

印刷媒介包括了书籍、报纸、杂志和小册子之类的媒介。电子媒介包括电视、收音机、电报、电话、录音机和计算机等。④ 印刷媒介与电子媒介在诸多方面存在差异，新的媒介的诞生重塑了旧媒介的传播形式、场景，以及地点的概念。

---

① 〔美〕约书亚·梅罗维茨：《消失的地域：电子媒介对社会行为的影响》，肖志军译，清华大学出版社，2002，第30页。

② 〔美〕约书亚·梅罗维茨：《消失的地域：电子媒介对社会行为的影响》，肖志军译，清华大学出版社，2002，第41页。

③ 〔美〕约书亚·梅罗维茨：《消失的地域：电子媒介对社会行为的影响》，肖志军译，清华大学出版社，2002，第32页。

④ 需要注意的是，这里虽然提到了计算机，但是在梅罗维茨所处的时代，他所说的电子媒介主要指电视等电子媒介。

（一）电子媒介重塑传播

首先，印刷媒介与电子媒介接触的信息类型以及获得接触信息所需的步骤是不同的。不同的媒介构成了不同类型和不同数量的信息系统。在接触编码方面，印刷媒介需要阅读、写作这些技能，因此，信息局限了在掌握所需接触编码的人群中。幼儿和文盲被排除在了印刷传媒之外。而且，信息可以通过编码信息复杂程度的不同面向不同的群体。根据阅读水平的不同，社会又被进一步分成了许多不同的信息系统。人们不能轻易地从一个领域进入另一个领域。而电视几乎人人都能看懂，而且专业的知识也能够被电视以通俗易懂的方式呈现出来。由于代码的不同，电子媒介打破了印刷媒介所塑造出来的专门的且不相通的信息系统，现在各不相同的人群共享着更多的信息。①

其次，印刷媒介与电子媒介在信息获取上是不同的。每本书与其特定的内容也形成了一个独立的有形物体。作为物体，书必须被单独购买或借阅。对于电子媒介来说，成千上万条信息可以用同一个接收器来获取，如收音机、电视或计算机；书籍和杂志需要单独选择，再加上找出它们需要时间和金钱，这使得基于印刷媒介的信息具有了高度的选择性。但是，对电子信息的选择则是比较随意且较少有偏见的。一本书不仅仅是提供信息的一种渠道，而且是自我和身份的象征，而广播电视和收音机的信息是短暂易逝的，对它的消费几乎不会留下任何能触及的证据。

（二）电子媒介重塑场景的边界

电子媒介除了会对传播中的传、受和渠道三者产生影响之外，还会对场景的边界产生重要的影响。电子媒介和印刷媒介传递的信息类型的差别可以用三对矛盾的概念来解释：传播与表情、抽象与表象、数字与模拟。

狭义上，"传播"的定义为使用语言或类似于语言的符号，有意识地传递"讯息"的行为。它包括对事物、事件和观点有意识地用符号表述。与"传播"不同，表情呈现的是具体的内容，提供的是表情器官的信息。印刷媒介仅能"传播"，但电视等电子媒介可以直观呈现个人的表情。电子媒介将过去限于私下交往的信息全部公开了，将过去人们直接而密切观察时所交换的信

①　〔美〕约书亚·梅罗维茨：《消失的地域：电子媒介对社会行为的影响》，肖志军译，清华大学出版社，2002，第73页。

息也传递了出来。

像语言这类的抽象符号在物理上与所描述的物体或事件没有相似性，它与现实的结构几乎没有任何关系。印刷媒介主要呈现抽象的符号。而图像这类的表象符号，与它所描述的事情有直接的联系。一个物体的图片看起来像这个物体，它具有直接的物理上的相似性。图画模拟了现实世界的许多方面：形状、比例、阴影、颜色和纹理。电子媒介在表现表象的符号方面具有绝对的优势。

数字符号是不连续的单元，我们所说的话或信中所写的字是数字信息，而模拟信息是连续的，拥抱、握手和微笑等包含的就是模拟信息。印刷媒介传递数字信息，大多数电子媒介同时传递数字信息和模拟信息。

基于印刷媒介与电子媒介在传播方面的特性，我们可以说，印刷媒介是非个人化的，电子媒介是个人化的。印刷的书页就是一个屏障，在它的后面可以隐藏个人的个性和弱点。在电子媒介之下，我们之间经过 30 秒的面对面的交往（或者在电视上看到我之后），你就可以知道我个人的一些东西，一些在读我所写的任何东西时都不会知道的内容。新闻广播员成了新闻的一部分，一些情绪和感情也通过电视"泄露了"。① 因此，电子媒介通过将原来私下的场景融合进原来公共的场景中，从而进一步整合了信息系统，私人感情和公共传播的区分被模糊了。

（三）电子媒介重塑地点

电子媒介一方面几乎完全断绝了物质地点与社会"地点"的联系；另一方面许多电子媒介也加强了信息与物质地点联系的某个方面。

在电子媒介出现之前，地点决定大多数的社会信息系统场景，而现在电子媒介介入了原先由物质地点所确定的场景。通过电子传播媒介，社会表演者现在可以"前往"他们不愿意或不能去的地方，而观众也可以"亲临"远方的事件。技术，尤其是通信技术的发展，使我们的这种感受更加强烈。

一方面，电子媒介对信息区隔的打破意味着在现实生活中交的朋友与在媒介上认识的朋友基本没有太大的区别。虽然在现实生活中并不认识，但是我们会认为他们就是我们朋友圈里的人，这种新型关系被称为"副社会关系"。观众开始感到他们"认识"在电视上"遇到"的人，这与认识朋友

---

① 〔美〕约书亚·梅罗维茨：《消失的地域：电子媒介对社会行为的影响》，肖志军译，清华大学出版社，2002，第 108 页。

和同事的方式是相同的。当一位"媒介朋友"去世，我们也会感到失落和伤感。①

另一方面，由于表情信息和表象信息总是涉及发出这些信息的人，所以它们也与发送者的物质地点联系在了一起。通过电子媒介的传播在一定程度上类似于面对面交往，它们都将人和信息与所处的环境结合在了一起。

三　新的社会风景

随着电子媒介的出现，场景也发生重构，公共场景融合、公私行为模糊、社会地点被破坏。无疑这些变化均会对社会行为产生影响。群体身份、社会化进程，以及权威也都会受到影响。

（一）群体身份

公共场景的融合导致传统的群体联系被削弱了，群体之间的传统差异也被部分地模糊了，出现群体身份同化现象；同时，观念共享以及更加公共的场景造成了原来孤立的、身份各不相同的群体成员开始要求"平等"的权利和待遇。令人感到讽刺的是，分裂可能是信息系统重新合并所产生的结果；信息网络同化的另一个结果是产生了许多新的、更为表面化及临时性的群体划分，它们的形成与现有共同信息相对统一的背景相对立。

电子媒介更多地暴露后台行为使得公私行为模糊，结果使一些"私下"的群体行为被推到了更深和更不可见的后区。② 群体真正的形象和行为也会改变。群体后区持续增加的"暴露"以及外界对它的关注导致了一种新的"中区"替代行为。比如我们今天的朋友圈，因为朋友圈基本上是熟人圈子，因此在朋友圈更多地展示一种"中区"行为，而将真正的自己展现在微博，因为"微博里面没人认识我"。当然，在社交媒体上表达自己也会造成心理压力，国外的相关研究已经证实了这一点。

基于共同的物质地点所产生的相同的看法，又加强了群体的团结一致，就像老乡情谊一样。物质地点的改变通常会引起态度的转变；电视将观众从他们的物质地点"移开"，并且为他们提供了包含其他人和其他物质环境的

---

① 〔美〕约书亚·梅罗维茨：《消失的地域：电子媒介对社会行为的影响》，肖志军译，清华大学出版社，2002，第114页。

② 〔美〕约书亚·梅罗维茨：《消失的地域：电子媒介对社会行为的影响》，肖志军译，清华大学出版社，2002，第135页。

另一种景象。电视允许一种"无地点的景观"的呈现，因此，心理距离或许比真实的地理距离更重要；电子媒介所提供的社会经历的共同背景创造了更广泛（因此更浅层次的）联系。在互联网到底产生了更广泛的社会联系还是带来了人际的疏离的争论中，不少学者持这一观点。

波伏娃在《第二性》中就已阐明，男性和女性的不同是后天的，不是生理性的。[①] 男性世界和女性世界的隔离是被明确告知的并被接受的宗旨，"两个场合的宗旨"。隐含在这个宗旨中的观点是男性与女性完全不同的天性占据着不同的心理和情感世界，因此拥有不同的自然职权以及各自不同的恰当位置。男性和女性的隔离使他们可以扮演互补的角色。他们也可以相互保持神秘。通过电子媒介的广泛使用，男性和女性的社会场景或者"信息系统"产生融合。电子传播媒介，特别是电视，已经打破了男性世界和女性世界之间的区隔，破坏了支持传统的"女性气质"观念的隔离场所。电视为男性和女性带来了相同的信息和"外部世界"，减少了"异性"的神秘感。这样男性和女性都不可能再假装女性对某个事件一无所知。电视上有偏见的性别角色可能会导致女性开始模仿现实生活中男性风格的行为，即使她们也可能知道像男性那样的行为对女性来说是"不恰当的"。

（二）社会化进程

社会化涉及一个群体信息的有控制的获取，电子媒介共享的性质使得这些社会化的阶段变得模糊了。

公共场景的融合使得儿童更像成人，电视一代的成人也更像儿童。这与波斯曼的观点是完全一致的。公开场景和私下场景的融合使得过去正式群体成员之间的区别和社会化进入某一群体的阶段，以及外人的状态变模糊了。通常，社会化进入某一群体中，其中的个人首先学习该群体的理想（如"前台"的行为），然后随着社会化的进程，他们可以更多地接触到"后区"。电子媒介改变了信息的顺序和数量。个体在成为某一群体的真正成员之前，就知道了该群体的许多后区行为。部分社会化的成员和外人获得足够的"有害的"信息，有可能会"破坏"群体的角色和行为模式。

电子媒介打破了地点隔离，使不同社会化阶段的人与不同社会化过程的人的差异变得模糊。电子媒介将地点接触和信息获取分开，导致了由角色到

---

① 〔法〕西蒙娜·德·波伏娃：《第二性》（全译本），陶铁柱译，中国书籍出版社，1998，第37页。

角色的社会渠道与由地点到地点的物理渠道的关系的破裂。

（三）权威

权威基于信息控制。高地位角色通常依赖于对当时主要信息渠道的控制。电子媒介使许多传统的权威处于一种非常不利的地位。

信息流方向和顺序的失控导致了政治地位的平等。为了在等级制度中维持某一地位，个人必须将来自上面的信息通过自己传递到下面。同时，相对开放的信息流动新模式导致了个体对权威角色的普遍不信任。但是，不可忽略的是，今日这样的等级依然存在，底层人民获得了更多的信息渠道，但是上层同样获得了更多的信息渠道，仍然多于底层人民，因此等级的事实依然未改变。同时，在电子媒介时代，信息壁垒也依然存在，这也会影响人们对信息的获取。

"伟大"存在于台上的表演中，而且按定义讲，是存在于同"后台"行为的分离之中。[①] 在电子媒介广泛使用前，乡镇和城市是全国性政治人物演练的"后台"区域。政治家可以用同样美妙的措辞在不同的时间使不同的人惊讶。他的"前台"形象是可以反复操练的。而且，距离和有限的接触支持了神秘和敬畏。

但是电子媒介出现以后，政治家常常直接通过收音机和电视面对观众。无论政治家在哪里讲话，他或她都是在对全国的人讲话。电子传播媒介已经侵蚀了政治家传统的"后区"与"前区"之间的屏障。演练和表演之间传统的平衡已被打乱。现有的新媒介所暴露的东西太多，以至于政治领导人的传统观念无法取胜。"伟大"是一个抽象概念，当远方领导人的形象开始类似于亲密朋友时，它就褪色了。电子媒介的传播趋势是远离抽象的"传播"而转向个人的形象和表情。通过电视，我们对政治家的各种表现看到得太多了，他们正在失去对自己形象和表演的控制，任何的语言失误都被显著放大。

过去的领地控制形成了当时领地内部信息的控制，并且以其作为一种屏障，不让其他人观察到，这支持了高地位角色在台上的表演。但电子媒介突破了领地的诸多限制，现在我们就可以不必受限于地域，知道地域以外的更多消息。

---

① 〔美〕约书亚·梅罗维茨：《消失的地域：电子媒介对社会行为的影响》，肖志军译，清华大学出版社，2002，第63页。

四　电子媒介与新环境

一些社会观察者将 20 世纪 60 年代广泛的社会变化看成历史的偶然失常。但是梅罗维茨将这一切看作电子媒介引起不同场景撞击所导致的结果。电子媒介将从前不同的社会场合组合在了一起，将私下行为和公开行为的分界线移向了私下一方，弱化了社会位置和物质位置之间的关系。

电子媒介倾向于重新整合许多过去不同的交往场景，从这个意义上说我们可能正在返回一个甚至比中世纪后期更古老的世界。"信息时代"的许多特征使我们的社会更像是最初级的社会：狩猎和采集的社会。与前现代文明不同，我们共享的场景是信息场景而不是物质场景；我们存储信息和思考的方式仍然极大地依赖读写。电子时代从"印刷文化"中成长起来并且保留了其中的许多特征。因此，读写的差异仍然存在。

至于新环境是好是坏，梅罗维茨不像他的老师，有那么尖锐的批评，而是采取了比较温和的中立态度，提醒我们评价新社会必须格外谨慎。但是他也承认，电子媒介本身是有一定的偏向性的。

五　结语

媒介环境学派的学者从罗伯特·帕克、帕特里克·格迪斯、刘易斯·芒福德、本杰明·李·沃尔夫、苏珊·朗格等人那里汲取资源养分，[①] 形成了与经验学派、批判学派完全不同的对媒介的认知方式。在第一代代表人物马歇尔·麦克卢汉那里，"媒介即讯息"，媒介本身才是真正有意义的讯息，媒介本身作为一种存在，它具有巨大的能量，能够对社会文化产生巨大的影响。每一种新媒介的产生都开创了社会行为的新方式，媒介是社会发展的基本动力，也是区分不同社会形态的标志。麦克卢汉断言式的"研究"让人眼前一亮，但是却没有多少论证的支撑，虽然这恰恰是他所厌恶的。

第二代代表人物波斯曼在麦克卢汉"媒介即讯息"的理论基础上提出媒介即隐喻、媒介即认识论。讯息是关于这个世界的明确具体的说明，但是我们的媒介，包括那些使会话得以实现的符号，却没有这个功能。它们更像是一种隐喻，用一种隐蔽但有力的暗示来定义现实世界。这种媒介-隐喻的关系使我们对这个世界进行分类、排序、构建、放大、缩小、着色，并且证明一

---

① 〔美〕林文刚编《媒介环境学：思想沿革与多维视野》，何道宽译，北京大学出版社，2007，第 4~5 页。

切存在的理由。当然，它对于我们认识世界、认识真理也有着重要的影响。波斯曼以此作为理论武器，对电视进行了猛烈的批评。

此外，罗伯特·洛根（Robert Logan）沿着媒介环境学的思路，继续论证媒介技术对社会产生的不可磨灭的影响。其《字母表效应：拼音文字与西方文明》《理解新媒介——延伸麦克卢汉》可以看作对麦克卢汉思想的继续发扬。

到了第三代学者这里，媒介环境学派的阵营逐渐发展壮大。保罗·莱文森、林文刚、德里克·德克霍夫、兰斯·斯特拉特、埃里克·麦克卢汉（Eric Mcluhan）等人都延续了对媒介环境学的叙事传统。梅罗维茨作为媒介环境学派第三代代表人物，他的《消失的地域》依然承袭的是媒介环境学派（也可以说是麦克卢汉）的思想，在确认媒介物质性的基础上，去谈论媒介本身对社会的影响。

但是，与麦克卢汉、波斯曼不同的是，他的论述相对来说更严谨一些。麦克卢汉的名言警句广为人知，波斯曼也仅仅是展开比较简单的案例论证。纵览媒介环境学派学者们的作品，大多论证的逻辑较差，梅罗维茨在这本书中的论证就相对来说严密许多。甚至，结构都十分工整。当然，这与这本书是在博士学位论文基础上修改修订而成也有一定的关系。

梅罗维茨与波斯曼还不同的一点是，波斯曼表达了自己对媒介批评强硬的态度，但是梅罗维茨却可以看作一个中立者，他不想证明口述媒介、文字/印刷媒介、电子媒介孰好孰坏，他只是将现象论述出来，未做价值判断。不可否认，梅罗维茨与波斯曼都论述了儿童成人化、成人儿童化的话题，但是他们是从两个不同的视角切入的。波斯曼是在对"童年"概念研究的基础上发现中世纪印刷术普及之前，儿童与成人之间靠口语传播，彼此分享基本相同的文化世界，所以根本没有童年的概念；印刷术普及之后，文字成为主导媒介，成人掌握着文字和知识的世界，儿童与成人之间出现了一道文化鸿沟，"童年"诞生。电视时代，一切信息都能在成人和儿童之间共享，成人和儿童之间的界限逐渐模糊，"童年"逐渐消逝。梅罗维茨是从场景的角度切入，因为从印刷时代到电子媒介时代，媒介场景发生了变化，因此，儿童与成年人的信息区隔不存在了，因此，是场景的改变造成了儿童与成人边界的模糊。无论如何，二者是殊途同归的。波斯曼对这一点进行了猛烈的抨击，而梅罗维茨没有。

这本书的天才之处在于将媒介理论与场景理论有机地融合在一起。但是与媒介环境学派的其他学者一样，他们都有夸大媒介的作用之嫌。仿佛媒介是造成社会变化的唯一影响因素。但是实际上，社会变迁，尤其是社会的结构性转变是多种因素作用的结果，在社会结构中，媒介技术只是一个方面的因素，除此之外媒介运行的制度等因素也与媒介整体的作用十分相关，如果视媒介技术为唯一影响因素不免落入了媒介中心主义的泥潭。

　　但无论如何，这本书在移动互联网时代依然对于人们具有巨大启发意义。手机本身所包含的媒介意义远远大于它所传递的内容，今天，手机就像是我们的一个伙伴，我们离不开它，与手机断交可能会使我们陷入焦虑与不安的境地。媒介情境使社交媒体越来越变成一个展现自我的舞台，以往私下的行为逐渐演变为一种"中区"行为。如此一来，社交媒体表演的压力也随之而来，这会不会让我们的交流，包括其他形式的交流，也演变为一种表演呢？人的主体性退却至舞台的"深后区"，是否会丢失自我的开放性呢？另外，在短视频和直播十分流行的现在，网络直播课程、网络直播自习室、乡村 T 台走秀等媒介情境的改变将会给我们的社会文化带来怎样的改变呢？这些都是值得探讨的话题。

作为"时光机"的媒介考古学

黄月琴

一 为什么选读《媒介考古学》^①?

(一)思想背景:媒介物质性转向

《媒介考古学》是能够打开我们学术研究视野的一本书,同时它也在非常恰当的时机被译介进来。长期以来,在我们的认知中,媒介形式本身一直是透明的,大家认为重要的是它的内容和信息,比如它的文本以及包含的意识形态、观念等,而诸如编码的技术、物质结构这些物质性的方面,被我们自然而然地忽略了。最近几年,国内媒介理论的研究视角才开始从对传播(内容)的关注,慢慢转向对媒介本身的关注,开始讨论媒介(传播)物质性。总的来说,对媒介物质性的研究(包括媒介考古学、媒介生态学、媒介本体论等)承袭了19世纪末以来人类学的研究范式,并结合二战后欧美学界的技术哲学、批判理论、本体论转向等一系列重要的思想资源,为我们理解媒介、文化、政治与社会提供了一个全新的视角。《媒介考古学》的编写和译介正呼应和建构了这种研究转向和媒介研究新范式。

(二)该书在思路上的开创性和方法上的重要性

正如肖恩·库比特所评,该书汇编的论文不仅提供了创新性的历史案例研究,而且通过物质性和历史性分析,为未来的媒介研究提供了一种方法论,

---

* 黄月琴,华中师范大学新闻传播学院教授。

① 参见〔美〕埃尔基·胡塔莫、〔芬〕尤西·帕里卡编《媒介考古学:方法、路径与意涵》,唐海江主译,复旦大学出版社,2018,本文简称《媒介考古学》。

此书注定会成为新一代媒介学者的一本重要手册。① 本文主要讨论一头一尾（即导言和后记），这两个部分对欧美媒介考古学的近期发展状况进行了较为全面的勾勒和总结，可以使我们对媒介考古学有一个概览；正文的 13 篇文章作为研究案例，展现了不同的对象、角度和方法，对媒介史研究和新媒体研究有重要参考价值，本次分享仅作初读和简要介绍。

二　媒介考古学概况

（一）媒介考古学的"史前史"

媒介考古学在 20 世纪 90 年代崭露头角，其代表性学者包括基特勒、齐林斯基、胡塔莫、埃尔塞瑟等，这一代学者的继承者则有沃尔夫冈·恩斯特、尤西·帕里卡、朱莉亚娜·布鲁诺……再追溯媒介考古学的"史前史"，即在历史长河里进一步追溯媒介考古学的元素，便会发现福柯、恩斯特·罗伯特·库尔提乌斯、阿比·瓦尔堡、瓦尔特·本雅明等学者为媒介考古学所做的开创性贡献。

（二）对媒介考古学的不满及其批判

媒介考古学源起于对媒介文化和历史"标准化"叙述的不满与批判。在"标准化"理解中，新媒介被视作一个无所不包、"永恒"和内部自洽的领地，新媒介总被认为是线性进化并趋向于完美的结果。同时，一大批以历史为导向的媒介研究中，关于媒介研究方法和路径的讨论往往被忽略：一些媒介历史"事实"的性质常常被当作既成之事，它们与观察者及其所处时代和意识形态上的关系，被当作假定对象而置之不论，但历史叙述往往是有选择性的，带有偏见的，甚至会刻意忽略部分历史事实。《媒介考古学》一书试图改变这一境况。

（三）媒介考古学是什么？

媒介考古学的知识目标是什么？编者胡塔莫有一个精妙比喻，即媒介考古学旨在充当"时光机"，在历史的多个时刻停驻，并激发人们意识到这些时

---

① 参见〔美〕埃尔基·胡塔莫、〔芬〕尤西·帕里卡编《媒介考古学：方法、路径与意涵》，唐海江主译，复旦大学出版社，2018，"封底页"肖恩·库比特评论内容。

刻之间的相互联系。作为"时光机",媒介考古学试图挽回那些多样而另类的往昔,并让它们再次紧密相连,从而促进人们以全新的方式来思考媒介。因而,媒介考古学家的任务其实是理解我们当下的媒介文化,这是一种反思性的理解,它同时具备几对范畴:全球与地方、古与今、我与他、成功与失败。媒介考古学在新事物当中发现旧事物,从旧事物当中看到新事物,从非中心的视野当中理解演进的过程及它与社会文化的相互影响。媒介考古学家注重构建关于媒介被压制、被忽视和被遗忘的另类历史,关注发明中的死胡同、失败品以及那些从未变为物质产品的发明。

(四) 媒介考古学不是什么?

虽然冠以"考古学"之名,但媒介考古学不应与考古学混同。媒介考古学"挖掘"媒介文化现象,而考古学全方位"挖掘"历史线索。媒介考古学搜索文本、视觉和听觉档案以及文物收藏,强调文化在话语和物质层面的证据,找到物质实践的网络,重新把它还原出来。媒介考古学也区别于传统历史学、媒介史学,传统媒介史的书写更关注那些成功的、主流的媒介,而媒介考古学则关注在历史中被忽视、被遗忘和失败了的媒介技术,关注这些失败了的媒介技术与当下的联系。

(五) 媒介考古学是不是一个独立的学科?有没有独特的方法?

对于"媒介考古学是不是一个独立的学科?有没有独特的方法?"这一问题,《媒介考古学》编者的回答基本是否定的。他们认为媒介考古学是一种与以往研究格格不入的"学科",一种与以往研究格格不入的"全新"的诠释,而非仅仅对技术古往今来历程的讲述。媒介考古学家们通过指出历史中迄今未被注意的连续和断裂,挑战现代媒介文化和理论对历史研究的漠视态度。这种思想反思的结果,是媒介研究的范围在时间和空间两个维度上扩展。一是媒介研究的范围被推回至数个世纪以前;二是媒介研究也扩展至西方世界以外,不是西方中心主义,而是全球视野。

胡塔莫指出,媒介考古学并非一个单一的、固定的、建制化的研究领域,而是由多种类型的媒介考古学研究组成的复合型领域,学者们使用不同的研究方法,进行多元化的媒介考古学研究,在此背景下,不如将媒介考古学视作一种移动性极强的游离学科(travelling discipline),使其保持自身的灵活性与开放性。当然,在这样多元多极的研究态势下,媒介考古学仍旧被归为一个研究领域，还是在于媒介考古学家们对于"研究对象"的选取较为一致。当然，胡塔莫也不认为要刻意不建构，他保留着建构的可能性，但不是现在，也许大家有了更多共识和更清晰的问题意识，自然而然就会形成学科门类，但不必刻意追求。

三 媒介考古学的研究对象和方法是什么？

（一）媒介考古学研究些什么？

在研究对象上，该书主编胡塔莫的研究兴趣是历史主题、修辞原型、媒介文物收藏这些比较"传统"的领域，而其他更为"狂野"的媒介考古学者关注更"奇异"的媒介物质，比如噪声、垃圾（电子垃圾）、铭刻物质模式、虚拟媒介、精神分析的技术媒介（人脑与认知过程）、想象的媒介、幽灵媒介（摄影）、灵媒、X 射线、电子游戏、"玩"与游戏界面、软件考古、病毒、图像化书写机器、数字媒介编程、未来媒介（如情书生成器、机器人）等。总之，媒介考古学是研究那些沟通过去、现在与未来，此岸与彼岸，我者与他者，此系统与彼系统（即媒介间性）的媒介。

（二）媒介考古学的方法论

在研究方法上，尽管主张方法多元，但是胡塔莫和帕里卡仍希望《媒介考古学》一书"通过方法论上的指导和启示为媒介考古学研究奠定基础"，[①]当然，其意旨不是给媒介考古学的意涵及其应用作出定论，而是为创新、补充媒介考古学意涵和拓展新的视野提供空间。这个方法论可以阐述为如下几方面的内容。

（1）媒介考古学应该在全球范围内实施，具有"去疆域性""去中心化"的特点。媒介的发明通常具有跨国影响这一特性，设备、理念、使用甚至虚拟媒介技术的梦想，都是跨越文化领域，并在此过程中交融的。媒介考古学应该研究任何媒介环境，而不仅仅是西方的媒介环境，所以它是"去西方中心主义"的，认为不应将任何特定的地理区域凌驾在他者之上。

（2）媒介考古学主张重新理解历史。"以一种比传统的假设更加丰富、更复杂的方式重写那些传统的历史"，[②] 这种传统的假设即以线性方式推进，

---

① 〔美〕埃尔基·胡塔莫、〔芬〕尤西·帕里卡编《媒介考古学：方法、路径与意涵》，唐海江主译，复旦大学出版社，2018，"中译本序"第 2 页。

② 〔美〕埃尔基·胡塔莫、〔芬〕尤西·帕里卡编《媒介考古学：方法、路径与意涵》，唐海江主译，复旦大学出版社，2018，"中译本序"第 2 页。

以达到数字化的完美境地为终点和目的。媒介考古学反对线性历史,反历史目的论,它试图挑战那些已成为建制的历史。

(3)媒介考古学声称自己是多极化的,承认有许多创新的中心。媒介考古学希望在多中心的对话中,产生新的知识、观念和视野。

(4)媒介考古学强调媒介的物质性,反文本和内容阐释传统。不论是胡塔莫提出从社会语境看待媒介技术的意义,还是基特勒对于物质主义的硬件的强调,都反对将媒介作为一种文本研究。

(5)媒介考古学不同于博物学、物质文化研究,媒介考古学研究媒介物质性及其实践网络。简单来说,就是研究媒介物是怎么进入人的实践系统里的,怎么作用于人的身体、改造人的感官,怎么被应用和被制度化,怎么构成一个制度实践的网络的,等等。

四 媒介考古学的思想资源和理解关键路径

(一)媒介考古学的思想源流

媒介考古学的思想资源是多方面的,比如技术哲学、精神分析、文学理论(主题与原型)等,而对于一些媒介考古学学者来说,麦克卢汉、德勒兹、福柯、本雅明等学者的影响也显而易见。

麦克卢汉的影响在于,他为媒介研究引入了新的方法、新的组合和新的主题,他的媒介批评将历史与神话相提并论、在精英文化和大众文化之间跳转。对于许多媒介考古学家来说,麦克卢汉是在一种(比阿多诺等大众文化批判论者)更加严谨的意义上去拥抱媒介历史的。该书认为,麦克卢汉对媒介考古学的影响是多方面的。首先,麦克卢汉对各种媒介之间时间上的连接、转化和融合的强调,启发了博尔特、格鲁辛发展出"补偿"(remediation)概念,研究早期媒介形式的特征是如何纳入数字化媒介中的。其次,麦克卢汉对"媒介"和"媒体"意义的理解非常宽泛,并挑战了物质与思想观念的二分法,把新媒介当作"人的延伸"和社会变革的动力,这一观点深深影响了德国的"媒介物质主义学派"。最后,麦克卢汉不愿意遵循正规的"方法"和固定的概念体系,以及他对自身话语的自反性运用,对媒介考古学家颇有吸引力,他们决心要让自己的方法摆脱制度-理论的教条和积习。

德勒兹的"根茎""褶子""游牧主义"思想也给了媒介考古学启发。比如德勒兹强调历史不是线性的时间概念,事物之间不必是线性的"进化"或取代关系,而通常是共时性的复线演进过程,在德勒兹看来,尽管很多概念、文本和资源埋藏在地层学的底层或褶皱的深处，但是它们却以叠置的方式同样存于当下。福柯的"知识考古"，正是将这样埋在地层中的"知识档案"与当下的权力关系重新连接。德勒兹进一步沿着它们自身的脉络和进路，努力将其从时代性和地域性的"重重包裹"中抽取出来，从"地层"刺入当下的"地表"，从而生成意义和"新"。这正是胡塔莫等媒介考古学者的思想方法论。

（二）福柯的知识考古对媒介考古学的启示

福柯的知识考古更是媒介考古学的灵感来源，可以说媒介考古学的两种范式类型（英美范式和德国范式），其差异便来自对福柯理论的不同解读。英美范式偏向于从文本、话语、观念、意识形态、功能、知识型构切入，认为技术是从其语境中获得意义的。而德国范式则以技术-硬件为导向，强调技术作为一种"原初动力"的角色。在英美传统中，福柯被认为是一个强调话语和话语作用的思想家，将话语视为场域，在此场域中，知识和文化、社会力量紧紧联系在一起，物体、事件和制度都受其话语构型（discursive formation）制约，"硬技术"的影响力是次要的，文化、知识和社会力量这些非物质力量可以区分并调节技术的用途。而德国媒介考古学及其各种变体对福柯的理解十分不同，这些变体成果受到基特勒的强烈影响，在《话语网络1800/1900》《留声机 电影 打字机》这些著作中，基特勒开创性地论述了技术媒介对19世纪文学和写作的影响。

基特勒认为福柯式话语分析必须将技术特有的物质材料属性考虑在内。虽然基特勒一般被认为是反对福柯的，但是基特勒从未声称他仅仅关注技术或技术设备，也从未忽视技术之于权力的意涵。他早期的著作就已强调机构在技术媒介网络中的节点作用。

（三）本雅明的示范有助于理解媒介考古学

如果说将麦克卢汉、德勒兹、福柯视为在思想和方法上的启发者，那么本雅明的研究就更像是蓝本和范例，为媒介考古学所推崇。媒介考古学认为"本雅明其实已更早地展示了一种无名的历史"，可以说，本雅明是除福柯以外的在文化分析的媒介考古模式方面最为杰出的先驱，他的研究对文化研究有着重要影响。

在《拱廊计划》（Arcades Project）中，本雅明以巴黎为中心，依赖大量线索，包括文字、插图、城市环境、建筑、全景和立体的公共景观以及代表时代的象征物体，重新构建了 19 世纪的文化。这种方法是开放、多变和分层的，不仅涉及政治、经济因素，还将集体心理因素也考虑在内。本雅明抵抗“思想史”，也拒绝对资料进行分类（因为分类就意味着遵循时代主导的单一标准），这导致《拱廊计划》最终处于“未完成”状态；本雅明发展出一种看待时间性的方式，通过破败的腐朽的形象（figures）来抓住时间的本质。他对身心的变化、媒介对感官的改造和“废墟”的研究为媒介考古学打开了视界。

五　媒介考古学的中国好奇

《媒介考古学》提供了多种富有想象力的媒介考古学案例研究，如虚构媒介、幽灵媒介（电子在场）、媒介历史与媒介认识论、系统设计工程学-机器媒介、视觉与声音艺术媒介、噪声、基于时间和以时间为关键点的媒介、界面/接口如何作为权力和文化的媒介、数字媒介的虚构与可玩性、计算机媒介与情感对象、弗洛伊德-魔法石板（精神分析-幻想、妄想的媒介）、家庭媒介与现代化、西洋镜-装置媒介等。

受以上种种讨论的启发，我们不由得思考中国的“媒介考古学”如何启动？勾连现实的研究进程，我们似乎已经有了很多并未命名为“媒介考古”的媒介考古学研究，比如城市传播研究中对于物质网络和基础设施的重视，传播思想史关于媒介物质性的讨论，对互联网历史研究、记忆研究的涉入等，都可以在媒介考古学维度上进一步拓展。

借由该书所打开的媒介考古学的视域和知识兴趣，中国的媒介学者在此能有什么样的贡献和收获呢？胡塔莫在书中恳切提出，中国拥有的众多历史材料和科技，或许只能由中国人自身进行解读，而从媒介考古学的视野出发对这些材料进行解读，不仅可以拓展媒介考古学的研究范围，还能补充完善世界媒介技术发展的历史书写。比如李约瑟在《中国科学文明史》[①] 中展示过种种成就，人们应该重建这些成就与中国当下媒介世界的联系。他希望未来中国的媒介考古学家能揭示中国的媒介文化及其发展，推动中国的文化形式与中国历史的对话，以帮助人们更好地理解中国的媒介环境。[②]

---

① 〔英〕李约瑟：《中国科学文明史》，上海交通大学科学史系译，上海人民出版社，2010。
② 〔美〕埃尔基·胡塔莫、〔芬〕尤西·帕里卡编《媒介考古学：方法、路径与意涵》，唐海江主译，复旦大学出版社，2018，“中译本序”第 2 页。

混杂的媒介现代性

欧阳敏[*]

现代性指的是自 18 世纪中期启蒙运动以来人类社会的一种以理性化、世俗化、科层化以及科学兴起等为特征的整体状态。[①] 有学者认为自 20 世纪 80 年代以来，人类社会开始步入后现代阶段，如利奥塔、德里达等；也有学者认为现代性仍是一项未完成的课题，如吉登斯、哈贝马斯等。真相到底如何，这就见仁见智了。但可以确定的是，现代性给我们当下的文化打上了深深的烙印。

我们既可以从"形而上"的知识体系中发现现代性，也可以在"形而下"的生活世界中找到现代性。《上海摩登》[②] 一书作者将目光投射到 20 世纪三四十年代的上海，"漫游"在作为生活世界的都市空间，探寻近代上海都市文化的现代性。出版场域和电影场域是主要停留地，出版和电影本身就是现代性的媒介，同时它们又形塑和呈现近代上海都市文化的现代性。五光十色的上海都市空间里，各方力量代理者交织成繁复的意义之网，赋予媒介以混杂的现代性。

一 《上海摩登》概要、作者简介及选书缘由

今天和大家分享的是《上海摩登》。该书内容分三大部分：第一部分从印刷文化和电影文化角度，描摹近代上海都市文化背景；第二部分选择六位作家及其文本，分析文本中的现代性；第三部分将上海置于东西方文化比较视野中，思考上海的未来。笔者重点解读该书的第二章"印刷文化与现代性建构"、第三

---

* 欧阳敏，武汉大学新闻与传播学院副教授。

① 〔英〕安东尼·吉登斯、〔英〕菲利普·萨顿：《社会学基本概念》，王修晓译，北京大学出版社，2019，第 15 页。

② 参见〔美〕李欧梵《上海摩登——一种新都市文化在中国（1930—1945）》（修订版），毛尖译，浙江大学出版社，2017，本文简称《上海摩登》。

· 54 ·

章"上海电影的都会语境",探讨近代上海都市文化的混杂的现代性。

该书作者李欧梵,1942年生于河南,台湾大学外文系毕业,哈佛大学博士,国际知名文化研究学者,作家、文化评论员,曾任教于芝加哥大学、印第安纳大学、普林斯顿大学、香港科技大学、哈佛大学等,现为哈佛大学东亚系荣休教授、香港中文大学讲座教授、台湾"中央研究院"院士。著有《铁屋中的呐喊》《上海摩登》《中国现代作家的浪漫一代》《现代性的追求》《我的哈佛岁月》等。

中国的解释学传统讲求"知人论世",作品、作者及其身世与所处时代是浑然一体的关系。

李欧梵的父母——李永刚和周瑗——是深受五四精神影响的新式知识分子,他们在大学里所学的专业是西洋音乐,毕业后又都在高校从事音乐教学和研究工作。音乐使人自由,自由即一种强能动性或强大的自我力量感。家庭是初级社会化场所,李欧梵先生自然融合了父母的自由视域,他将自己喻作"狐狸型学者"(信任价值多元论、不拘于思想之一端的学者),便是明证。

李欧梵起初的学术兴趣是中国现代文学,后来在与夏志清、马泰·卡林内斯库(《现代性的五副面孔》的作者)等学者的交往过程中,逐渐意识到现代文学的共通背景就是都市文化,没有巴黎、柏林、伦敦、布拉格和纽约,就不可能有现代主义的文学作品产生。于是,近代上海进入了他的研究视野,"漫游"上海之后,就有了《上海摩登》的面世。

在《上海摩登》英文版(哈佛大学出版社,1999年版)的扉页中有一行文字:"献给保罗·安格尔(1908—1991)和华苓·聂·安格尔。"李欧梵与王晓蓝(聂华苓之女)有过一段为期十年的婚姻,他因此与安格尔夫妇过从甚密。安格尔夫妇是世界文学领域的两颗明星,他们对李欧梵学术思想的影响很大,主要体现在世界主义方面,即对跨越政治区隔和文化区隔的整体人类的精神现代性的关注。法国现代文学批评家蒂博代曾说:"真正的小说家用他自己生活可能性中无尽的方面去创造他的人物。"[1] 聂华苓在2019年与江少川的对谈中曾重点提到这句话。《上海摩登》中其实也体现了这种思想:李欧梵通过故地重游、史料爬梳、比较分析、文化想象等多重方法,"漫游"在中国的现代性之都,尽可能多地召唤作为现代性之表征的各类历史"幽灵"。

历史"幽灵"越多越好,因为,追求对世界的整体理解是人们亘古以来的普遍心态,历史"幽灵"越多,解释就越全面。学科制度是现代性在知识

---

[1] 转引自严家炎《金庸小说论稿》,北京大学出版社,1999,第48页。

领域的表征，学科制度下的知识分工阻碍了人们对世界的整体理解；李欧梵采取反现代性的研究方法（跨学科）研究都市现代性，体现了一名人文学者对现代性的反思和对人类整体精神自由状况的关注。

　　大概三年前，笔者在写一篇关于朱生豪现代性心态的论文时，偶然间通过其他文献，顺藤摸瓜找到了这本书。翻阅之后，受到很大的启发，同时又觉得这本书有一种莫名的亲切感。直到这次在准备讲稿和PPT的过程中，看到了李欧梵的一篇访谈文章，原来他写这本书的一个动机，是增强自身研究的理论合法性和方法合法性。李欧梵在20世纪90年代到芝加哥大学时，发现身边的同事个个都懂理论，都有方法，但他由于博士阶段受的是实证史学训练，注重资料研究，理论和方法很欠缺，于是他感受到了自身研究合法性危机。笔者对李欧梵的这种危机感感同身受，笔者博士阶段主要接受的也是实证史学训练，同样不注重理论和方法。到武汉大学信息管理学院来做博士后后，发现同事们非常注重理论和方法，于是笔者开始恶补法国年鉴学派、意大利微观史学、文化人类学和新制度经济学的相关理论和方法。李欧梵的这本书，既能使笔者深化对现代性理论的理解，又能使笔者获得一种吾道不孤之感。这便是笔者选择分享此书的缘由。

　　现代性指的是从18世纪中期欧洲启蒙运动到20世纪80年代中期这段时期世界的一种整体状态，其特征是世俗化、理性化、科层化以及科学的兴起。"现代性"源起于西方，但它的影响范围超越了西方，扩及全球，因此，现代性还有一个典型特征就是"全球化"。西方的现代性起点是和中世纪决裂。我们可以简单地将"现代性"理解为"求新"。

　　"中国的现代性，是和一种新的时间和历史的直线演进意识紧密相关的。这种意识本身来自中国人对社会达尔文进化概念的接受，而进化论则是世纪之交时，承严复和梁启超的翻译在中国流行起来的。在这个新的时间表里，'今'和'古'成了对立的价值标准。'今'被视为一个至关重要的时刻，它将和过去断裂，并接续一个辉煌的未来。"①

　　在中国，从晚清到"五四"，从现代到当代，到处都是由现代性而引起的问题。核心问题是：传统中国如何成为新中国？传统臣民如何成为新民（也就是公民）？维新变法运动、新文化运动、新生活运动、新民主主义革命等被冠之以新的运动和革命，都是在寻找上述问题的答案。可以这样认为，"新"

---

① 〔美〕李欧梵：《上海摩登——一种新都市文化在中国（1930—1945）》（修订版），毛尖译，浙江大学出版社，2017，第58页。

（即现代性的隐喻）是一条贯穿中国近现代史的脉络。若从经济和文化角度来论，近代中国最新、最现代的城市，当然非上海莫属。

二 "混杂的现代性"凸显了跨文化传播中的理解难题

在正式解读第二章和第三章之前，笔者想先对媒介史研究和跨文化传播研究中的共性问题——理解难题——进行探讨。

从解释学的视角来看，跨文化传播是两种差异极大的视域的相遇、碰撞、冲突与融合的过程。如果外来文化很强势，本土文化绝对弱势，那么本土文化大概率会被外来文化殖民，视域融合就会变为吞并；但是，如果本土文化只是相对弱势，又或者本土文化历史优秀，那么强势的外来文化极可能被本土文化归化，从而演化出一种混杂的文化。在近代中国就是如此，文化的全盘西化行不通，正途是：本土文化汲取西方文化的某些现代性因素，融合成一种混杂的现代性文化。

文化流速越快，全球化范围越广，理解难题和混杂性就越凸显。现代性带来了全球化，"全球化使我们四处流散，不断与异文化的人相遇，遭遇冲突、歧视、焦虑、排斥等各种各样的烦心与悲伤，但这并未使我们停下跨文化交流的脚步，也未曾消解过文化融合进行的文化创造。这其实是人的自由天性使然。只是我们追求自由，但难以得到自由和自由的幸福感；我们寻求跨文化的空间，却总是为跨文化的问题所烦扰。奇怪的是，烦扰总不能否定我们的跨文化存在，相反，烦扰之中对于跨文化能力的怀疑以及对于跨文化传播难题的求解，一次次证明着我们的跨文化存在"。[1]

难以彼此理解的根本原因在于：每一个个体的视域都根源于独特的肉身，我可融合其他主体的视域，但是我的意识无法迁移到其他主体的肉身之中，每个人都有一个神秘的"本己性领域"，这也是我之为我的秘密所在。因此，终极式的、彻底的彼此理解，带有神话色彩，是一种柏拉图式的"理念"，可以无限接近和无限精确地模仿，但是却不能完全抵达和复原。

宇宙的终极问题迄今无解，人类理解的终极问题亦如此。"理念式的理解"存在于哲学世界之中，生活世界中的理解应该是一种"主体间性理解"（即主体与主体之间的理解），这是一种有限度的、理性的理解。正是"主体间性"赋予了个人和社会以混杂性。"人类是作为跨文化的物种而存在的"，[2]

---

① 单波：《跨文化传播的问题与可能性》，武汉大学出版社，2010，"序言"。
② 单波：《跨文化传播的问题与可能性》，武汉大学出版社，2010，第1页。

这是人类文化发展的动力，这使笔者想到了马克思的观点，人是一切社会关系的总和。我们本能地想要使自己的个人阐释变为群体乃至社会阐释，随着阐释圈的扩大，跨文化传播自然就出现了。

笔者认为，好的阐释应该是主体间性式的，即将其他主体视为与我们具有同等尊严的主体，而非将他们视为下等之人甚至将其物化（非人化或妖魔化）；而坏的阐释，往往是将其他主体降格为物，古往今来的许多人间惨剧便是由于将主体物化而造成的。

本部分最后要强调的是，人与人之间的交往是在生活世界中进行的。生活世界的特征是奠基性和混沌性，奠基性决定了我们对于世界的理解有一个最大公约数（譬如同情、正义、诚信），而混沌性则由亿万个体具体生活经验的差异所形塑（"涌现"与不确定）。

三　印刷文化与现代性建构

国家和社会是"想象的共同体"，而媒介作为一种文化基础设施，其重要功能便在于形塑"想象的共同体"。

（一）启蒙事业：教科书

为新国民教育编制教科书是政府的优先议程。晚清民国时期的教科书主要是审定制，即教育部门颁布相关课程大纲，民间出版机构根据大纲组织人员编写教科书，编好的教科书要经过教育部门的审核，审核通过后就可以公开发行。

商务印书馆和中华书局主导了民国时期的教科书市场，它们通过集体努力，成功地实现了其自定的"启蒙"任务，而它们的努力也促进了民族建构。出版公司编撰教科书，是在遵循国家"语言"语法规则的前提下，进行的有限自由的"言语"。出版公司发展出了自己的教育观，虽然不能和政府法令相抵触，但超越了指定课程，出版了大量的寓言、翻译小说、图画书等课外读物，并进入了因为谋生而失学的都市成人世界中。正是在都市社会的这个公众范围里，出版公司扮演了主角，在政府政策的意识形态局限外，提供了一幅现代性景观。

（二）《东方杂志》：一份"中层"刊物

《东方杂志》是一份在商务印书馆支持下面向都市读者的"中层"刊物，创办于1904年，月刊，后来改为半月刊，一直发行到1948年，单期销量曾高达15000份。从它的目录，可看到它不拘一格的品质，包括新闻报道、政论、文化批评以及翻译和专论。这份杂志"万花筒"般的内容，你可以说它缺乏鲜明的特色，但这正是它的吸引力所在。它的宗旨是：研究学理、启发思想和矫正习俗。

该杂志的编辑和主要作者，意识到西方知识的持续冲击，摸索出一条温和的路径，以寻求西方现代性和他们认为依然有用的中国传统之间的调和。

该杂志也刊登了相当数量的学术性文章，谈进化论，谈弗洛伊德的析梦理论是一种科学形式，谈塑造和改变人类生活的各种机械发明——电报、电车、电话和汽车，还包括打字机、留声机和电影。这些文章有些是从英国、美国和日本的大众杂志和教科书上转译的，暗含了他们仍然迷恋晚清话语中的声、光、化、电四大现代技术范畴。

不过同时，杂志里的有些文章也显得忧心忡忡：如果说现代文明的胜利是不可避免的，那他们认为中国人不管如何，都需要慎思谨行，对西方现代性所带来的文明，已隐藏着某种暧昧和矛盾感。

（三）作为"良友"的一份画报

《良友》画报从 1926 年创刊到 1945 停办，历时近 20 载，正式出刊 174 期、特刊 2 期，共刊载彩图 400 余幅，照片达 32000 余幅。[①] 其内容分为国内新闻人物、国际新闻及人物、戏剧电影、美术摄影、社会生活、文学艺术、名人手迹、科学技术、广而告之等部分，它从多角度多侧面展现了 20 世纪二三十年代社会生活的方方面面。

《良友》画报曾是整个上海、中国乃至世界华人界最受欢迎和最具影响力的画报。发行范围遍及海内外 27 个国家和地区，发行量达 4 万余册。据 1932 年 12 月"上海邮政局挂号杂志销售记录"统计，《良友》销量仅次于《生活》周刊，居上海杂志销量第二位。[②] 方汉奇教授说："《良友》是中国新闻史上办得最成功、影响最大、声誉最隆的一家画报。它的代售处遍及全世界，堪称中国现代新闻出版史上出版时间最长、发行范围最广、发行数量最大、报道信息最及时、内容最丰富的一部大型综合性新闻画报。"[③]

---

① 参见李康化《〈良友〉画报及其文化效用》，《上海交通大学学报》（社会科学版）2002 年第 2 期。

② 参见李康化《〈良友〉画报及其文化效用》，《上海交通大学学报》（社会科学版）2002 年第 2 期。

③ 转引自孙梦诗《〈良友〉画报广告的透视与解析 1926—1937》，中国戏剧出版社，2021，第 3 页。

就像《东方杂志》的编辑利用了人们对新知识的明显需求，《良友》画报的编辑敏锐地感知到大众在日常生活层面可能需要一种新的都会生活方式，于是对此做了探索。很显然，在当时这种需求由画报来满足是最合适的。

《良友》画报营建了关于都会现代性的一整套"想象"，它有意识地为现代性做广告借此帮助了上海都会文化的建构。由此它不仅标志着现代中国报刊史上意义深远的一章，也在呈现中国现代性本身的进程上迈出了历史性的一步。

1934 年《良友》画报第 87 期上有两页上海照片，英文名为"Outline of Shanghai"（上海轮廓），中文标题则为"这就是上海：声、光和电"。另有照片呈现上海著名的百货大楼、饭店、舞厅、影院以及著名影星等。

1934 年《良友》画报第 85 期上还登载了一幅照片镶拼图，图上有爵士乐队、一栋新的 22 层摩天大楼、赛马场和赛狗场景、电影海报。

《良友》画报每期封面上，都是一幅温雅的现代女性肖像，下面署有名字。这也许是对晚清名妓小报所建立的传统的一种延续，那些小报封面上常刊有"名花"照片。但是《良友》画报刊登的不是名妓，而是刊登那些相当有名的"新"女性的照片。陆小曼（徐志摩的妻子），著名影星黄柳霜、胡蝶、阮玲玉、谈瑛都在封面上出现过。

对于女性的展示，充满了混杂的现代性。像《良友》画报这样的杂志因为塑造的是新女性，她们身着时髦的现代服装（洋装），留着时髦的发型。但是照片中，多数女性依然是在家和孩子在一起。这些新女性居于一个现代婚姻家庭里，而她们的家庭又总是交织地演绎着都会资产阶级生活方式的方方面面。女性的新角色依然是在家庭里，而她的家庭已被形形色色的现代便利和内部设计改造得面目一新。家庭内景至此完全"公开化"了，而其本身也成了一个公共议题。

（四）月份牌中的混杂现代性

月份牌的基本形式是这样的：长方形的类似传统中国画的框架，最底下是日历；月份牌的最上面印着广告产品的生产商——主要是香烟和药物厂商。

月份牌最初是从西方引入的一种广告噱头，宣传英美烟草、药物、化妆品、织物和石油公司。早在 1910 年代，英美烟草公司就率先引进了胶版印刷机，成立了他们自己的广告部，并创办了纯粹培养商业艺术家的美术学校。但其优势立即受到了本土企业家的挑战，尤其是中法药房和大世界游乐场创办人黄楚九。黄楚九以独到的眼光发现了杭州画家郑曼陀的艺术天分，便提拔了郑曼陀。由此郑曼陀和他的弟子所绘的月份牌成了人们竞相追逐的东西，而从此一种融合传统中国画技法和西方现代设计及用品的新的商业美术传统就这样确立了。20世纪二三十年代，月份牌广告画达到了其鼎盛期。

月份牌上一般使用两种现代纪元法：西历纪年法和民国纪年法。整个年度以月份计，另用星期分。这样传统的农历也进入了月份牌。时间以及日历系统，正是现代性赖以建构的基础。两种纪年结合起来用一种现代的时间表表达了传统的时间。月、星期、日这种分期，显然是又西方又现代的，它规范了中国市民的日常生活；农历中的有些节气标志在月份栏上，也许是为了提醒人们仍需执行某些重要的仪式。

四　上海电影的都会语境

城市现代性的方方面面进入文化母体后，会培养人们对文学艺术的特殊体认方式。说起来，电影院既是风行的活动场所，也是一种新的视听媒介所在地，电影与报刊、书籍和另外的出版种类一起构成了上海特殊的文化母体。

（一）"看电影"成为"现代性"仪式

1927年的一份调查数据显示，当时中国共有106家电影院，共有6.8万个座位，分布在18个大城市，在这106家电影院中，上海占了26家。当时上海最豪华的影院是奥登戏院，有1420个座位。[①] 电影院同时在物质和文化上给城市生活带来了一种新习惯——去看电影。绝大多数的豪华影院是放映好莱坞首轮影片的，国产电影常常在不那么豪华的戏院里放映。

在20世纪二三十年代的上海，一般民众——一般的摩登化的青年男女，差不多都公认电影是他们生活中最大的慰藉和最高的享乐。看电影的习惯对于新文学的很多作家，尤其是上海作家来说，是重要消遣。鲁迅本人喜欢苏联电影，施蛰存、穆时英、张若谷和叶灵凤，还包括左翼作家像田汉、洪深和夏衍都是电影爱好者。他们最喜欢去的消遣场所有三种：电影院、书店和咖啡馆。

文学与电影密切互动，这在活跃于20世纪二三十年代"新感觉派"作家穆时英（1912~1940）、施蛰存（1905~2003）、叶灵凤（1905~1975）等人身上体现得尤为明显。在近代中国的诸多文学流派中，"新感觉派"得以区别于其他流派的显著标志就是其浓厚的电影色彩。他们三五天就要去一次电影院，

---

① 白蔚：《传媒中的女性角色与现代性 1990—1999》，辽宁民族出版社，2008，第29页。

看电影成了他们的日常休闲活动。

（二）作为现代媒介的电影的混杂性

20 世纪二三十年代的电影存在一个较为显著的特征：电影不仅是一种视频文本，同时还是一种印刷文本，后者的呈现方式就是电影说明书。电影说明书是一种主要用于介绍电影故事梗概的小册子，它在国内的起源能够追溯到 1914 年 3 月，当时上海基督教青年会的电影放映会上配发了印刷的说明书。到了 20 世纪二三十年代，影院在放映电影时为每位观众发放说明书已经成为通行的做法。在当时，"对于上海观众来说，只要是观看电影，不管是外国电影还是中国电影，他们观看荧幕影像的同时还要附带阅读说明书的行为习惯已然形成"。① 作为一种现代媒介的电影，为了便于长久受印刷书文化影响下的中国观众理解，蕴含印刷书元素的电影说明书应运而生。

当时，那些为电影写说明书的人大多是文学功底深厚之人，包括鸳鸯蝴蝶派的姚苏凤、范烟桥、郑逸梅，以及与该派过从甚密的郑正秋和但杜宇，但杜宇甚至用一般观众很难理解的极高雅的古文来写说明书。此种风格的说明书显然与当时的白话文现代主义是背道而驰的，时人对此也有诸多批评。1937 年《明星》杂志上曾刊发一篇关于改进说明书的文章，请看下文。

> 当我们跑进电影院的时候，当然必须索取一份说明书……但是因为现在一般的电影说明书的形式，都是一例的滥套，好像是在一定的相式里填写成功似的，陈腐的辞句，晦涩，甚至于不通的写述，有时简直连故事也不能明白地铺叙清楚，而只能给人们一个厌烦的感觉。有时当你鉴赏一部有名的作品，你会不敢去看那份说明书，或者你在观后而把它抛弃了，那就是因为它只能给你一个厌恶的欠美化的刺激……电影说明书，是应该具有一种明白流畅，而又能引起观众对电影发生兴趣和好感的文字。

当时，绝大多数的外国电影都有一个古典的中文译名，常常是四个字，很容易令人联想到中国的古诗词。如 *One Winter Afternoon*（《冬日午后》译为《良缘巧合》）；*Her Highness Commands*（《女王手谕》译成《禁苑春浓》）。因此，外国电影的陌生性就这样被中文伪装得很亲近。

---

① 王灿：《"图文共阅影"：电影说明书研究》，《编辑之友》2020 年第 9 期。

　　另外，因为很多西方影片是根据西洋小说改编的，而不少西洋小说早被林纾（1852~1924）、周瘦鹃（1895~1968）等人译成了中文，这些偶然性加在一起，使得外国电影更受欢迎了。比如，因为林纾的翻译而变得不朽的小仲马的爱情小说《巴黎茶花女逸事》，几乎家喻户晓。

　　因此，对于当时的中国电影观众来说，一边让自己沉浸在奇幻的异域世界里，一边也觉得合乎自己的口味。这种口味是被无数流行的浪漫传奇和豪侠故事，包括那些被译成文言形式的读本培养出来的，又经电影这种新的传媒而得到加强。

五　结语

　　至此，笔者对《上海摩登》一书中关于媒介现代性内容的介绍就结束了。接下来，笔者对李欧梵先生在该书中所使用的理论和方法作简要评介。

　　根据李欧梵在该书"再版序"中的叙述，该书与波德莱尔的《恶之花》[①]、本雅明的《发达资本主义时代的抒情诗人》[②] 和大卫·哈维的《巴黎城记：现代性之都的诞生》[③] 属于同一学术谱系，它们的理论共性是都探讨都市现代性。因此，《上海摩登》一书所使用和阐释的主要是"作为都市漫游者"的现代性理论，它既包括社会结构的现代性，主要体现为工业主义、资本主义、科层制等制度形态，也包括精神的现代性，主要体现为自由、民主、平等、博爱等精神形态，总之是"万花筒"式的。作者通过对书籍、杂志、电影、小说等媒介文本的内容分析，以及对活跃在上海的文人的生活世界和心态世界进行描摹，向读者呈现了一幅近代上海五光十色的混杂现代性图景。

　　至于该书所使用的方法，笔者认为主要有两种。

　　一是文化研究的想象力。现代学科体系是一种典型的现代性事物，它便于知识的深度发展，却也限制了人们的跨学科想象力。文学研究者从小说文本中研究现代性，政治学研究者从国家制度层面研究现代性，社会学研究者从社会关系层面研究现代性。这些都属于地方知识，自有其合法性。但是，在某些领域，譬如对于都市文化这种"万花筒"般的事物，我们会发现单一

---

① 〔法〕夏尔·波德莱尔：《恶之花》，郭宏安译，商务印书馆，2018。
② 〔德〕本雅明：《发达资本主义时代的抒情诗人》（修订译本），张旭东、魏文生译，生活·读书·新知三联书店，2012。
③ 〔美〕大卫·哈维：《巴黎城记：现代性之都的诞生》，黄煜文译，广西师范大学出版社，2010。

学科视角极为有限。这个时候，就需要我们发挥跨学科的想象力了。

二是历史民族志。历史民族志就是通过文献"穿越"到历史现场，与过去时空里的"土著"同在，其核心是逆推顺述，即带着当下的问题去历史中寻找答案，再顺着历史漂流到现代，发现路径依赖现象。概言之，就是增进对历史与现实的双向理解，融合古今视域。该书中许多地方都体现了这种方法意识，李欧梵先生在书中多处思考上海都市文化的演进脉络，以及留存的建筑如何融入当下生活世界之中。年鉴学派的开创者马克·布洛赫曾说，他每到一座城市，一定要去参观两个地方——一是博物馆，传统之地；二是最繁华的街区，潮流之地。一座城市，因为包容和多元而独具魅力。①

笔者将布洛赫的此一视域融合到自己的视域中，每到一座城市，博物馆和繁华街区就成了必去的两处地方。2018年下半年，笔者在广州的某高校任教，趁闲暇时间，笔者先后去了广东省博物馆和北京路，"漫游"古今时空。在这两处地方，带给笔者两种如本雅明所说的"震惊感"。其一，广东省博物馆在塑造广东的"历史型权威"方面显得颇为窘迫。其二，民国时期北京路作为广州的CBD，商务印书馆广州分馆和中华书局广州分局在该区域居于显赫位置，是求知之地。如今，两家民营书店入驻，以情怀和打卡为卖点，成为文化记忆（求定）之地。只要有交往，文化的混杂、主体性的混杂就会是常态。没有纯粹的主体，每个主体都融合了其他主体的部分视域，同样，也没有纯粹的文化，每种文化也融合了其他文化的部分视域。

---

① 〔法〕马克·布洛赫：《为历史学辩护》，张和声等译，中国人民大学出版社，2006，第37页。

"世界系"与"游戏性": 后现代媒介表征的双重特质

欧阳敏[*]

人理解世间万物的方式无外乎两种: 一种是以自身为尺度, 在亲身实践中去丈量世间万物; 一种是凭借媒介, 通过媒介所营造的"拟态环境"去感知世间万物。如今, 人们越来越依赖大众媒介来理解世间万物, 文化也逐渐成为"媒介化"的文化。人们通过媒介创造文化, 反过来也被媒介化的文化所形塑。人们像他们的父辈, 但更像他们的时代, 每一个时代的大众媒介所形塑的人群都有其独特性。对于当下这个时代, 人们给出了不同的称呼, 常见者如后现代社会、消费社会、新媒体时代、网络时代等。如果从叙事的角度来看, 当下时代的特征是"大叙事的凋零", 这里的"大叙事"指的是以人类理性、意识形态和生产等为理念的叙事模式; 后现代社会中的某些媒介, 如轻小说、仙侠剧、电子游戏等, 放弃"大叙事"模式, 转而采取"世界系""游戏性"等叙事方式来表征世界。本文结合东浩纪的《游戏性写实主义的诞生: 动物化的后现代2》, 以及笔者的观剧体验和游戏体验, 来对仙侠剧和电子游戏的叙事方式进行阐释。

一 "世界系"的内涵、缘起与风格

从叙事的角度来看, 现代媒介如书籍、报纸、广播、电视等适宜于"大叙事", 即表达国家和政府意志; 后现代媒介如微信、微博、直播平台、互联网社区、仙侠剧、电子游戏等适宜于"故事数据库", 即由无数个人化叙事所形成的叙事群。所谓"大叙事", 是指以其宏大的建制表现宏大的历史、现实内容, 由此给定历史与现实存在的形式和内在意义, 是一种追求完整性和现

---

* 欧阳敏, 武汉大学新闻与传播学院副教授。

代性的叙事方式。① 因此，"大叙事"的主要特征是对历史与现实进行"写生"，而非凭空虚构。当下的一些网络文学、影视剧和电子游戏中出现了一种与"大叙事"形似而实异的叙事方式——"世界系"。下文将选取知名度较高的几部仙侠剧作为案例，对其内涵、缘起与风格进行论述。

（一）"世界系"的内涵

东浩纪认为，所谓"世界系"，指的是在某些二次元文化作品中所呈现的一种想象力或设定，具体呈现为：主角之间的恋爱关系一般与"世界危机""世界末日"等巨大的存在论问题直接联结。② 东浩纪分析的案例主要是日本的轻小说和电子游戏。"世界系"在我国的仙侠剧中体现得尤为明显，可以说是仙侠剧的文化基因。譬如，《仙剑奇侠传》的叙事风格就是一种典型的"世界系"：男主角李逍遥与女主角赵灵儿的恋爱就关乎天下苍生的安危，他们必须合力才能打败拜月教主，进而阻止拜月教主的灭世计划。

从《仙剑奇侠传一》到《仙剑奇侠传三》，再到《花千骨》《三生三世十里桃花》《香蜜沉沉烬如霜》《古剑奇谭》《苍兰诀》等，仙侠剧已经持续火热了近 20 年。这些仙侠剧在叙事上有一个共同特征，那就是"世界系"。

从表面上看，"世界系"所呈现的虚拟世界很宏大，譬如，仙剑剧中的世界常被划分为人界、仙界和魔界，也就是所谓的"三界"，也有一些设定是"六界"（神界、仙界、人界、妖界、魔界、鬼界）；世界观也很宏大，主要呈现为正义一方（人界、仙界）为维护三界秩序、守护天地正义而与邪恶一方（魔界）进行对抗。这种设定看似宏大，与"大叙事"有相似之处，实质上它与"大叙事"完全是两回事。

从阐释学的角度来看，"大叙事"是一种公共阐释，即对国家、政府和社会叙事偏好的阐释，这种阐释立基于整体社会现实，具有鲜明的"政治学"色彩和结构色彩。而"世界系"则是一种个人阐释或群体阐释，即对个人或某一群体叙事偏好的阐释，这种阐释一般脱离整体社会现实而虚构一个幻想世界，意识形态色彩较淡，能动性色彩明显。归根结底，"世界系"其实是一种亚文化范畴的叙事模式，是对主流叙事模式的补充或疏离，甚至是反叛。

---

① 邵燕君：《"宏大叙事"解体后如何进行"宏大的叙事"？——近年长篇创作的"史诗化"追求及其困境》，《南方文坛》2006 年第 6 期。
② 〔日〕东浩纪：《游戏性写实主义的诞生：动物化的后现代 2》，黄锦容译，台北：唐山出版社，2015，第 88 页。

（二）"世界系"的缘起

"世界系"之所以会出现，主要是由文艺思潮和媒介环境的双重变化所导致的。

文艺思潮的变化主要体现为从写实主义的"大叙事"模式转向"故事数据库"模式。近现代文艺作品的主导思想是自然的写实主义，这些文艺作品的共同性在于其主题与社会问题相互联结，即"文以载道"。这类作品被称为严肃文学，"小说"是主要的媒介形式，人们阅读这些作品主要是为了理解社会。这类作品在叙事上遵循"大叙事"模式，"大叙事"适配于"现代状况"。所谓"现代状况"指的是，从18世纪下半叶（第一次工业革命）开始到20世纪中叶（第二次世界大战结束）为止，现代国家为了让成员凝聚为一而整备了各种系统和制度，这些系统和制度在思想上以人类理性为理念，在政治上以国家和革命的意识形态为理念，在经济上以生产为优先考量。20世纪中期以来，随着存在主义等彰显人类非理性的哲学思潮的盛行，以及个人主义和消费主义大行其道，"大叙事"的权威地位受到挑战：叙事视角和模式开始变得多元化，无数个性化的故事汇聚成"故事数据库"，"大叙事"不再享有独尊地位，而不得不与其他叙事模式展开竞争。"世界系"正是"大叙事凋零"之后所出现的众多叙事模式中的一种。

如果说文艺思潮的变化只是为"世界系"的出现提供了适宜的文化土壤，那么，媒介环境的变化则是"世界系"得以出现的催化剂。20世纪七八十年代以来，媒介环境的变化体现为传统媒介，如出版、广播、电视等的主导地位逐渐为互联网所取代，即传者主导型媒介的主导地位逐渐为互动型媒介所取代。严肃文艺作品的阵地逐渐萎缩，而以娱乐为导向的新型文化工业则迅速崛起。其中，网络文学、动漫和游戏是"世界系"的主要孕育之地。围绕网络文学、动漫和游戏会形成"迷"群体，这些群体在网络上有自己的专属社区，"强互动性"是这类媒介以及围绕其所形成的群体的主要特征。此外，在众多的关于网络空间的隐喻中，"乌托邦"是其中极为显著的一个，"乌托邦"如梦般轻盈、个体的行动和思想获得极大的自由，与现实世界的"沉重"形成了鲜明对照。因此，诞生于网络空间中的网络文学、动漫作品和游戏作品等普遍立足于虚幻世界，回避或逃避社会问题，轻盈的"世界系"正是其共享的叙事风格。

网络文学、动漫作品和游戏作品对青年人有天然的吸引力，而这四者之间又有强烈的互文关系，也就是彼此影响、彼此借鉴、彼此塑造。譬如，一个动漫爱好者看了"萌系"动漫，总忍不住要在现实生活里"萌"一下，或表现为语气词（"好的喵~"等），或表现为动作（模仿火影忍者的动作等）。

从尼采的"力量"哲学观来看，人们心中存在一股力量，它推动我们超越一个接一个"此在"。"超越此在"既需要力量，也需要媒介：借助飞机和高铁，我们超越了居住地；借助网络文学、动漫作品和游戏作品，我们超越了严肃文学。据此而论，文艺思潮和媒介环境的变化，乃是受到普遍的"超越此在"力量影响所形成的。

（三）"世界系"的风格

"世界系"的叙事风格主要体现为语言的半透明性和"萌"元素这两个方面。

1. 语言的半透明性

在保罗·莱文森看来，语言（包括口语和书面语）是人们进行自我表达、人际交流和认识世界的"元媒介"，这是因为语言存在于所有媒介之中，如果对媒介内容进行还原，所有的内容都可以被还原成语言。[①] 如果要准确地表达自身和认知世界，语言应该是"透明"的，就如同一面制作精良的镜子一样，能够清晰地呈现真实世界。真实世界有两层：一层是物质世界，即由世间一切的物理存在之物所构成的世界；一层是精神世界，即由人的精神所构成的世界。一种语言越透明，它呈现的世界就越真实。

从文学史或媒介史的角度来看，语言在很多时候往往是半透明甚至不透明的。在前现代社会，口语与书面语长期分离，也就是"言文不一致"。士绅在日常生活中与半文盲状态的庶民一样，也说白话，但在写作或通过文字进行人际交流时，所使用的却是与白话迥异的文言文。就此而言，用文言文所写成的文艺作品对于半文盲状态的庶民阶层而言，其透明性是很差的，因为他们主要通过白话来进行自我表达、人际交流和认知世界。

日本文学评论家柄谷行人认为，近世日本文学界曾有过"言文一致"运动，这项运动是日本现代文学得以产生的"重要装置"。[②] 现代文学的主流是

---

① 〔美〕保罗·莱文森：《数字麦克卢汉：信息化新纪元指南》，何道宽译，社会科学文献出版社，2001，第57页。
② 〔日〕东浩纪：《游戏性写实主义的诞生：动物化的后现代2》，黄锦容译，台北：唐山出版社，2015，第86页。

现实主义,现实主义文学作品以白话文(大多数人所使用的语言)为媒介,对现实进行"写生"。现代文学由此获得广泛的社会认可,阅读、体验依托白话文所建构的小说世界,读者感受到物质和精神两个层面的真实。

东浩纪在柄谷行人观点的基础上进行阐发,他认为"世界系"作品中的语言具有二元性:一方面是视觉语言的半透明性,另一方面则是情感体验的真实性。下文以仙侠剧《苍兰诀》为例进行分析。一方面,《苍兰诀》通过视觉语言构建了浪漫唯美、气势恢宏的仙侠世界,即人界云梦泽、仙界水云天、月族苍盐海,但这个仙侠世界与现实世界相去甚远。就此而言,视觉语言不能投射真实的现实世界,因而显得"不透明"。另一方面,演员的台词和表演以及背景音乐也能调动观众的情绪,使观众产生移情,因而又显得"透明",譬如,在第一集中,小兰花准备参加仙考,屏幕中立马成片出现"宇宙的尽头是考公"的弹幕。

2. "萌"元素

二次元文化或者御宅族文化已经渗透到人们的日常生活中,尤其是青少年群体的日常生活之中,一个极有说服力的例证就是人们的手机里一般会保存一些表情包,这些表情包大多具有鲜明的"萌"元素。"萌"元素是包括"世界系"动漫、影视剧和游戏等在内的所有二次元文艺作品的文化基因。如果站在二次元文艺作品场域内来看,"世界系"文艺作品中的"萌"元素是一种普遍性元素;但是,如果站在二次元文艺作品之外的场域来看,"萌"元素则是一种特殊性元素。

2005年,"萌え"一词获得日本流行语大奖;2006年,日本三省堂出版社将"萌え"正式收录进《大辞林》,将其定位为年轻人用语,表示"对某种人或事物产生极为强烈而深刻的情感",这些情感包括喜爱、倾慕、执着、兴奋等,其对象既包括实物,也包括虚构的事物。[1]"萌"可谓是亚文化作品的核心元素。"萌"元素几乎都是视觉元素,此外还衍生有特定的口头禅(如"好的喵")、背景设定和故事,又或者是形体上有特定的曲线,因应各种不同类型形成了各种"萌"要素。[2]

在《苍兰诀》中,小兰花/息山神女的扮演者虞书欣用的是原声,她的夹

---

① 白解红、王莎莎:《汉语网络流行语"萌"语义演变及认知机制探析》,《湖北大学学报》(哲学社会科学版)2014年第2期。

② 〔日〕东浩纪:《游戏性写实主义的诞生:动物化的后现代2》,褚炫初译,台北:大鸿艺术股份有限公司,2012,第71页。

子音显得很幼稚，面容又显得"呆萌"，但又很自然，这可能会引起"萌"素养不高的观众的不适；但对于深谙"萌"之道的亚文化迷观众来说，上述听觉要素和视觉要素恰恰能够快、准、狠地击中他们的"萌"点。自然的夹子音和"呆萌"面孔是很难演出来的，因此，小兰花/虞书欣也具有了极高的辨识度和"光晕"（aura）。

二 游戏性现实主义：电子游戏如何表征世界

在文艺创作领域存在诸多的现实主义，譬如批判现实主义、革命现实主义、魔幻现实主义等，这些现实主义的共性是强调反映社会现实。东浩纪在对电子游戏进行分析之后，提出了"游戏性现实主义"的概念，认为电子游戏并非完全脱离现实世界，其也能对现实世界进行表征。

电子游戏是一种高互动性的媒介，它的后现代色彩极为浓厚。网上流传着"电子游戏是第九艺术"的说法，这个说法目前还只是一种个人阐释或小群体的阐释，并没有获得广泛的社会认可。艺术源于现实，但高于现实。电子游戏要想成为一种艺术，就必须能够表征真实世界，既能在物质世界层面进行表征，也能在精神世界层面进行表征。在表征的过程中，电子游戏也显现出自身的本体特征：无限次重启。

（一）以假乱真：电子游戏"摹写"物质世界

电影《头号玩家》中有一个场景，对电子游戏"造物"的超能力进行了呈现。主角一行人为了完成任务，必须进入真实世界中一个安装有电子门禁的密室，而密码只有反派才知道，主角一行人决定智取。他们合力侵入反派的游戏化身所在的虚拟现实游戏系统，并在其中建构了一个超真实的空间，让反派误以为自己身处真实的物理空间。当主角一行人的游戏化身拿枪指着反派的游戏化身，威胁其说出密码时，由于反派误以为自己身处现实世界，为了"保命"，只得告诉主角一行人（游戏化身）密室门禁的密码。人们不妨将这段叙事看作一段预言，未来的电子游戏在技术上是能够做到以假乱真的。

2019年4月15日，法国巴黎圣母院发生火灾，整座建筑损毁严重。随后不久，有人声称育碧旗下游戏——2014年问世的《刺客信条：大革命》——或许可为巴黎圣母院的重建工作提供帮助。原因在于，育碧拥有一些非常精细的教堂3D建模资料，建筑师、历史学家和工匠们应该能利用这些资料。这种声音反映了一个事实：电子游戏对物质世界的表征越来越真实了。

在国产游戏领域，《古剑奇谭三》对于理想型的古代中国的建筑、山水、服饰等元素的呈现，也能够给玩家带来一种"真实"的震撼感。譬如，游戏开场动画中对于轩辕丘寒梅傲雪的呈现，几乎可以用"以假乱真"来形容。而众多游戏玩家所期待的《黑神话：悟空》，在表征物质世界方面则取得了更大的突破。

（二）戏假情真：电子游戏"摹写"精神世界

作为一种文学风格的现实主义，指的是呈现事物和人物在真实生活世界中的样子。真实的生活世界既有有形的物质世界，也有无形的精神世界，电子游戏同样可以对人的精神世界进行"写实"。

1995 年发行的单机游戏《仙剑奇侠传一》，按现在的标准来看，其画面粗糙得简直令人无法忍受，但是游戏界公认这是一款经典游戏。原因在于，这款游戏虽然因其粗糙的画面而无法对现实世界进行高清晰度的表征，但是其叙事却独具匠心，将"世界系"与中国武侠文化和仙魔文化进行巧妙融合，深深地打动了玩家，引发玩家共情。从这个层面而言，《仙剑奇侠传一》对精神世界的表征是高清晰度的。

《仙剑奇侠传四》同样是国产单机游戏领域的经典。这款游戏发售于2007 年，其画质虽然比第一代作品高出不少，人物按照真人比例建模，但以今天的标准来看，只能算是勉强能接受。笔者曾对该游戏的 15 个玩家进行过深度访谈，当笔者询问受访者对游戏中的哪些场景很有代入感时，他们大多会提及"即墨花灯"。这是游戏中的一段过场动画：主角一行四人到即墨的一个小渔村去寻找"三寒器"，完成任务后，正好赶上中元节，渔村晚上有祭祀活动，十分热闹；皓月当空，河灯满目，四个主角在渔村海边的一处高地上，祈愿四人能够友谊长存。玩家们在观看这段过场动画时，普遍代入了自己在高中时代或大学时代的友情，想起了曾经的挚友。

游戏的这种激发玩家情感的机制，即何威等人所说的"戏假情真"。[1] 目之所及的世界只是真实世界的一小部分，无形的精神世界却是真实世界的"水下部分"。精神世界大多数时候处于隐蔽和蛰伏的状态，包括电子游戏在内的众多文艺作品正是触发精神世界的打火石。

---

[1] 何威、李玥：《戏假情真：〈王者荣耀〉如何影响玩家对历史人物的态度与认知》，《国际新闻界》2020 年第 7 期。

（三）无限次重启：游戏性写实主义的本质特征

每一种媒介都有自己的本体特征，小说是叙事，电影是蒙太奇，电子游戏则是"游戏性"，即玩家如何通过一系列游戏规则去实现游戏目标（通关）。而"游戏性"的一个重要且普遍的设定是"无限次重启"，即玩家在某个关卡挑战失败后，可以无限次回到某个起点重新挑战。

譬如，在《古剑奇谭三》中，有一个关卡是主角北洛要击败缙云残魂，游戏才能继续进行。笔者在玩游戏时，由于是用键盘和鼠标操作，且对游戏机制不太熟悉，没有及时锻造武器，以至于花了一个多小时、"死"了九次才通过此关卡。此处"游戏性"的体现就是：主角可以无限次"死亡"，直到击败缙云残魂为止。

东浩纪认为，所谓游戏，本质是一种将故事视为"可以重新设定的东西"而进行叙事的媒体。① 因此，角色也能活在无数不同的故事中，经历无数不同的"人生"。在现实世界中，人们被时间的单向维度所束缚，只能体验"一"，短暂人生对上无穷宇宙，形成实在界，即一种由根本性匮乏所造成的根本性创伤状态。② 在电子游戏表征的世界中，人们可以体验"多"，从某种程度上说，这是一种对此在的超越。

结　语

媒介营造了"第二现实"。身处当下这个后现代社会或曰智能媒体时代，我们能够明显地感受到媒介对人们日常生活的影响，当下的文化已经媒介化，或可称之为媒介文化，这是一个不争的事实；同时，我们也能明显地感受到媒介文化领域的"各美其美"，其中主流文化（阐释国家意志）和二次元文化（疏离或反观国家意志）尤为耀眼。人生如行船，乘船行于不同的媒介文化河流，沿岸景观自然不同；身处何处，便以何处为真实。媒介所营造的"第二现实"，并非整体一块，而是不同视域或话语圈的拼合。

相较于主流文化不言自明的合法性而言，二次元文化由于其疏离或反观（从非主流视角进行观察）国家意志，其外部合法性（即政府的文化管理部

---

① 〔日〕东浩纪：《游戏性写实主义的诞生：动物化的后现代2》，黄锦容译，台北：唐山出版社，2015，第135页。

② 〔斯洛文尼亚〕斯拉沃热·齐泽克：《斜目而视：透过通俗文化看拉康》，季广茂译，浙江大学出版社，2011，第67页。

门对二次元文化的认可程度）明显不足。为了增强其外部合法性，研究者可以对其进行深度解释。

"世界系"仙侠剧的背后有一个后现代媒介大家族，家族成员包括网络文学、动漫和电子游戏等，其共同特征是逃离现实世界的结构束缚，创造自成体系的幻想世界。相较于严肃文艺作品的厚重特质而言，"世界系"仙侠剧的特质是"轻盈"，与娱乐同构。"世界系"是当代仙侠剧的"本体"叙事风格：一方面，通过视觉奇观满足了人们的梦幻心理需求，实现对现实世界的超越；另一方面，却可能使观众疏离现实世界和"大叙事"。疏离现实，这正是包括"世界系"仙侠剧在内的所有"世界系"作品所共同面临的问题。解决此问题的思路，即是增强对现实的观照。

电子游戏作为一种后现代媒介，其外部合法性的根基极其脆弱，家长群体、政府管理部门、学校等对电子游戏多有质疑，将其视为"精神鸦片"者不在少数。电子游戏吸引玩家的地方在于其"游戏性"，其核心则是"无限次重启"设定，这是其本体特征，也是导致游戏上瘾的关键所在。蓝江指出，"游戏上瘾"现象体现的是"主奴易位"，即人被游戏的通关机制所异化，人成了游戏的奴隶。[1] 而电子游戏在叙事上则更容易采纳"大叙事"模式，譬如《古剑奇谭》系列便是"大叙事"模式的典型作品，其将华夏史诗的诸多元素融入游戏之中，玩家在闯关的过程中，不知不觉增进了对中华民族和传统文化的认同，而文化认同会很自然地引发政治认同。这也是《古剑奇谭》系列能够得到国家新闻出版署认可的关键原因。[2]

费瑟斯通认为，后现代社会中，媒介的一个重要功能是为大众造梦，满足大众的梦幻心理需求。[3] 所以，在当下的视觉传播时代，"视觉奇观"是影视剧的合法性（即受认可的程度）的重要支柱。"世界系"仙侠剧中所呈现的浪漫唯美的仙侠世界本身就是一种视觉奇观，满足了观众的梦幻心理需求；而当下的电子游戏在表征世界方面，离"以假乱真"也只有一步之遥，同样也是一种视觉奇观。梦是轻盈的，是变动不居的，也是奇观式的。人们若是只有一个目之所及的现实世界，那该多么无趣。

---

① 蓝江：《数码身体、拟-生命与游戏生态学：游戏中的玩家—角色辩证法》，《探索与争鸣》2019 年第 4 期。

② 2014 年《古剑奇谭》获得中国出版政府奖。

③ 〔英〕迈克·费瑟斯通：《消费文化与后现代主义》，刘精明译，译文出版社，2000，第30 页。

交往中的共识

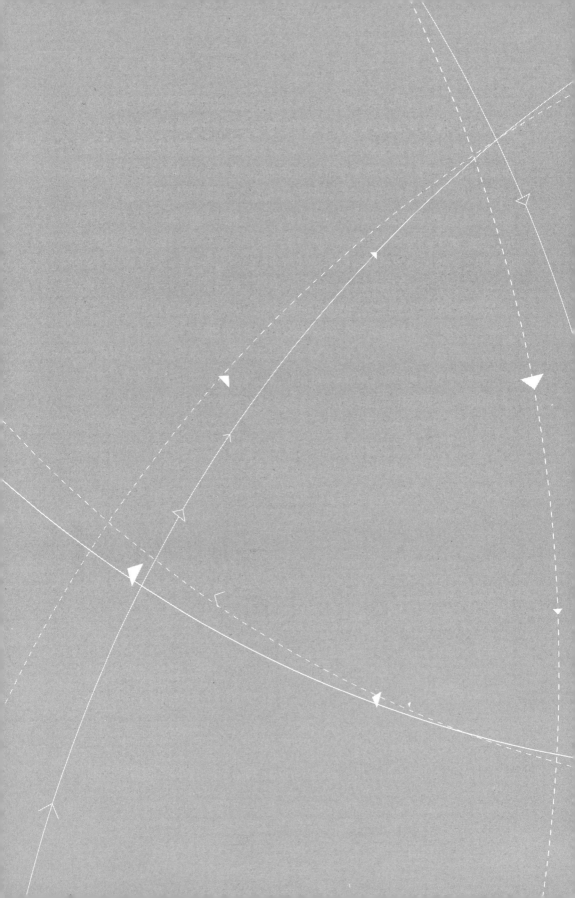

《偏见》对于反思人类交往的意义

吕澄欣[*]

　　什么是偏见？心理学上非常多用来测量个体是否存在偏见的实验，均证实偏见存在。正如李淑臻在《偏见》一书中所说的，人是一种可塑性很强的动物，又是一种固执的、不容易改变原有观念的高等动物。从出生开始，我们便被家庭、社会、历史所塑造，成年之后，我们虽然接收了更多更客观的信息，但我们对自我、对他人、对世界的看法却相对固定了，偏见也就在对自我、对他人、对世界的固定看法中诞生了。这些固定的看法让我们更快地适应了社会，但在一定程度上也给他人、给我们自己带来了更多痛苦和问题。[①] 偏见长期以来是社会心理学家们较为关注的问题，但研究焦点大多聚焦在重大社会问题上，从交往的视域出发，人们有意或无意地怀有偏见，或表现为拒绝与某些人交往，或表现为人与人、群体与群体之间相互歧视、攻击。本文试图跨越社会心理学和传播学的边界，融合两者的视角，探讨偏见对于反思人类交往的意义。

一　偏见的定义

　　偏见（prejudice），来自拉丁语名词 praejudicium，自古典时代至今，其意义已经经历了很大转变；[②] 对于古代人来说，praejudicium 意味着先例（precedent），即基于之前的决定和经验做出的判断；后来，该词语在英语里获得了新的含义，即在尚未仔细审查并考虑事实时就仓促做出的不成熟的判断；最后，该词语又获得了今天我们使用它时所附带的感情色彩，即伴随一个

---

　　*　吕澄欣，浙江大学传媒与国际文化学院博士研究生。
　　①　李淑臻：《偏见》，东方出版中心，2007，第 1 页。
　　②　James A. H. Murray et al., eds., *A New English Dictionary on Historical Principles*（Oxford: Clarendon Press, 1909），p. 1275.

无根据的预先判断而出现的"喜爱"或"厌恶"的感情。①

偏见最初是社会心理学的研究领域。20世纪20年代到50年代，偏见被视为一种"精神变态"反应。60年代，人们逐渐认识到偏见可能源自某些隐性认知心理偏向，是动机驱动下的社会化过程，② 从而形成对内群体积极，对外群体消极的偏向。整体来看，社会心理学把"偏见"定义为一种态度，是对某事物也包括某团体所持有的一种不公平、不合理的消极否定性态度，③ 对属于某群体的个体持有一种厌恶或敌对的态度，仅仅因为他属于该群体，就被推定具有人们归于该群体的那些令人反感的特性。偏见的构成也包括态度的三种主要成分：知（认知）、情（情感）、意（意向）。举例来说，大男子主义者的拥护者对女性持有偏见，"女子无才便是德"（认知）是他们一贯的准则，因此不喜欢（情感）她们独立自主，从而经常以不公平的方式来对待她们（意向）。

而在传播学语境中，关于偏见的讨论聚焦在新闻报道的"刻板印象"和"媒体偏见"等方面。新闻媒体对报道对象刻板化报道，以高度简单化和概括化的符号对指称对象作出分类和"一律化判断"。许多刻板印象都是由大众媒介带来的，媒体通过新闻报道创造并强化了刻板印象，比如对农民工、女性的报道等，伴随着刻板印象的通常是有意或无意表现出来的媒介偏见，如运用巧妙的遣词造句，或者避免报道禁区以及回避利益集团的压力等，这个过程往往还会伴随着新闻工作者的自我审查。

无论是刻板印象还是媒介偏见，都与奥尔波特在《偏见的本质》中所说的"范畴化"密切相关，范畴化解释了刻板印象的起源。人们对某一社会范畴或群体持有怎样的刻板印象，取决于人们想要实现的社会文化目的，因此，刻板印象的内容经常是不合逻辑的、与事实相反的。奥尔波特强调每个人都不可能避免社会范畴化对思维的影响，范畴化倾向是人们为了在一个复杂多变、充满不确定性的世界中生存而发展出来的，人们依据"最少努力"原则对事件进行归类，知道应该如何应对、如何交往，"范畴化让我们对生活的调试快速、顺畅和一致"。④ 但是这样带来的结果是范畴内部的相似性和范畴之

---

① 〔美〕戈登·奥尔波特：《偏见的本质》，凌晨译，九州出版社，2020，第22页。

② J. F. Dovidio, "On the Nature of Contemporary Prejudice: The Third Wave," *Journal of Social Issues* 57 （2001）: 829-849.

③ 邵道生主编《当代社会的病态心理——分析与对策》，社会科学文献出版社，1990，第33页。

④ 〔美〕戈登·奥尔波特：《偏见的本质》，凌晨译，九州出版社，2020，第21页。

间的差异性被夸大，并且人们对范畴的看法一旦形成便不会轻易改变，范畴化在降低社会世界不确定性和复杂性的同时，提升了不确切性。

二　偏见：时刻发生在身边的现象

生活中的秩序依赖范畴化过程，而范畴化不可避免带来偏见，在传播交往中表现为刻板印象，时刻发生在每个人身边。例如女性职场中的"玻璃天花板现象"（glassceiling），在女性求职者面前，有一道看不见但的的确确存在的屏障，阻碍着女性求职者的成功。尽管是在现代社会，不论是在公司，还是在政府部门机构等，女性任高位的还是相对少很多，这是客观事实。再比如人们很容易夸耀自己的力量，80%的人相信我们的开车技术比一般人要高，但是从驾驶技术正态分布的大样本统计来看，超过80%的人应该是驾驶技术一般的，大多数人相信自己比他人更聪明、更有魅力，从而带来"乐观偏见"。同样还有非常常见的"疾病偏见"，例如对艾滋病患者、麻风病患者等的偏见。联合国艾滋病规划署执行主任皮奥特博士说："艾滋病给患者带来的羞辱和歧视是这种流行病背后促使患者绝望的主要动力。如果耻辱和歧视问题得不到解决，艾滋病也就得不到解决。"① 麻风病虽没有威胁到人类的生命，但是却带来了难以忍受的肉体和精神上的痛苦。病菌使病人变得丑陋，人们在对这种病没有完全了解的情况下，再加上恐怖的视觉冲击，对麻风病患者负面的猜测以及偏见态度就出现了。

除了这些具体的例子外，在日常行为和交往中偏见也常常存在。仇恨言论中大部分人都会谈论他们的偏见。人们在与志同道合的朋友聊天，甚至偶尔会在与陌生人交往的时候，无所顾忌地表达自己对其他群体的反感。但许多人表达厌恶的方式从未超出这种相对温和的行为范畴。回避行为，如果偏见的程度更为激烈的话，那么就会导致个体对受偏见群体中成员的回避，甚至可能会以造成自己的极大不便为代价。在这种情况下，持有偏见者并不直接对他所厌恶的群体造成伤害。反之，他完全是自己在承受这些不适应和回避行为的负面后果。歧视行为，在这种情况下，持有偏见的人开始积极地区别对待其偏见对象，并对该群体造成伤害。他将遭受偏见群体的所有成员都排除在一些社会权益之外，例如从事特定职业、入住特定街区等。身体攻击，在情绪激化的情况下，偏见可能导致暴力行为或准暴力行为。②

---

① 李淑臻：《偏见》，东方出版中心，2007，第89页。
② 〔美〕戈登·奥尔波特：《偏见的本质》，凌晨译，九州出版社，2020，第33页。

探讨偏见如何产生，我们可以从《偏见的本质》一书中奥尔波特的深刻见解出发，他独到地指出了认知与动机两大核心要素在偏见形成过程中的作用。在学术演进的脉络中，20世纪60年代至70年代，社会认知理论显著推进了对认知因素的理解，而相比之下，动机与情感层面的探讨则相对滞后，未得到充分重视。然而，自80年代中期以来，这一局面得以扭转，学者们开始将认知与动机两大维度相融合，为揭示偏见的复杂成因构建了更为完整的框架。认知过程，作为这一框架中的"冷理性"部分，它涉及个体对外界信息的加工、理解和判断，为行动规划蓝图。与之相对，动机与情感则是驱动行为的"热情之火"，它们源自内心深处，往往包含对自我利益的追求或对情感需求的满足。正是这股力量，将抽象的认知转化为具体的行动，使得偏见不仅仅停留于思想层面，更是转化为实际的社会行为。[①] 聚焦于偏见的动机因素，奥尔波特揭示了其深层次的功能性因素——偏见的存在往往是为了服务于某种内在需求。这种需求既可以是对物质利益的渴望，比如通过偏见来维护或争取更多的资源；也可以是心理层面的自我提升需求，比如通过贬低他人来增强自我认同或社会地位。简而言之，无论是出于物质利益的考量，还是为了维护或提升自尊水平，偏见都可能作为一种策略性手段被催生或强化。

三　偏见的社会文化过程

偏见产生有深厚的心理动机，但作为一种社会行为，它在社会文化过程中被形塑和影响，也在人与人交往过程中被强化或减弱。偏见作为一种根深蒂固的观念，往往悄无声息地根植于社会文化的深层结构中，尤其是语言这一交流基石之中。群体标签，尤其是那些有侮辱意味的称谓，不仅是偏见的外在展现，更是其传播与强化的媒介，它们无形中加深了群体间的隔阂与对立。即便是看似中性无害的群体标识，如"农村人"也往往承载着特定的情感色彩，更遑论"乡巴佬"等直接带有侮辱性的称呼。人们在使用这些标签对特定群体进行身份指认的同时，也无形中进行了贬低与排斥。奥尔波特深刻剖析了敌意性群体标签的多重效应：[②] 它们不仅映射出社会的分化与界限，

---

① Susan T. Fiske, "Social Cognition and the Normality of Prejudgment," in J. F. Dovidio, P. Glick, A. Rudman, eds., *On the Nature of Prejudice: Fifty Years after Allport* (Oxford: Blackwell Publishing, 2005), pp. 36-53.

② 〔美〕戈登·奥尔波特：《偏见的本质》，凌晨译，九州出版社，2020，第177页。

还直接宣泄了敌意性的偏见，加剧了社会排斥现象，甚至可能催化暴力行为。这些标签如同利刃，直接伤害着被偏见所针对的个体或群体，剥夺了他们的安全感，使得他们在不同群体相遇时，时刻处于防备状态，担心自己成为下一个被贴上不公标签的受害者。此外，除了显性的群体标签外，语言差异、口音以及方言土语的使用，也悄然成为触发反感与敌意情绪的微妙因素。奥尔波特虽未深入探讨这一层面，但后续的实验研究却揭示了一个不容忽视的现象：当个体面对不同语言、口音及方言的呈现时，其往往更倾向于接纳并偏爱与自己所属群体的语言、口音及方言相一致的语言特征。这种语言层面的群际偏见，在双语或多语言环境中尤为显著，进一步加剧了社会分裂与隔阂。

新闻传播在这个过程中发挥着重要的作用，偏见在媒介化中的重要表征就是"他者化"，"他者化"的重点正在于刻意简化、放大和强调差异，制造"我们"与"他者"之间的二元对立。[①] 在新闻报道中，"某些特定的社会行为被打上了'越轨'的烙印，因而某些特定的社会群体被含蓄地再现为区别于'我们其他人'"。[②] 在新闻报道的语境下，群体间的差异往往被有意放大，这种放大手法依赖于一系列社会标识，如种族（民族、国籍）、性别、社会阶层、年龄等，具体表现为对多数与少数、本土与外来、不同年龄层、性别差异以及职业身份的刻意区分。此外，新闻报道还倾向于采用诸如"文化/自然""文明/野蛮""教育/无知""白人/有色人种"等二元对立框架，以强化对他者群体的刻板描绘，这些描绘往往体现了社会共识下的价值评判与归属界定。新闻媒体中的偏见不仅仅关乎刻板印象，其更深层次地触及了权力结构的二元对立，包括社会权力与符号权力的博弈。尤为关键的是，这一现象根植于新闻生产的内在机制，凸显了新闻框架在塑造公众认知中的核心作用。从符号学和意义建构的视角审视，传播交往中的偏见是一种符号化的构建过程，它不仅是信息传递的过程，更是媒体在受众解读过程中占据"优势诠释"地位的体现，媒体通过选择性强化，深刻影响着受众对报道内容的理解和接受，进一步巩固新闻框架作为强大意义生产体系的地位。再聚焦于形象再现，作为连接现实与意义的桥梁，再现系统特别是形象再现系统，不仅

---

① Stuart Hall, ed., *Representation: Cultural Representations and Signifying Practices*（Thousand Oaks, CA: Sage Publications Inc., 1997）.

② 童兵、潘荣海：《"他者"的媒介镜像——试论新闻报道与"他者"制造》，《新闻大学》2012年第2期，第72~79页。

要剖析符号如何构建并呈现特定形象，还需深入探讨这些形象背后的意指、权力体系及意识形态结构；不仅要描绘形象的原始面貌，还需理解不同主体如何基于自身立场解读这些形象。正是这些复杂因素交织在一起，新闻报道才得以创造出关于群体的符号体系，编织出群体形象的他者神话，在这个过程中产生偏见，影响公众认知。

四　反思人类交往中的偏见

在当今社会，偏见现象普遍存在，跨越了多个社会维度，包括但不限于对弱势群体的误解与歧视，比如对艾滋病人、乙肝病毒携带者（或患者）的污名化；同时，对优势群体如官员、富豪以及娱乐圈演员的刻板印象和负面评价也屡见不鲜。深入剖析这些偏见背后的社会心理机制，不仅有助于我们更好地理解社会现象，也可以为全球社会心理学领域贡献中国独特的视角与经验。通过科学研究与实践干预，我们可以逐步揭示偏见的成因，探索有效的应对策略，促进社会和谐与包容。

伽达默尔说："历史中的人和他的理性不可能摆脱'偏见'，因为偏见是人在历史中的存在。"[1] 生活中存在着不胜枚举的偏见事实，而这些事实都在提醒着人们偏见具有心理层面的动机，在社会化过程中不断形塑。在传播交往中偏见不可避免，如影随形，无处不在。有些时候真的感觉如此悲观：难道在这些由偏见导致的悲哀面前，在人性的弱点面前，只能束手无策吗？消除偏见的出路到底在哪里呢？

人们所经历的生活，烙上了每个人的特色和经验印记，也让人们按照自己的一套价值体系去看待其他事物，由此也必定导致人们带有自己的主观色彩对人和事区别对待。你的区别对待或许在他人眼里也是一种偏见，虽然你自己认为那是多么正常。我们发现，有些偏见在我们这些从不认为自己有偏见的人身上却也存在得如此深刻，表现得如此频繁，而我们却觉得那是如此合理。偏见是不可避免的。任何差异之处，都会成为偏见寄生之所。如果我们在群体之间的确发现了差异就能正当地进行排斥了吗？答案是：并不一定。在家庭中，每个个体的外貌、天赋、气质也往往有显著的差异。比如，"我"开朗帅气；"我"的弟弟内向、相貌平平；"我"的姐姐外向、懒惰；"我"的妹妹"性情古怪"。虽然兄弟姐妹之间各有不同，但是他们也可以接纳彼

---

[1] 〔德〕H. G. 伽达默尔：《真理与方法哲学解释学的基本特征》，王才勇译，辽宁人民出版社，1987，第 8 页。

此、相亲相爱，差异并不意味着敌对。

然而，持有偏见的人几乎总是声称一些所谓的差异促成了他的态度。他们似乎从来没有考虑过去包容，更不用说去爱这些不同之处了。他认为某一群体是愚蠢的、阴险的、好斗的，甚至是体味难闻的，尽管他可能同时深爱着他的家人和朋友，即便他们身上也有这些缺点也不介意。差异并不意味着偏见，偏见虽然无法避免，但是偏见可以减少。社会向积极方向发展，需要人们对一些现象（比如性别偏见、疾病偏见等）进行修正，尽量减少这些现象对个体和整个社会的影响。虽然在一定程度上而言杜绝这些偏见还是很困难，但是我们可以做一些有价值的努力。人类是一个生活在社会这个文化场景中的群体，社会文化和国家政策作为群体生活的意识环境，对于群体的信念和行为有着深刻的影响。因此，首先需要从社会文化和国家政策的角度，做一些减少偏见对个体和社会负面影响的努力。

减少偏见和歧视，需要提倡一种宽容的社会文化理念，要认识到社会中的每个个体都是"人才"，都有他独特和极有价值的地方，因此任何一个人、一个群体、一个社会，都不否认、抛弃和排斥他人。举例来说，目前国家对于艾滋病越来越重视，看到了社会对于艾滋病患者的偏见和歧视深深地刺痛了患者的心，也看到了这些偏见和歧视所导致的众多不该发生的危害社会的悲剧。于是出现了 12 月 1 日世界艾滋病日，出现了一大批宣传正确对待艾滋病的文化名人，他们在一定程度上有效地宣传了科学对待艾滋病患者的方法，从文化的角度为减少对艾滋病患者的偏见和歧视起到了积极作用。

除了社会文化和国家政策等意识环境的改变，也需要在物理环境上做出一些有利于减少偏见的改变。心理学中存在"不可避免性心理"的说法，当人们不可避免地要和一个自己非常不喜欢的人或者差异性比较大的人频繁接触时，人们将体验到不协调。为了减少这种不协调的心理体验，人们会在自己都没有清楚意识到的情况下说服自己，使得自己相信那个自己非常不喜欢的人其实并不像自己想象的那样坏。于是，人们就会产生对不喜欢的个体的积极体验，这种体验像"罗森塔尔效应"一样，让人们渐渐发现：原来我们不喜欢的个体身上其实存在着很多我们原来没有发现的，却是我们非常欣赏的东西。因此，以频繁接触来减少偏见是一种有效方法。

走出偏见的阴霾，不仅需要个体被动接受外部大环境对自己的积极影响，更需要个体从自身出发，主动修正自身的不足，看清楚自己身上存在的弱点，达到人性的完善。在一切关于偏见的案例中，同一之处是：我们看不到偏见一方对同为人类这个群体的另一方的尊重和爱，而只能看到其对另一方的"物化"或"邪恶化"。墨子说兼爱非攻，兼爱已经很难了，面对对我们有危害的人不仅不去攻击他，反而去爱他，没有足够的宽容，的确很难做到。偏见和歧视现象，归根结底为人性的弱点，而爱是使人性完善的唯一途径，也是促进人们真正走出偏见阴霾的强大的心理力量。从马斯洛的需要层次理论来看，爱也是人这个群体在生命过程中极为重要的心理需求。爱，首先是宽容，能够宽容地对待每一个人，对自己有利的，对自己无利的，甚至对自己的利益产生危害的。当林肯周围的人用刻薄的态度谈论他们以前的敌人——南方人时，林肯说道："不要批评他们，我们在相同的情形下，也会像他们一样。"①

彻底地消除偏见，并不是一个非常理性的提法，毕竟在相当长一个社会时期内，在整个人类社会层面上人性也未发生巨大改变。另外，从社会文化和国家政策的角度考虑，消除偏见也将在相当长一段时间内无法实现。甚至可以这样说，偏见将自始至终伴随整个人类社会。人们最有可能做的，就是和差异同行，和偏见友好相处，尽量避免对他人的消极偏见，正确看待自己所遭受的偏见，并努力证明偏见是错误的。这一切过程，是一个人格完善的过程，是一个距离偏见越来越远的过程。

现在的社会有太多的"主义"："大男子主义""女权主义""资本主义"……其实最重要的应该是"人性主义"，也可以说是心理学家罗杰斯提出的"人本主义"。我们应该更多地关注人性本身，在这个多姿多彩的星球上，做个快快乐乐的地球人。

---

① 李淑臻：《偏见》，东方出版中心，2007，第176页。

康德与跨文化交流的哲学基础[*]

杨云飞^{**}

20 世纪 90 年代以来，高歌猛进的全球化进程塑造了一个深度融合的世界。但 2020 年世界因新冠疫情和其他各种缘由而变得隔离，经济、文化诸领域中原本火热的交流相对停滞了。就疫情应对而言，抛开政治制度等相对硬性的因素不说，文化认同是影响各国抗疫措施，造成各国抗疫成效参差不齐的重要因素。在世界各部分高度融合又狂暴撕裂的现时代，跨文化交流的重大意义和可能限度格外凸显。如果我们把跨文化交流（intercultural communication）① 视为来自不同文化观念、价值体系和符号系统的人们之间的互动、理解乃至融合，那么这种交流对于构建和谐的人类命运共同体之意义是无与伦比的。毕竟，沟通与理解是和谐共存、共同发展的第一步。

但这里同样存在着疑难问题。跨文化交流的主体往往是不同社群、国度的人们，他们各自拥抱所在共同体的文化。考虑到人们习惯于停留在自己的舒适地带，难以走出其共同体的文化，再考虑到文化本身的组成较为复杂，跨文化交流的可能性始终是个问题。从现实层面看，弱势（边缘/从属）文化在面对强势（中心/主导）文化时，迫于生存等压力，或许会接受不对等的交流，选择向对方学习，甚至激进地质疑或否定自身的文化。但也有相当的可能性，弱势一方会选择固守自身文化，对抗强势文化。这种

———————

 * 本文曾发表于《跨文化传播研究》2021 年第 1 辑，第 83~101 页。

** 杨云飞，武汉大学哲学学院教授，武汉大学德国哲学研究所所长。

① 本文所讨论的跨文化交流，亦可作跨文化传播。两者原则上不必区分。之所以采用跨文化交流这一术语，主要是考虑到汉语中的传播似乎有单向的、从中心向边缘扩散之意味，交流则含有更多双向、互动的意味。另外需要说明的是，文化概念亦有其复杂性。文化包括语言、价值观、宗教信仰、共同的历史、风俗习惯、社会组织等组成部分；而某个族群、国度或宗教共同体的人所拥抱的共同文化可视为主导文化，该文化内部往往有亚文化或群体文化。本文主要从国族和宗教认同等宏观方面看待文化。

对抗甚至会以蒙昧的、极端暴力的方式呈现出来。这在当前常以宗教冲突的形式出现。前一段时间，在法国发生的一名中学教师因在课堂上展示某幅宗教先知的漫画而被当街斩首的惨剧，更是显示出潜藏在文化冲突之中的暴力因子。反过来，一种强势文化在习惯了对世界发号施令之后，面对某种曾被轻视的异质文化崛起时，通常很难接受后者确有可取之处的事实，更难以放下身段，与后者对等交流。也许现实会惩罚这种文化的傲慢，但傲慢的文化即便在受到惩罚之后，也很可能"口服心不服"，不接受文化交流应该是交互的这一规范要求。

这里的问题是：鉴于人们总是已经置身于某种文化中并受限于该文化的视域，对于跨文化交流，我们似乎很难找到一个共同的学理上的基础。这个基础必须不受限于群体和文化的差异，可以被一切有理性者心悦诚服地接受。笔者相信，若要满足这一要求，值得考虑的应是一种普遍主义的（哲学）理论。作为普遍主义的典范，康德哲学也许可以为我们提供一些灵感。康德思想体大思精，可利用的资源较多，本文出于为跨文化交流奠基的理论旨趣，从中选取一二。康德哲学至少在如下两个方面提供了跨文化交流的理论基础：第一，法权与思想双重意义上的世界公民之交往的权利，此项权利确立了交流的哲理前提，可用来解决为什么要进行跨文化交流的问题；第二，批判与启蒙思维的互主体（inter-subjectivity）准则，该准则构成了交流的基本原则，可用来解决如何进行跨文化交流的问题。这两项纯然哲学性的阐释，共同解答了跨文化交流如何成为可能的问题，将构成本文的主干内容（第一、二部分）。在此基础上，本文第三部分将澄清康德式哲学基础之特点，并说明跨文化交流对于实现康德的人类理性成熟之理想的重要意义。

一　世界公民、交往的权利与跨文化交流的哲理前提

在康德哲学中，世界公民概念扮演着重要的角色。我们甚至可以把康德哲学定性为一种世界公民的哲学。康德所说的世界公民具有双重含义：一是人们较为熟悉的、在康德政治哲学的相关论著中得到较为充分的阐释的法权意义上的世界公民概念；二是一种相对被人忽视的、思想意义上的世界公民概念。法权和思想双重意义上的世界公民概念，以友好交往为基本内容，以和平与人类理性成熟为诉求，提供了跨文化交流的哲理前提。换言之，跨文化交流是由人的世界公民身份而产生的规范性要求。

我们首先来看法权意义上的世界公民之含义。在《论永久和平》一文中，

康德以高度理想主义的方式，提出了一种实现永久和平目标的哲学规划。这一规划包括三个层次的正式条款：每个国家的公民宪政应当是共和制；国际法权建基于自由国家的联盟；世界公民法权应当被限定在普遍友善的条件上。① 与本文主题直接相关的就是世界公民法权。追随康德的论述，我们需要关注这样三个问题：世界公民法权的内容是什么？其政治目标是什么样的？更深层次的旨趣或终极目的又是什么？

第一，世界公民法权到底指什么？简单地说，就是交往的权利。在《论永久和平》中，康德将世界公民法权（Weltbürgerecht）限定在"普遍友善的条件"上，而友善意味着"一个外地人不由于自己抵达另一个人的地域而受到此人敌意对待的法权"，所以，这是"一种所有人都享有的造访法权"（Frieden AK8：357~358）。在《道德形而上学·法权论》中，康德同样把世界公民法权（ius cosmopoliticum）界定为一切民族、一切人原始地拥有的相互交往并受到友好对待的法权（MdS AK6：352）。这种法权缘起于人们共同拥有地球表面之状况，或者说，我们因共享同一个家园而应当友好来往。康德还提醒读者，现代以来，随着全球各民族的联系日益密切，任何地方发生的侵犯权利的事件都会得到关注；为此，世界公民权利并非幻想和夸张，而是国家法权和国际法权的必要补充，借此方可促成公共人权（Frieden AK8：360）。在资讯即时扩散的互联网时代，康德的这一评论尤其显得切中肯綮。总之，从法权角度看待世界公民身份时，其内核乃是彼此友好交往的权利。

第二，世界公民法权的直接目的乃永久和平。康德提出，"对和平的这种普遍而持久的创建，不只构成了纯然理性界限内的法权论的一个部分，而是它的全部最终目的"（MdS AK6：355）。按照康德的理论规划，实现永久和平的方式是建立合乎法权规则的国内、国际和人类秩序。作为政治理想的世界公民社会，将是一种完全摒弃暴力的、由法权规则主导的和平的共同体。这

---

① 为方便读者核对，在引证康德时，笔者将列出论著名称的德文简写，并按学界惯例给出普鲁士王家科学院版《康德著作全集》（简写为 AK）的卷数及页码。论著名称与简写对应如下。《论永久和平》：Frieden；《道德形而上学》：MdS；《回答这个问题：什么是启蒙》：Aufklärung；《什么叫作在思维中确定方向？》：Denken；《世界公民观点下的普遍历史之理念》：Geschichte；《论俗语：这在理论上可能是正确的，但不适用于实践》：Gemeinspruch；《一项哲学中永久和平条件临近缔结的宣告》：Verkündigung；《判断力批判》：KU；《纯粹理性批判》：KrV；《道德形而上学奠基》：Gr。中译文引自李秋零主编的《康德著作全集》第 6~9 卷（中国人民大学出版社，2007~2010）、邓晓芒所译的《康德三大批判合集》（人民出版社，2009）和杨云飞所译的《道德形而上学奠基》（人民出版社，2013）。笔者有时会对译文稍作改动，不再一一注明。

种规划将权利思维贯穿始终：目的（和平）与手段（法权）必须统一。

第三，从终极目的来看，建立一个世界公民社会，是一种准备或铺垫，最后是为了充分实现人类理性的禀赋，或达到理性的成熟。由于个体生命的短暂与有限，人类理性成熟这一任务，只能在族类而非个人的意义上逐步实现。实现这一任务，"也许需要一个难以估量的世代序列"（Geschichte AK8：18）。在这个过程中，世界公民状态的实现为人类道德理性的禀赋之发展准备了条件，或提供了"母腹"（Geschichte AK8：28）。

以上为法权意义上世界公民理念的含义。思想意义上的世界公民理念亦不容忽视。鉴于政治秩序与认知秩序之间的对应性，① 两种意义上的世界公民理念的主要规定应是类似的。可以推知，思想意义上的世界公民的三种规定性分别是：第一，以交流为要务；第二，以理性讨论的方式实现学术事业中的"永久和平"（真理）；第三，服务于理性禀赋的成熟这一最终目的。

第一，思想意义上的世界公民，致力于以书面著作或口头论说的方式将自己的思想表达出来，与公众交流。这对应于造访并受到友好对待这一世界公民法权的内容。康德在《回答这个问题：什么是启蒙》一文中，将这种无限制的思想交流称为理性的公共运用（Aufklärung AK8：37）。人与人之间思想的自由交流，正体现了思想意义上的世界公民"权利"。这种交流，甚至要优先于表达。② 康德这样论述交流的重要性："如果我们不是仿佛和彼此相互交流的思想的共同体一道思考，我们的思维会有多少内容，具有多大的正确性呢！"（Denken AK8：144）可以说，如无交流，则我们的思考既空洞，又易于陷入错误。鉴于这种重要性，康德曾以庄重的口吻把彼此交流称为人的一项天职（Gemeinspruch AK8：144）。

第二，如同构建世界公民社会是为了实现政治上的永久和平，作为思想

---

① 如同当代知名康德研究者奥尼尔所揭示的那样，在康德思想中，理性的训练（即不僭越地、合乎原则地思考）与政治的训练（即成为守法而自由的公民）之间具有对应性。无论是秩序的建立与失落，还是认知与实践（政治活动是其中之一）之间均具有对应性。毕竟，无论是理论理性，还是实践理性，无非同一种理性的不同运用而已。参见〔英〕奥诺拉·奥尼尔《理性的建构：康德实践哲学探究》，林晖等译，复旦大学出版社，2013，第3~35页。

② 这是康德思想区别于乃至超越于一般自由主义言论自由之主张的地方。汉娜·阿伦特（Hannah Arendt）和奥诺拉·奥尼尔（Onora O'neill）这两位出色的当代女性哲学家充分注意到了康德的这一立场，并按此思路解释康德的批判哲学：交流或交往，而非表达，才是康德的着眼点。可分别参看 H. Arendt, *Lectures on Kant's Political Philosophy* （Chicago：The University of Chicago Press, 1982）, pp. 39-40；〔英〕奥诺拉·奥尼尔《理性的建构：康德实践哲学探究》，林晖等译，复旦大学出版社，2013，第36~64页。

意义上的世界公民，人们通过彼此的交流与论争，同样力图实现永久和平，亦即获得真理。从实现方式上看，两者都应拒绝战争与暴力，走合乎法权的道路。在发表于1796年的一篇短文中，康德曾以类似于描述政治生活中的战争与和平（暴力与法权）的方式，刻画了哲学中的战争与和平，亦即学派论战与理性论争（Verkündigung AK8：414）。康德相信，人们通过永不停歇的理性论争，借助批判与划界，可在认知与实践之间找到恰当的平衡，走上真理与德性的康庄大道。

第三，理性批判与自由交流促成理性禀赋自身的成熟。这是因为，理性作为原则的能力，其运作就意味着规则与秩序。只要是自由的、基于理性的论辩和交流，而非强力的威压，则无论最终的结果如何，唯一的胜利者都是理性自身。为此，康德这样鼓励基于理性的自由论争："只管让你的论敌展示出理性来吧，仅仅使用理性的武器来与他战斗吧！"（KrV A744/B772）理性论争是最有成效的交流方式，是实现理性禀赋的最佳道路。如同奥尼尔借用"理性政治学"这一术语所提出的理性的训练与政治的训练之间具有对应性；公民同伴间自由的、批判性的、普遍的论争，塑造了理性及其原则的权威，最终促成趋向理性的成熟。①

让我们回到跨文化交流这个主题。笔者认为，双重含义上的世界公民之理念，确证（jusitify）了跨文化交流的合法性与必要性。世界公民的理念，不仅表达了交往的合法性——我们有权交往；也呈现了交往的必要性——我们需要通过交往以建构善的共同体。从世界公民的角度来看，任何人均具有交往并受到友好对待的权利，并且负有彼此交往以促进自身理性成熟的义务。简言之，交往的要求既是权利，又是义务。这是对交流的哲理基础的一般论证。落实到跨文化交流这一主题，后者作为我们这个时代差异群体间最重要的交往方式，其合法性与必要性当然可以在世界公民理念的基础上得到辩护。若是从法权的层面来看，首先，跨文化交流可被看作世界公民法权的衍生物。造访并受到友好对待的交往法权，在跨文化交流中亦应得到体现。由此，跨文化交流属于人的基本权利。其次，作为一种规范性要求，跨文化交流应当以和平、理性的方式进行（哪怕从历史事实上看未必如此）。最后，这种交流最终将服务于人类理性禀赋成熟的目标，促成人类的自我改善。如果我们从思想意义上的世界公民角度来看，可以得到相同的结论。

---

① 〔英〕奥诺拉·奥尼尔：《理性的建构：康德实践哲学探究》，林晖等译，复旦大学出版社，2013，第3~35页。

值得补充说明的是，这种论证既适用于个体，亦适用于群体或文化。处于不同文化中的个体是跨文化交流的基本单元。但广而言之，群体、文化等均可作为交往的行为主体（agent）。跨文化交流的康德式哲理基础适用于这些不同的主体。按照单波教授的观点，跨文化传播具有丰富的问题域，可从"主体间、群体间、语言间、文化间"多方面切入；进而言之，跨文化传播建构的思维路径，则可沿着主体间、文化间、文化互动、文化多样性等层次深入。① 笔者认同这些观点，并相信这已经预设了个体、群体或文化均可被视为类似的行为主体这一立场。

如果说世界公民理念和交往的要求表明了跨文化交流的前提，那么接下来的问题很自然地就是应当如何进行跨文化交流，或跨文化交流的基本规范应当是怎么样的。对此，我们或许可以从康德关于启蒙与批判的思维准则的论述中获得启发。

二 启蒙的思维准则与跨文化交流的基本原则

康德的批判哲学通常被视为 18 世纪启蒙思想的顶峰。康德对于启蒙给出了一种广为接受的定义："启蒙就是人脱离他自己所招致的不成熟的状态。……Sapere aude！要有勇气使用你自己的理智！这就是启蒙的格言。"（AK8：35）人类理性的成熟，人之得以成人，按照康德的看法，正是依赖于启蒙，依赖于独立、自由和批判性的思考。启蒙与批判，有着共同的道路与共同的目标。在此，我们仅限于考察启蒙与批判的思维模式，这种思维模式展现出如何在自我和他者之间达到理性一贯性，可以被用作不同文化在交流时所应遵循的原则。

启蒙与批判的思维准则，指的是我们主观上有意识地采纳何种思考规则。一般来说，这无非意味着"独立思考"或"自己思维"（selbst denken）。康德曾这样写道："在任何时候都自己思维的准则，就是启蒙。"（Denken AK8：147）这也是学界对于康德式启蒙思维的常规理解。② 笔者认为，这可视为康

---

① 可参见单波《跨文化传播的问题域》，载单波主编《跨文化传播研究》（第一辑），中国传媒大学出版社，2020，第 1~30 页；单波《跨文化传播的问题与可能性》，武汉大学出版社，2010，第 26~27 页。

② 可参见 H. Allison, "Kant's Conception of Aufklärung," in *Essays on Kant* （Oxford: Oxford University Press, 2012), pp. 229–235；〔法〕托多罗夫《启蒙的精神》，马利红译，华东师范大学出版社，2012，第 50 页；叶秀山《启蒙与自由：叶秀山论康德》，江苏人民出版社，2013，第 128~144 页。

德启蒙观念的初步含义。康德启蒙思维方式的完备内容涵盖更广。在《判断力批判》中，康德曾这样描述人类理智的思考准则："1. 自己（独立）思维；2. 在每个别人的地位上思维；3. 任何时候都与自己一致地思维。第一条是摆脱成见的思维方式的准则，第二条是扩展的思维方式的准则，第三条是一贯的思维方式的准则。"（KU AK9：294）① 这些准则才是康德式启蒙和批判思维的完备表述。试详述之。

第一个准则是自己独立思维。其反面是依赖于成见，不敢独立思考。康德相信人类最大的成见是迷信，无论是迷信超自然的解释，还是迷信宗教和政治权威。启蒙，在其最直接、最本真的意义上，就是拒斥成见、拒斥权威。这是康德时代颇为通行的启蒙观念。伏尔泰还曾针对传统宗教权威发出战斗的宣告。就此而言，康德持有 18 世纪启蒙思想家的典型立场。这一思维准则意味着以我为主，从自身视角观照世界，免受权威和迷信的误导。这是一种以自我为中心的思考方式，是狭义的启蒙。

第一个层次的启蒙思维方式，仍不是自足的。按照康德本人的刻画，这只是人们在使用其认识能力时的"一个否定的原则"，或"理性的自保准则"（Denken AK8：146），还不足以体现理性的成熟。人们可以提出这样的疑问：第一，凡是权威和成见所赞同的，我都要对之说"不"吗？成见是否有其合理性？第二，独立思考有没有可能只是固执于自己的成见？无论是自己认知的偏见，还是自身利益造成的立场的扭曲？自己的判断是否同样需要被反思和质疑？这两种局限，其实可以归结为一种，即受限于自身的视角，自以为是。为了消除自我中心的危险，人们需要走出个体"独白"的状态，扩展至更普遍化的思维方式。这就是启蒙思维的第二个准则：在每一个别人的位置上思维。

第二个准则，简单地说，是从他者的角度来反思自身的判断，从而获得一种更为普遍的理解。康德提出，这里所涉及的是"合目的地运用认识能力的思维方式"，亦即反思性的思维方式；其内容意味着："把如此之多的其他人如同被封闭于其中的那些主观个人的判断条件都置之度外，并从一个普遍的立场（这个立场他只有通过置身于别人的立场才能加以规定）来对他自己的判断进行反思。"（KU AK9：295）这被康德称为"扩展的思维方式"。

如何进行扩展的思维？大致包含三个步骤。第一，置身于别人的立场。

---

① 类似的表述，在康德著作中至少还出现过三次，可参看《实用人类学》（AK7：200；AK7：228-229）和《逻辑学》（AK9：57）。

我们倾听他人的想法，了解他人的感受，与他人交换理由，获得对他人的理解。第二，尽可能地扩展，置身于更多他者的立场来思考。这意味着不断排除诸他者各自的主观性，走向更为开放的立场，尽可能达到普遍性。第三，从普遍立场反思自身的判断。这是由他者的立场反观、评判自己，理解自身判断的意义和限度。由这些步骤可知，这是一种以他者为中心的思维方式。

借助从他者反观自身，我们获取对他者的理解，意识到自身判断的局限，实现一种更为公允的评判。康德曾这样写道："我总是希望，能够通过从他人的立场出发，无偏见地考察我自己的判断，从而创造出某种比我原来的判断更好的东西。"① 可见，一个扩展了的心智会对自身的限度有充分的认识。阿伦特将这作为典型的批判性思考：自我批判。②

在他者位置上思考，为我们走向一种真正具有普遍性的判断，即一贯的判断，铺平了道路。我们之所以需要继续推进自身的思维，至少有两方面的原因。一是他人的立场也可能是偏见，如简单接受之，很可能只是用他人的偏见代替自己的偏见。我们还需要从他者的立场抽身出来，对他者的立场进行反思。二是启蒙和批判的目标在于理性的成熟，而懂得从他者角度思考问题的心智固然比沉溺于"独白"状态更成熟，但依然不够成熟。真正的成熟应立足于每个人自身理性的充足性。为此，我们还需要回到自身，一贯地思考。

对于最后一条"任何时候都与自己一致地思维"之准则，康德的解释侧重于如何实行之。他提出："第三条准则，也就是一贯地思维的原则，是最难达到的，也只有通过结合前两条准则并经常遵守它们以至变得熟练之后才能达到。"（KU AK9：295）很清楚的是，一贯地思维涵盖了自己思维和在他人的位置上思维这两种思维方式。要实现理性能力的完备运用，必须在接纳、反省自身与他者立场的基础上，最终"与自己一致地"思考。

对此，我们可以借康德本人给出的一个实例稍加说明。在《道德形而上学奠基》中，康德曾借助意愿上的冲突来论证我们为什么有道德义务去帮助他人（Gr AK4：423~424）。如果以三个层次的思维来重写康德的论证，那么，我们之所以不愿意将冷漠旁观的准则普遍化，正是基于自己思维、站在他人立场思维、一贯地思维这样一个逐步推进的思考过程。首先，我们在困

---

① 出自康德给友人的书信，参看〔德〕康德《彼岸星空：康德书信选》，李秋零译，经济日报出版社，2001，第39页。

② H. Arendt, *Lectures on Kant's Political Philosophy* (Chicago：The University of Chicago Press, 1982), pp. 43-44.

难情况下会想要得到帮助。这相当于立足于自己的处境来思考。其次，我们换到处于困境中的他人的位置上，可以判断他们想要得到帮助；或者我们换位至旁观者，设想他们将如何判断。这是站在更多他者的位置上思考，获得更为普遍的立场。最后，我们反躬自问，如果我们愿意自己得到帮助，却在他人需要帮助时冷漠旁观，那么自己在意愿上能否一以贯之，还是会陷入自相矛盾？按照这一程序思考，答案显而易见。必须注意的是，这里首要的关切并非利益，而是在与他者的互动中能否保持自身意愿的一贯性。正是通过一贯的思维，我们确认了帮助他人的义务。

可见，一贯的思维（der konsequenten Denkungsart）乃是与他者互动、调适中的"一贯"，这种思维方式之实质在于交互性或相互性（reciprocity）：不同主体在互动中达成一致（哪怕只是假想的）。① 理性一贯性思维的准则，是康德式启蒙思维方式的完备体现，可被视为广义的启蒙。真正的启蒙思维包括三个层次：摆脱成见、独立思考；在他者位置上反思性地思考；一贯地思考。这也是真正的批判性思考。附带说一下，康德哲学的基本原理，或许正是理性本身的一贯性。我们可以从批判哲学各主要部分找到一贯性思维的原则。理论理性的一贯性，既体现为逻辑规律的同一律等形式要求，更体现为康德对科学认知界限的澄清。就实践哲学而言，道德法则及其相应的普遍化检验是典型的一贯思维方式之体现。② 在某种意义上，鉴赏判断亦可理解为追寻一贯性：鉴赏者希望有权要求他人认可自己对美和崇高之判断，要求得到普遍认同。

在康德式的启蒙与批判思维的准则中，自我与他者的意义均得到了充分的体现。如果我们把这一准则运用于跨文化交流，可以得到跨文化交流的基本规范：基于相互性的协调一致。处于不同文化中的个体，交流时可以采纳康德式的思维准则，接受一贯性思维的指导。这意味着，人们不能止步于自

---

① 当代康德主义者亦给出了类似的操作方式。比如，罗尔斯所构想的原初状态下的协议，可以视为实现康德思想中所蕴含的交互性要素的尝试［J. A. Rawls, *Theory of Justice*（Cambridge, MA: Harvard University Press, 1999）, pp. 156-157］。康德主义心理学家科尔伯格所设想的多重交互换位思考，同样是一种可行的做法［L. Kohlberg, *The Philosophy of Moral Development*（New York: Harper & Row Publishers）, 1981, pp. 190-226］。

② 邓晓芒教授提供了一种类似的解释康德的模式。他以逻辑的一贯性来说明康德理论哲学和实践哲学的共同原理。他提出，康德的道德原则是以知识和逻辑的规范，特别是形式逻辑的同一律和不矛盾律为基础建立的，"自律在逻辑上的表达就是自由意志的同一性和不矛盾性的规律"。邓晓芒：《康德的道德形而上学及其与儒家伦理的比较》，《道德与文明》2020 年第 2 期，第 5~15 页。

身文化认同，还应当换位思考，理解其他人的文化诉求，反思自身的限度，最终在自我与他者之间达到融通。如果我们把交流主体转换为群体或文化，这些准则同样是适用的。文化间互动同样需要贯彻理性一贯性的思维准则。总之，这是一种一般的跨文化沟通和理解的模式，适用于各类交流主体。

在自我与他者之间秉持理性一贯性的准则，可以为跨文化交流确立共同底线，能够超越特定文化立场的限制，克服若干交往的障碍。某些文化的自我封闭（固执于传统、缺乏反思），某些强势文化的自以为是（不愿换位思考、不愿从他者尤其是弱者角度思考），都会导致交流各方各执己见，难以达成一致，甚至陷入文化冲突。这些难题往往可以借助批判思维加以解决，至少可以得到缓解。理性一贯性的思考准则若能逐步被接受，跨文化交流至少可以促成更多沟通或者谅解，进入良性的互动。假以时日，文化间应可达成更充分的理解与融合，并借此促成人类整体的和谐。

三 康德式哲学基础的特点与跨文化交流的意义

考虑到与跨文化交流的可能关联，上文阐释了康德哲学的两个理论要点：以交往为内容的世界公民理念；在自我与他者互动中达到理性一贯性的启蒙思维准则。作为哲学性的普遍理论前设，前者阐明了人类交流的合理性，后者给出了如何交流的规范。落实到跨文化交流这个更加具体的课题上，则前者为跨文化交流提供了哲理前提，后者可被视为跨文化交流的指导原则。两者共同回答了跨文化交流如何可能的问题。

无论是基于世界公民理念的交往主张，还是启蒙与批判，其共同的目标均为人类理性的成熟。在康德的理论视域中，成熟的理性，应既是独立自主的，又是向他者敞开的，是在反思中一以贯之的。这种理性成熟的目标，既适用于个体，亦适用于群体，适用于人类整个族群。这是一个高度理想化的目标，需要人类作为一个整体持续努力。由于其理想性，对于跨文化交流而言，这种理性成熟的目标具有持久的引领作用。

跨文化交流的康德式哲学基础具有鲜明的特点。它不仅确立了基于世界公民理念的交往的共同底线——彼此友好对待，而且建立了基于相互性的普遍交往规则——在自我本位与包容他者之间达到理性一贯性，并最终树立了具有普适性的终极目标——人类理性禀赋的成熟。值得特别指出的是，这种康德式的哲学基础在论证（justification）上没有文化负担。从原则上说，康德的哲学构思在文化上是中立的，并不预设任何特定的文化立场，也无须为特定立场背书。其理论效力亦不受限于特定的文化语境，而是具有普遍性。鉴于上述特点，我们也许可以把这种哲学基础称为"康德式的世界主义"。

在此，有必要回应一些典型的质疑。兹举两例：第一，康德式哲学基础是单主体主义的；第二，康德式哲学基础会消灭文化个性和文化差异，不利于文化多元。这些质疑都可以得到恰当的回应。第一种质疑在哲学研究者和跨文化传播研究者中均可见到，他们或把康德的理论视为缺乏互主体维度的意识哲学，或将其定性为绝对主义的单边模式。① 这恐怕是对康德的误读。如前面的康德文本阐释所显示的，无论是交往的权利，还是达到理性一贯性的思维准则，都充分体现了相互性的诉求，凸显了他者的意义。至少就这两个关键的思想要素而言，康德式哲学基础并非单个主体独白式的，而是互主体的、对话式的。

第二种质疑则忽视了这一事实：康德式的世界主义并不建基于某种特定的文化，亦无意于为某种文化张目，只是着眼于建立共同的底线。无论是世界公民理念，还是启蒙思维准则，康德并未在实质内容或论证效力上诉诸特定的文化前提。人们无须先行皈依某种宗教（比如基督教），才可接受康德的观念。接受康德的观念，也并不会推动人们接受某种特定的价值（比如儒家的孝道）。这里的规范性要求只在于确立彼此友好对待的底线。持守底线之后，不同的文化完全可以求同存异，或自行其是。

当然，如果不同文化的"原住民"忧虑的是康德式共同底线会不会消除某些文化个性，那么，需要追问的反而是，这些个性能否经得起友好交往和相互性要求的检验。若是以文化多元的名义实际上拥抱的乃是封闭、排他与仇恨，这样的多元不要也罢。跨文化交流的首要关切就是确立共同的底线，使同情之理解得以可能，使友好交往可以延续。如果某种文化的特定价值戕害了这种底线，那么应当反思的是这种文化，而不是前者。

康德式的世界主义构成跨文化交流的哲学基础；反过来，跨文化交流则成为实现康德式哲学理想的上佳手段。跨文化交流不仅有助于培育世界公民，建构和谐共同体，而且亦是践行启蒙思维准则并由此促进人类理性成熟的绝佳方式。尤其在万物互联互通的当代，跨文化交流更是意义重大。对此，康德本人已经有清晰的认识，并做了一定的阐释。虽然从当代人的眼光来看，

---

① 〔德〕哈贝马斯：《包容他者》，曹卫东译，上海人民出版社，2002，第36页；〔美〕克里斯琴斯：《多元主义与跨文化传播》，载单波主编《跨文化传播研究》（第一辑），中国传媒大学出版社，2020，第35~37页。

康德的具体论证可能稍有些"奇怪"。

在《论永久和平》中，康德讨论过这样一个问题：永久和平的保障是什么？出于一种特殊的目的论的视角，① 康德笼统地将其归于大自然的奇妙安排（Frieden AK8：360）。大自然的安排之所以说是奇妙的，在于其作用方式正好是逆向的：通过战争（不法状态）塑造和平（法权状态）；通过自私实现公共善。按照康德的设想，大自然的正式安排，包括政治、经济和文化三个方面（Frieden AK8：365~368）。首先，通过自利心和理性计算，人们得以建立共和制的宪政，有利于实现永久和平。其次，通过以获利为目的的商贸活动或借助金钱的力量，人们拒绝战争、拥抱和平，反而实现了道德目的。最后，通过跨文化交流，具体来说，是通过文化差异甚至是文化冲突，来实现文化协同。文化差异集中体现为语言和宗教的差异，这些差异本来常常是阻碍各民族融合的力量，但最终却会借竞争和互动达成理解，引向和平。大自然似乎在冥冥中自有安排。

康德这样描述跨文化交流的机制："这些不同固然易于引起相互间的仇恨和战争的借口，但毕竟在文化进步和人们逐步接近原则上的更大一致时，导向一种和平中的协同；产生和保障这种协同，并不像（在自由的墓地里的）独裁制那样靠的是削弱一切力量，而是靠在这些力量的最活跃的竞争之中保持它们之间的平衡。"（Frieden AK8：367）康德的这一论述值得关注。一方面，需要注意的是其中的两个先决条件：文化的进步及人类在原则方面实现更大的一致。若是以今天的眼光来看，前者所指的应该是科学、技术和艺术等人类智识生活水平的提升。比如，计算机技术、互联网技术的发展，使得人们可以更为便捷和充分地交流。后者似乎指人们逐渐接受共同的道德原则，由此越来越倾向于以合乎法权的方式实现沟通与理解，手段与目的不再分离。另一方面，需要特别指出的是，康德所设想的文化和解的方式是"最活跃的竞争之中"的平衡。这表明，康德乐于见到的绝不是弱势文化被强势文化所同化甚至被彻底消灭的一元化的场景，而是各种不同文化相互竞争、充满活力的多元场景。当然，这种多元场景是有原则或共同底线的，亦即接纳上文所阐释的世界公民的交往权利和启蒙思维的准则。为此，康德的文化立场也许可被称为"有原则的多元文化主义"。

在康德的构想中，文化的差异和冲突将有助于实现这一理想：建构一个

---

① 鉴于本文的主旨在于指明康德思想可能带来的启示，此处不讨论目的论视角的含义与合理性等问题。

普遍友好的世界公民社会，使得不同群体的人们达成沟通和理解，最终促成每一个人的理性成熟。康德是否过于乐观了？很有可能。在喧嚣纷扰的当下，这确实是一个带有浓厚理想色彩的目标，但也是一个值得追求的目标。这不能被简单地看作哲学家的一厢情愿。现实越充满纷争，不同的人群之间越难以相互沟通和谅解；哲学家的构思越"天真"，反而越珍贵。至少，这是对所有人的一种必要的、善意的提醒：我们应当并且可以做得更好。这种提醒，也许是这个时代各种被剧烈撕裂的伤口愈合的起点。就此而言，跨文化交流的康德式哲学基础并不"迂阔"。

共识优先抑或差异优先？[*]

喻郭飞　陈潇逸[**]

交往是人类重要的存在方式，而现实中不同主体之间的分歧与共识、竞争与合作相互交织，促使人们越发迫切地感到有必要深入思考如何突破单一主体的局限，从多主体或主体间性的角度理解交往活动的根本目的、成功的交往所依赖的前提等问题。当代德国哲学家哈贝马斯提出，人们进行理性的沟通与交往旨在解决大家共同面临的问题，促进共识的形成，他将"商谈伦理"作为理想情景下不同主体之间交往的原则。当代美国哲学家雷歇尔基于经验主义和多元主义的立场，对哈贝马斯关于交往前提和目的的立场提出批评，他认为人类实际的交往活动牵涉不同主体之间差异化的信念系统和价值偏好，反映着每个人理解经验世界的独特方式，而共识意味着一致的评价与信念。所以，雷歇尔强调，交往活动的根本目的在于获取信息、增进不同主体之间的理解，而基于多元主义的价值观，他认为交往过程中的共识既难以达成，也无须苛求。本文旨在考察雷歇尔和哈贝马斯关于交往活动中"共识优先抑或差异优先？"问题的争论，以期深化对于交往前提与目的及其与主体间性关系的理解。

一　"共识优先抑或差异优先？"问题的提出

日常意义上的"共识"概念是指人们在信念或价值方面形成的一致性，哈贝马斯将其视作交往活动的本质性特征。而20世纪科学哲学家托马斯·库恩（Thomas Kuhn）关于不同科学研究范式之间不可通约性的阐释，科学社会学中爱丁堡学派关于强纲领的刻画，都"试图放弃共识在传统哲学中的核心

---

[*]　本文曾发表于《跨文化传播研究》2023年第2辑，第63~77页。

[**]　喻郭飞，华侨大学哲学与社会发展学院副教授；陈潇逸，华侨大学哲学与社会发展学院硕士研究生。

位置"。① 在《多元主义：反对关于共识的要求》（1993 年首次出版，2005 年再版）一书中，雷歇尔试图在"无差别的相对主义"和"独断论的绝对主义"之间寻求一条中间道路，他认为，即便面临事实与价值问题的分歧，人们仍旧可以协调与合作。

在《多元主义：反对关于共识的要求》的第 8 章，雷歇尔提出"交往需要共识吗?"这一问题，直接针对哈贝马斯的立场提出批评。他以语言的使用为例，指出语言的学习和交流类似于跳舞——需要人们的协作而非共识。语言背后共同的概念框架并不是交往所必需的，就像我们可以理解别人的观点但并不需要赞同它们。任何个体的认知都具有不同程度的局限，因而没有人能够独断地认为自己的观点更接近真理，这也正是交往的必要性所在，人们通过交往发现自身原本持有的概念框架的局限，并通过交往"拓展"或"修正"自己的概念框架，从而更好地理解世界、理解他者和理解自己。只不过"为了理解他者我们也许有必要知道他们的信念，但是我们并不需要赞同他们的立场"，② 因此，雷歇尔认为对于成功的交往而言，意义的理解是必要的，但并不需要预设共享的信念与价值。他将哈贝马斯及其支持者的论证重构如下：

> 前提 1：人际的协作是人际交往的必要条件；
> 前提 2：关于交往过程的共识是人际协作的必要条件；
> 结论：共识是人际交往的必要条件。③

雷歇尔认为以上三段论中的前提 2 是不成立的，尽管共识能够促进有效的交往，但共识并不是交往的必要条件。在他看来，交往真正所需的是："第一，主体意图向他者传达信息并从他者的语言中获得信息；第二，通过明智的方式审慎地实现上述意图。"④

---

① N. Rescher, *Pluralism: Against the Demand for Consensus* (New York：Oxford University Press, 1993), p. 2.

② N. Rescher, *Pluralism: Against the Demand for Consensus* (New York：Oxford University Press, 1993), p. 142.

③ N. Rescher, *Pluralism: Against the Demand for Consensus* (New York：Oxford University Press, 1993), p. 147.

④ N. Rescher, *Pluralism: Against the Demand for Consensus* (New York：Oxford University Press, 1993), p. 150.

二　哈贝马斯论交往的目的与前提

众所周知，20世纪西方哲学研究视野从"主体性"向"主体间性"的转换与人们对语言、认知活动理解的深化密切相关。传统意义上将主体与对象分隔甚至对立的二元模式忽视了人类认知活动的重要特征：它们不只是单个主体的能力运用，还面临其他主体的检验、质疑和认同。尤其是规范意义上的自我与他者之间形成的主体间性或交互主体性呈现出不同主体之间非还原的关系，既不能也不应被还原为主体性，"不能"是因为它意指主体之间的关系而非（单个）主体自身的属性，"不应"是因为"还原"意味着自我与他者的关系取决于"我"。因此，交往的必要性与重要性在主体性与主体间性的张力中凸显出来。在哈贝马斯看来，"要破解现代性的困境，必须进行哲学范式的转换，即从主体性转向主体间性，用交往理性克服和取代工具理性"，[①] 他认为人们能够凭借真正的交往行动建立和谐一致的社会生活，走出现代性危机。

语言作为人类交往活动的重要载体和形式，集中体现了主体间性的特征。哈贝马斯区分了表达式的意义和语力，强调语言能够传递信息，由此在不同主体之间建立起社会关联。他认为人类的交往行为与语言紧密相关，交往是"两个以上具有言语和行为能力的主体之间的互动，这些主体使用（口头的或口头之外的）手段，建立起一种人际关系"。[②] 交往与沟通依赖于语言，"有了主体间性，个体之间才能自由交往，个体才能通过与自我进行自由交流而找到自己的认同，也就是说，才可以在没有强制的情况下实现社会化"。[③]

值得注意的是，"主体间除了有交流、对话、合作和互相理解的正面性，还有冲突、对立、战争和互相误解的负面性"。[④] 哈贝马斯认为主体间性是交往活动的必要条件，成功的交往需要符合四个"有效性要求"或"有效性主张"（validity claim），即"可理解性""真实性""正当性""真诚性"，这些要求是"交往行为的一般假设前提"，[⑤] 它们涉及说话者的言说态度、发言资

---

① 孙绍勇：《交往理性的主体间性向度解析及当代审思：以哈贝马斯交往范式与交往实践旨趣为论域》，《山东社会科学》2022年第7期，第58页。

② 〔德〕尤尔根·哈贝马斯：《交往行为理论：行为合理性与社会合理化》，曹卫东译，上海人民出版社，2004，第84页。

③ 〔德〕尤尔根·哈贝马斯：《交往行为理论：行为合理性与社会合理化》，曹卫东译，上海人民出版社，2004，第375页。

④ 赵汀阳：《如何定义跨主体性？》，《读书》2023年第5期，第4页。

⑤ 〔德〕哈贝马斯：《交往与社会进化》，张博树译，重庆出版社，1989，第1页。

格、所说之事。在他看来，交往活动的参与者是在进行一种以言行事的言语行为，而有效性要求是其规范性前提，它不依赖交往中某一方而起作用，即不单独取决于说者或听者，而是需要交往各方的共同承认。在语言交往过程中，表达式要真实地报告世界实际所是的情况、言说者要真诚地表达、言说者有表达的权利、表达式要有意义。这些有效性要求"提出了保证言语行为参与者之间彼此能够相互理解的前提、条件"。①

在哈贝马斯看来，交往的顺利进行依赖于不同主体之间形成的共识，即他们或者直接同意最初的有效性要求，或者在交往过程中表示质疑并就新的有效性要求取得一致，否则交往行为就可能半途而废。换言之，如果人们没有就交往的前提达成一致，交往的目标就难以实现，因为"交往互动旨在达成一种基于对有效性主张的共同认可之上的同意"。② 事实上，不同的主体带着各自的目的进行交往，并将其视作通过一定的手段达成特定目的的活动，这使得主体间性的交往可能滑落为主体性的操作。不过，哈贝马斯比较乐观，他认为通过对有效性要求的质疑，人们可以就所谈之事达成一致，并辨明对话者的动机（是否真诚）。交往"把不同参与者的目的行为计划结合起来，进而把各种行为综合起来，使之形成一种互动"。③ 在此意义上，哈贝马斯将共识视为（成功的）交往的结果与目的，一方总能质疑并要求对方回应，在该回应说服质疑者后交往便会继续，直到在那个语境下的有效性要求经受了检验，一方接受了另一方的内容。因此，他认为"共识或者是通过交往实现的，或者是在交往行为中共同设定的"。④

哈贝马斯对于共识的重视还体现在他关于"解释"与"理解"的看法上。在有意义的言语交往行为中，对倾听者而言，表达式的意义需要经由解释（interpretation）才能被人们理解，"解释的核心意义主要在于通过协商对共识的语境加以明确"。⑤ 解释是一种内部活动，而非外部观察活动。哈贝马

---

① 傅永军：《哈贝马斯交往行为合理化理论述评》，《山东大学学报》（哲学社会科学版）2003 年第 3 期，第 13 页。
② 〔美〕托马斯·麦卡锡：《哈贝马斯的批判理论》，王江涛译，华东师范大学出版社，2010，第 364 页。
③ 〔德〕尤尔根·哈贝马斯：《交往行为理论：行为合理性与社会合理化》，曹卫东译，上海人民出版社，2004，第 275 页。
④ 〔德〕尤尔根·哈贝马斯：《交往行为理论：行为合理性与社会合理化》，曹卫东译，上海人民出版社，2004，第 274 页。
⑤ 〔德〕尤尔根·哈贝马斯：《交往行为理论：行为合理性与社会合理化》，曹卫东译，上海人民出版社，2004，第 84 页。

斯指出，解释者要想正确揭示文本的意义，就必须深入文本之中，了解作者和同时代人的语境并将其作为解释的起点，只从自己的立场出发可能会错失或误解作者关切的问题。① 解释他人的表达需要了解相关的语境，"解释者必须清楚地认识到，与表达相关的有效性要求在何种前提下才能被承认"，② 即在解释言说者的表达式时，倾听者需要从其有效性要求入手，确认对方所言不虚、确有其意并且态度诚实、有权表达，于是双方就言说者的语境达成一致，倾听者理解了言说者的表达式。合格的言说者必定理解自己的表达式，不同主体之间形成了共同理解，进而达成共识。

不难看出，"共识"概念是哈贝马斯串联起"交往""主体间性""理解"等主题的钥匙，它构成了交往的前提与目的，"前提"是指对于有效性要求的一致认可，"目的"是指对于表达式的共同理解。话语交流的过程可以经受批判与检验，交往的失败意味着不同的主体无法就共同关心的问题达成共识，比如无法克服的语言障碍或不平等的地位。在哈贝马斯刻画的交往行为整体图景中，共识具有优先性，它使得主体间性、交往与理解等要素与环节连成一个整体。

三 雷歇尔对哈贝马斯的批评

哈贝马斯眼中的"共识"对于交往行为具有双重规范作用，它既是成功交往的前提，也是人们通过交往行为追求的目标。"交往行为是主体之间的一种'相互理解'的话语行为，最终目的指向是'达成赞同'。"③ 然而，他对主体间合作的强调、对交往的理想规范的执着使其未能充分关注主体间的冲突，也忽略了对话的弱势参与者。④ 由于理论设想与现实世界之间的张力始终存在，不同主体之间的交往行为图景是由偶然的经验事件所擘画的，参与者不能保证真心诚意、心平气和，或者无法及时质疑、做出合理回应。因此，雷歇尔从经验主义的立场出发，对哈贝马斯提出批评。他认为不同主体在生存处境方面的差异使其解释各种经验现象的概念框架不尽相同，由此产

---

① 〔德〕尤尔根·哈贝马斯：《交往行为理论：行为合理性与社会合理化》，曹卫东译，上海人民出版社，2004，第131页。

② 〔德〕尤尔根·哈贝马斯：《交往行为理论：行为合理性与社会合理化》，曹卫东译，上海人民出版社，2004，第115页。

③ 曹卫东：《交往理性与权力批判》，上海人民出版社，2016，第228页。

④ 朱彦明：《哈贝马斯对实践哲学的批判和重建》，《哲学研究》2013年第11期，第25~26页。

生不同的信念系统、价值取向或审美评价，"不同的文化和智识传统……必定会依据与我们实质上不同的概念和范畴来描述并解释它们的经验"。① 雷歇尔主张，人们持有不同观点的权利需要得到尊重。他坚持多元主义的立场，认为不同主体之间交往的目的在于扩展和巩固信息，提升自己的认知状态。尽管持有不同立场的人就某一主题达成共识的确是一个很有吸引力的目标，但是，"理性的人们……并不期待（expect）自己最美好、最遥远的期望一定会实现"。② 雷歇尔认为，真实的交往并不保证共同理解，因为人们的信念和价值来自他们的经验，而人们各自的处境并不是采纳来自其他处境的观点的理由。所以，他批评哈贝马斯对交往与共识之间理想关系的设想是不切实际的。

通过梳理哲学史，雷歇尔指出"共识"并非一开始就在人类的交往活动中占据核心地位。亚里士多德、奥古斯丁等哲学家将理性视作人类获取知识的能力，共识涉及理性无暇顾及的事情。启蒙运动之后，共识被哲学家视作理性活动的结果。雷歇尔强调，如果共识内在于人类的认知活动，那么人们获得关于对象的认识之后便很容易达成共识，因为采取"我"的观察方式，"你"也会看到同样的东西。然而，即便对于同一时期的某个共同体而言，也总会有成员持有不同意见，更不用说不同的时期或不同的共同体所秉持的信念和价值了，各种形式的分歧贯穿于人类文明的始终，但是交往并没有因此而中止。

哈贝马斯主张共识是成功交往的前提，如果人们缺乏共同的出发点，那么理性的交往活动就难以开展。但是雷歇尔表示，共识作为人们交往活动的起点只是一种"预设"，不同主体共享的前提并不是实质性的共识；人们只需要一些共同或共享的信息就可以进行交往，例如共同的习俗规定了对"叉子"一词的正确使用。③ 换言之，在交往过程中，一方假定对方跟自己谈论的是同一件事，基于双方通过对话获得的新的信息，可以判断彼此是否在谈论同一件事，对方如何思考，谁的论据更加有力，理由能否合并，等等。即便双方存在某些共识，它们也可能被推翻，因此，交往无须以共识为前提。

---

① N. Rescher, *Pluralism: Against the Demand for Consensus* (New York：Oxford University Press, 1993), p. 69.

② N. Rescher, *Pluralism: Against the Demand for Consensus* (New York：Oxford University Press, 1993), p. 154.

③ N. Rescher, *Pluralism: Against the Demand for Consensus* (New York：Oxford University Press, 1993), p. 142.

进而言之，"我们面对同一对象"蕴含着"我们追求一致的意见"或"你我（必然）会得出相同的结论"吗？雷歇尔对此持否定态度，在他看来，交往旨在增进参与者"自己的理解"，而共识意味着接受、肯定他人的观点。倾听者理解了言说者（表达式）的意思，知道对方说的是什么，并不等于接受对方的信念或观点（为真），更不是使自己的观点与之一致。这也不意味着双方一定会在某个时间达成共识——得到"一致的评价或信念"。比如，具有不同宗教信仰的两个人在交谈过后会说："好吧，就到这里吧，我知道了你的想法，你也知道了我的（想法）。"他们通过交往熟悉了对方的信仰、教义，并不意味着要去改变自己的立场，也不表明他们一开始就想做出改变，但是这种交往也可以被视作成功的交往。所以，雷歇尔认为共识并非成功交往的目的或（必然）结果。

雷歇尔认为，哈贝马斯支持的一个重要信条是成问题的，即通过开诚布公的自由对话，人们终将就具体问题的相关真理达成一致。[①] 这一信条面临的质疑是：第一，过于理想化；第二，默认共识与真理之间存在必然联系。一方面，共识不是交往或对话的必要条件，交往之后人际的分歧可能会持续甚至扩大，因为现实中真诚的对话并不总能解决问题；另一方面，将真理系于共识之上的做法意味着共识的缺陷会造成真理的缺陷，而这显然与人们对真理的理解不一致。人类的认知活动是经验性的"提问—回答"（question-solution）的过程：不同的人具有不同的经验，由此形成多样的信念与认知评价标准。认识者对他（她）面对的问题的解决程度就是在其经验处境中收集和处理的信息的总和，为了获得真理，人们需要投身于对认知对象的探究活动中，而交往活动服务于求真目标。雷歇尔指出，在"提问—回答"过程中，信念、意见或观点的差异性是自然而然的，它并不必然导向共识。并且，"语言只是不完美的人类具有的不完美工具，语言的适当性本身不是真理的担保者"，[②] 例如"日出""日落"切合人们的经验，但相关的物理事实是"地球围着太阳旋转"。因此，即便语言是人类交往的工具，它也不能为共识与真理"搭起桥梁"。

此外，雷歇尔认为，从"人们具有一致的评价"这一事实不能单独推出

---

① N. Rescher, *Pluralism: Against the Demand for Consensus* (New York：Oxford University Press, 1993), p. 46.

② N. Rescher, *Pluralism: Against the Demand for Consensus* (New York：Oxford University Press, 1993), p. 46.

应然性规范；价值判断反映了人们的经验结构与生活方式，人们在评价与规范问题上难以甚至不应以达成共识为目标。① 即便交往双方勉强达成了共识（妥协），这种共识也未必是出于道德的动机，因此，他认为，只有当人们先将道德因素置于共识的形成过程之中，才能通过达成共识形成道德规范上的一致性，而哈贝马斯此处有循环论证的嫌疑。②

哈贝马斯旨在用"共识"概念串联起不同主体之间的交往与互动。通过交往，不同的主体可以获得共同理解，据此形成共识、建立合理化社会——尽管这一过程艰难而漫长。雷歇尔认为哈贝马斯的上述理想不切实际，他从经验主义视角解读理解、交往和共识，认为多样性和差异性才真正反映了人的本性（nature），交往的目标是信息的获取与满足，共识只不过是立场或意见的统一。"我们交流的深刻原因不在于人人都被社会规定为同一，而恰恰在于我们之间的差异。"③ 因此，雷歇尔理解的交往之前提与目的更多体现了不同主体之间的尊重与包容，主体之间的差异不仅使得交往具有必要性，还能够从经验主义的角度为认知和价值上的多元主义提供支持。

四　差异、多元价值与主体间性

雷歇尔从人类交往活动展开的现实处境出发，强调个体经验的差异性，并试图以此为基础构建一种多元主义。在他看来，这种经验的多元主义更符合实际，因而更具可行性。

哈贝马斯、雷歇尔二人在"交往过程中共识优先抑或差异优先"的问题上看法不同，他们的争论源自对"交往"及相关概念的理解差异。在哈贝马斯那里，交往的过程与结果都围绕共识展开。以语言交往为例，人们以一些假定与初始的承认作为共识性基础，开始交谈，听者在对话过程中可以就这些假设质疑说者，对话在说者做出辩护并重新获得承认之后得以继续。在交往过程中说者与听者的角色能够互换，于是参与者之间形成了相互承认，即在参与者之间逐渐形成一个共同的语境，听者在其中理解说者的表达，从而实现共同理解。与之相对，雷歇尔从发生学角度对交往活动的主要特征进行

---

① N. Rescher, *Pluralism: Against the Demand for Consensus* (New York: Oxford University Press, 1993), p. 130.

② N. Rescher, *Pluralism: Against the Demand for Consensus* (New York: Oxford University Press, 1993), pp. 134-135.

③ 佘诗琴：《弗兰克对哈贝马斯主体间性思想的批判》，《哲学动态》2014 年第 10 期，第 58 页。

了刻画，他认为人们通过交往获得更多的信息，并对自己掌握的信息进行检验，确认其真假，根据这些信息做出进一步的行动。听者可以理解说者的前提与表达的意思，但不需要接受它们（为真）。一方以自己熟悉的方式重述对方的观点，也不代表他对另一方（观点）的赞同。雷歇尔认为，交往过程中真正重要的是"知道"或者对话者"自己的理解"，而不是达成"观点的一致"，尤其是在价值问题上，理解对方的价值观念并不意味着接受它们。所以，共识没有构成对交往行为的（规范性）限制。

此外，哈贝马斯和雷歇尔对交往、共识和差异之间的关系做出了不同的阐释。哈贝马斯认为交往是以沟通为取向的社会行为，"在沟通过程中，参与者就客观世界中的事物、他们共同拥有的社会世界中的事物、或各自主观世界中的事物要么达成一致，要么发生争执"。① 共识既可以是对前提的承认，也可以是作为交往结果的共同理解。但无论如何，共识都是（成功的）理性对话的目标，即交往行为的规范性要求。当然，哈贝马斯也注意到不同主体之间的差异，因为对话者各自所处的语境决定了其表达的含义，但是成功的交往需要共同的语境，这是正确解释以及理解的前提，而建立（交往所需的）共同语境并不代表取消（主体生活于其中的）差异语境。因此，达成一致并不意味着消解差异，共识在不同主体的交往过程中具有优先性。

雷歇尔认为，交往活动在人们的生活中随处可见，例如正式商议、熟人见面、友人闲谈、陌生人问路等。他认为人际的交往是为了获得信息与检验信息，共识即"信念和评价的一致"。② 人们在很多交往情境中并没有形成共识，或者人们不必将结果称为共识，共识也不是交往的前提。例如，在问路情境中，张三通过询问李四知道了去医院的路，最直观的解释是张三获得了相关的信息并能据此行动，说他就路途与李四达成了一致显然是多余的。而在闲谈情境中，对话者只是在交换信息，他们对某个行为的一致评价仅仅是交往意愿的满足，声称其中存在共识反倒违反了闲谈情境的惬意性。交往追求的是"个人的理解"。因此，雷歇尔认为，对于成功的交往而言，差异是优先的。

我们在此的疑问是：雷歇尔对"交往"概念的定义能否涵盖哈贝马斯理

---

① 〔德〕尤尔根·哈贝马斯：《交往行为理论：行为合理性与社会合理化》，曹卫东译，上海人民出版社，2004，第131页。

② N. Rescher, *Pluralism: Against the Demand for Consensus* (New York：Oxford University Press, 1993), p. 1.

解的交往活动? 如果能够涵盖，雷歇尔的解释是否比哈贝马斯的解释更好? 这涉及哈贝马斯的解释可能是特设性的（ad hoc），而哈贝马斯的论证策略可能是循环的。雷歇尔认为，哈贝马斯"从共识到道德"的解释路线是循环的，因为只有先将道德置于共识之中，人们才能从共识中得到道德。与此类似，只有将共识置于交往过程中，交往才能形成（新的）共识，哈贝马斯似乎主张共识存在于交往的整个过程中。在我们看来，哈贝马斯对"基础性共识"（underlying agreement）和"实际取得的共识"（actually attained agreement）①的区分为回应上述质疑提供了资源：前者是就交往的有效性要求而言的，这些要求为成功的交往确立了主体间认可的前提；后者是就对交往主题的解释与理解而言的，它是交往与沟通旨在达成的一致，并且能够基于前者得到批判性检验。所以这里并没有循环，而所谓的"预置"只涉及有效性要求的背景共识。②

直觉上看，雷歇尔的解释更切合现实，然而，他只强调了"增进自己的理解"的重要性，却没有注意到理解的对等性，因为希望获得足够信息的对话者可能有多个。在某些情境中，"我"完全可以在了解他人的立场后（找个借口）结束谈话，甚至有意向对方提供误导性信息，更不用说"我"可能一开始就只考虑自己。交往中的另一方（他者）也希望（要求）得到他（们）想要的（真）信息，"我"应该提供给他（们）吗? 根据雷歇尔的立场，"我"似乎不必这样做，因为"互相讲真话"只是一个脆弱的假定。正如雷歇尔承认的，从人们实际上欲求某物无法（单独）"推出"它应该被欲求，③ 从人们实际上追求"自己的理解"也无法（单独）"推出"他们在交往中应该只关注"自己的理解"。

与此同时，针对"交往—共识—真理"的模型，雷歇尔主张人们实际的认知活动遵循"提问—回答"模型。"提问—回答"模型影响了雷歇尔关于交往活动的说明：人们在认知活动中满足于获得对象的相关信息，无论是否达到目标，"我"都可以随时终止自己的认识活动而不用考虑对象（如感受、认识中的收获等）。"提问—回答"模型使得交往活动的参与者无法保证自己

① J. Habermas, *Theory of Communicative Action* (Volume 1)(Boston: Beacon Press, 1984), p. 134.
② 〔美〕托马斯·麦卡锡：《哈贝马斯的批判理论》，王江涛译，华东师范大学出版社，2010，第363页。
③ N. Rescher, *Pluralism: Against the Demand for Consensus* (New York: Oxford University Press, 1993), pp. 127–130.

总能获得足够（有效）的信息，即使一个人具有良好的解释能力，也未必有良好的信息供其处理。所以，获得能够增进（自己的）理解的信息不足以指导合理的交往行动。人们会依据自身的认知以及与他人交往所获得的信息展开行动，如果人们需要在一些事务上共同行动，为什么不依从共识的指引呢？实际上，哈贝马斯可以反过来批评雷歇尔的"提问—回答"模型仍围于客观认识的范式，而真正的交往行为依赖于理解的范式，它要求言说者采用参与者视角而非观察者视角。① 人们可以向自然和他人提问，前者是一种比喻，人们关于自然的认知活动最终旨在解决其面临的问题，而后者是不同主体之间真实的互动，一方面，自然（界）不会真的与认知者交流；另一方面，人们在交流中不仅提出自己的问题，也会遇到他人向自己提出疑问的情形。因此，"提问—回答"模型没有形成对交往行动的完整刻画。

更重要的是，雷歇尔没有考虑经验的限度问题。他认为"就如被合理采纳的信念一样，被合理采纳的价值必须反映行动者的经验结构，而经验在不同处境的个体之间必定是不同的"。② 但是，不同交往主体之间的经验差异究竟有多大？交往活动本身是否能够作为新的、共同的经验？如果经验差异是拒绝共识的正当理由，那么相对主义尤其是价值相对主义是否是雷歇尔所言的必然归宿？他将相对主义概括为"理由的无差别论"（reason-indifferentism），即人们对可选项的选择是任意的、无差别的。除了相对主义的自毁（self-undermining）问题，他还从两方面进行了考察。一方面，针对观点 p，说"p 是可接受的"可以引申为"p 对谁而言是可接受的"，主体具体的经验处境恰好是其进行价值选择的理由，因为人们实际持有的视角对其而言是唯一有效的立场。③ 另一方面，雷歇尔认为，差异化的价值反映了差异化的个体偏好，他主张每个人依据自己的处境坚持自己的立场是对多元价值的尊重。但是，既然个体化的经验如此重要，为什么"我"要组成"我们"呢？仅仅诉诸"我"的经验处境无助于解决不同的主体在价值问题上的分歧与冲突。尽管交往活动的参与者是具有差异的个体，但人们的经验差异并不总是实质性的，差异是他们了解彼此、融入对方生活的起点，从差异化的经验生活出

---

① 〔德〕尤尔根·哈贝马斯：《现代性的哲学话语》，曹卫东等译，译林出版社，2011，第346~348 页。

② N. Rescher, *Pluralism: Against the Demand for Consensus* (New York：Oxford University Press, 1993), p. 133.

③ N. Rescher, *Pluralism: Against the Demand for Consensus* (New York：Oxford University Press, 1993), p. 108.

发，通过对话与交往建构起新的、共同的经验生活，人们能够在尊重差异的基础上寻求共识。事实上，雷歇尔也承认，为了避免多元主义滑向相对主义，有必要设定一些交往活动的底线，他指出，"如果人们在什么可以被当作理由的问题上存在分歧……那么非理性就是难以避免的"，[①] 交往在这种情况下就不再可能。

因此，哈贝马斯的交往理论并不会像雷歇尔批评的那样成为特设性的。我们承认雷歇尔强调的差异性与主体间性能够带来多元价值和对个体的尊重，但是哈贝马斯主张以共识为指导的主体间的交往行为也可以容纳多元价值，新的共识来自存在差异的不同主体运用交往理性进行的对话，而这个过程本身就体现了交往活动的真正价值。

结　语

通过考察哈贝马斯和雷歇尔关于交往前提与目的的争论，我们不难看出，对于"交往过程中的共识与差异的优先性"问题的回答不是简单的非此即彼。雷歇尔注意到共识与一致性的关联，他担心一味追求共识会迫使人与人之间建立认同、达成一致。但是人们在经验处境方面的差异使他们形成各自的信念、做出不同的评价，体现了人的独特性与具体性。尽管主体间性刻画了一种根本的社会关联，但不意味着个性的隐退；相反，在强调价值多元性的当下，差异应该优先被承认。

然而，雷歇尔的上述担忧并非与哈贝马斯的立场不兼容，关键在于他所忧之事发生在个体之内还是个体之间。如果造成危机的是外在事物，那么强调差异是可行的，甚至是必需的。但是，哈贝马斯的思考主要针对现代社会关于理性的狭隘刻画：工具理性的同一性试图宰制一切。他强调目的行为并不是人类活动的全部，除了工具理性外，人类还有交往理性，它体现了主体进行交往的能力。交往是以沟通为取向的社会行为，而不是目的行为，听者不是说者实现目的的手段。[②] 一种新的合理秩序亟待建立，以应对现代性的危机，它不应该压制个体之间的差异，但又需要有效地解决不同主体之间现实的分歧与冲突。所以，哈贝马斯主张交往过程中共识是优先的。

---

① N. Rescher, *Pluralism: Against the Demand for Consensus* (New York：Oxford University Press, 1993), p. 152.

② 〔德〕尤尔根·哈贝马斯：《交往行为理论：行为合理性与社会合理化》，曹卫东译，上海人民出版社，2004，第 273 页。

因此，我们认为，在不同主体间的交往过程中，共识和差异是并行的，也是能够兼容的。关键的问题不在于经验生活给人们带来了不同的差异视角，也不在于共识是否意味着放弃不同主体的独特性，而在于求同与存异之间的平衡，存异是交往的底线，求同则是在尊重多元价值的基础上追求共同的、良善的生活，实现人类更崇高、更理想的目标。

作为隐喻的《麻风》：关于疾病叙事如何塑造危险"他者"的故事

唐一鑫[*]

"轻灵的鸽子在自由地飞翔时分开空气并感到空气的阻力，它也许会想象在没有空气的空间里它还会飞得更加轻灵"。① 谈起疾病与人类的关系，有描述疾病如何肆虐人类社会者，亦有宣扬疾病如何被人类消灭者，笔者却觉得用康德的这句话来形容颇为合适。人类如鸽子单向翱翔于时间之空，疾病无数次给予人类沉重打击，使人类的双翼伤痕累累。可是没有了疾病，人类会更好吗？进化论中提到，若只有一个物种的单向性发展，其终将灭亡，唯有在与其他生命体（致病的微生物无疑也是其中的重要部分）的相互竞争中才能发展和变异，才能实现进化。此外，疾病代表的死亡威胁或许是其令人畏惧的主要原因，在此意义上，疾病尤其是传染病的作用还在于唤起人类的敬畏之心，敬畏自然环境、敬畏其他生命，这也是人类继续生存繁衍的必要条件。

1983年，《瘟疫与人》的作者、历史学家麦克尼尔在评论一部有关黑死病历史的新作时，曾断言："使我们不同于我们的祖先并使当代体验全然有别于其他时代的那些事物之一，是传染病不再是人类生活中的一个严重因素。"② 进入20世纪，或许不少人仍对社会发展抱着一种"进化论"的观点，科技是日益进步的，技术加持下的人类，生活是日趋富足的，瘟疫早已属于历史。然而，席卷全球的疫情，给了乐观主义者们重重的一巴掌。瘟疫不仅为人类过去历史不可或缺的组成部分，在未来仍将与人类同行。

因此，将疾病放在中心位置书写历史具有重要意义。谈起《麻风：一种疾病的医疗社会史》（本文简称《麻风》）一书的写作，作者梁其姿坦言是

---

* 唐一鑫，武汉大学新闻与传播学院硕士研究生，四川省邛崃市委宣传部四级主任科员。

① 〔德〕康德：《纯粹理性批判》，邓晓芒译，人民出版社，2017，第5页。

② 〔美〕苏珊·桑塔格：《疾病的隐喻》，程巍译，上海译文出版社，2014，第152页。

把疾病当作历史主角的两位学者给了她灵感,一位正是麦克尼尔,他巧妙地结合生物科学知识与对世界史的关怀创造了人与疾病"相依为命"的历史书写典范;另一位则是福柯,他从疾病管理制度的重大演变出发探讨西方社会进入近代过程中的核心价值变化,为西方近代文明史立下重要理论。①

麻风是人类历史上最古老的传染病之一,在中国、埃及、美索不达米亚等大多数古代文明发源地都发现过其存在的痕迹。然而,西方对麻风病历史的看法,长期占据着关于此疾病最有影响力的话语地位。《圣经·利未记》的影响尤为突出,书中称麻风病患应该被送到"营外",因为他们不洁净,必须独居。② 梁其姿重新挖掘中国麻风史的理由之一,就是把这段历史回归中国的医疗、宗教、社会与政治脉络中,在中国的语境中讲述这个古老疾病的故事。中国人对麻风病的认识与麻风控制策略转变的历史,可以成为后殖民医学③"动态的、多地的历史"的一部分。

《麻风》一书中,作者先是在个人和宗教苦难语境中,后在新兴国族的集体焦虑语境中,梳理、分析了麻风病作为一种既被责难又可救赎的疾病的历史。在对长达数千年的麻风史的讲述中,不同时代的撰述者有不同的重点,唯一不变的是麻风病被持续污名化。它是污染的源头,违反了既有的秩序,引起了重新划分界线的行为与言说,让界限更加清晰坚固。

一 帝制时期的麻风叙事

(一) 文明的北方与野蛮的南方

现代汉语中的"麻风"一词,被认为出现于 15 世纪之前的文本中。根据编于公元前 2 世纪的医学经典《黄帝内经》,许多中国医学史家断定那时的"疠/癞"或者"大风"可与麻风病画等号。近年的研究发现,这些古老的词

---

① 梁其姿:《麻风:一种疾病的医疗社会史》,朱慧颖译,商务印书馆,2013,"中文版序"第 1 页。

② 梁其姿:《麻风:一种疾病的医疗社会史》,朱慧颖译,商务印书馆,2013,"导言"第 2 页。

③ 沃里克·安德森(Warwick Anderson)认为,关于医学与殖民主义关系的研究可能会成为后殖民主义的一部分。在关于后殖民主义的无数定义中,斯图亚特·霍尔(Stuart Hall)的分析框架可能最为贴切。霍尔认为,后殖民主义中的"后"可以理解为"被抹去/消除的",后殖民性的研究应能以"去中心化、流散性或'全球性'的方式重写早期以国家为中心的帝国式宏大叙事"——在"全球化"框架内重新表述现代性。详见 Warwick Anderson, "Postcolonial Histories of Medicine," in *Locating Medical History: The Stories and Their Meanings* (Baltimore: Johns Hopkins University Press, 2004), pp. 285-306。

语指称的疾病可能与麻风症状相似，但古代中国是否存在现今意义上的麻风病（汉森氏病）依然受质疑。① 尽管如此，帝国晚期的医家相信"癞"是"麻风"的旧称，无论表面联系多复杂，疠/癞/大风共同构成了现代生物学意义上"麻风"的漫长历史，成为中国麻风病社会文化史不可或缺的组成部分。

在帝国早期（公元前4世纪~11世纪），"大风"指宇宙或大气之风侵害人体造成的疾病，"疠/癞"则形容皮肤溃疡的症状。11世纪时，"大风"与"疠/癞"在医家（尤其是北方）的讨论中被合并为单一的"风证"。然而，宋金时期，大风/癞又被归入刚兴起的外科类，因其明显的外部特征，治疗需要操刀针，大多数精英儒医便对此丧失兴趣，处于社会边缘的道教术士成了它的主要医者和撰述者。及至明清，医籍中的认识有了新发展，因基本症状是皮肤麻木，"麻风"一词就此流行开来。

帝国晚期，主流的医学文献用比较谨慎的语言描述麻风与南方生态的类似关系，1742年颇具影响的医学丛书《医宗金鉴》提出了具有代表性的中原人观点："疠风，今人呼为大麻风。一因风土所生，中国少有此证，惟烟瘴地面多有之。"② 何为"烟瘴地面"从未从地理学的角度得到明确界定，区别与其说是地理上的，不如说是文化上的。

在前近代中国对大风/疠/癞漫长的医学认识史上，这类疾病被不断污名化，在道教术士成了主要的阐述者后，他们相信其具有通过虫/蛊传染他人的特点，凸显了疠/癞病神秘的危险性。麻风不再是"正经的"风证之一，而成了"他者"——边远地区半开化的南方人的疾病，南方被视为脏秽聚积，滋生毒气与恶疾的地方。16世纪起，它与通过性传播的南方"广东疮"（据认为某种类型的梅毒）的模糊联系，进一步使麻风患者背上污名，他们被视为道德败坏之人，耽于肉欲或生活无节制，因此被家人、朋友遗弃是顺理成章的。

为何遥远的"南方"在此时吸引了中原精英的注意呢？在早期帝国的秩序中，"南方"只是一个遥远、抽象的概念。宋代，随着政治、经济中心逐渐向长江下游地区转移，所谓的岭南地区在中国的文化版图中日益具体可见，认为自己代表了中原文化的某些文人学者，开始对这个切实可见的南方、半开化的边缘地区的人民和习俗感到不安。从明初开始，帝国正统的政治、文化逐渐渗透到最南部的地区，和当地人不断增多的文化交往促使人们重新论

---

① 梁其姿：《麻风：一种疾病的医疗社会史》，朱慧颖译，商务印书馆，2013，"导言"第4页。

② 梁其姿：《麻风：一种疾病的医疗社会史》，朱慧颖译，商务印书馆，2013，第143页。

述南方文化的独特性。

正如玛丽·道格拉斯在《洁净与危险——对污染和禁忌观念的分析》中所言，"只要在界限不稳定的地方，就会有污染的观念前来相助。身体跨越社会屏障会被认为是危险的污染……污染者成了被双重谴责的邪恶对象，首先是因为他跨越了界限，其次因为他给别人带来了危险"。①

（二）无辜的男人与邪恶的女人

在帝国晚期的撰述中，男性和女性身体对此疾的感受性也有差异。女性身体被描述为能够留住毒，不显露症状，因此尤为危险，她们被视为最危险的人。人们相信，麻风女想尽办法和无辜的男人睡觉，把疾病传给男人（通常是北方人），以求治愈恶疾，这种行为被称为"过癞"。随着这一观念的发展，注意力从作为政治或宗教人物，处于文明世界权力游戏的中心的男性身体，转向了在文明边缘的、冶艳而危险、具有传染性的女性身体。

这种习俗是对麻风病独特、奇异的文化建构，它通过在男性与女性、北方与南方、当地人与外地人、文明与野蛮之间制造一条持续到近代的分界线，把"我者"和"他者"区隔开来。② 女性患者的"治疗"包括把麻风病从半开化的南方传到界线的另一边，传给男人。过癞习俗的野蛮性质包含了几个元素：气候恶劣、地形险峻的烟瘴地区独有的疾病；南方人体质不同的身体，尤其是女性的身体；与主流的儒家伦理道德，尤其是贞节观背道而驰的习俗。③

不仅是北方人持此看法，来自南方当地的儒家学者对于中原/南方、文明/野蛮的界限也颇为敏感，他们试图把这些界限推向有利于自身文化地位的方向，争取把南方纳入文明世界之中。有当地学者认为，过癞习俗与普通的卖淫紧密相连，文明被污染根本不是个问题，普通的妓女污染了"不谨"的男人才是问题。④

（三）宗教语境：作为苦难的麻风，被谴责又可救赎

在中国的医学和宗教传统中，有两种互相矛盾却共同存在的"疠/癞

---

① 〔英〕玛丽·道格拉斯：《洁净与危险——对污染和禁忌观念的分析》，黄剑波、柳博赟、卢忱译，商务印书馆，2018，第171页。
② 梁其姿：《麻风：一种疾病的医疗社会史》，朱慧颖译，商务印书馆，2013，第140页。
③ 梁其姿：《麻风：一种疾病的医疗社会史》，朱慧颖译，商务印书馆，2013，第142页。
④ 梁其姿：《麻风：一种疾病的医疗社会史》，朱慧颖译，商务印书馆，2013，第145页。

观"——一方面，被视为恶鬼或罪孽深重之人化身的癞病人，被法律定罪受到宗教传统的诅咒；另一方面，病人又因其丑陋可怕的外表成为宗教救赎的对象。

1. 佛教

佛教思想中，严重的疾病，尤其是那些皮肤上有显眼而丑陋的外部症状的疾病，是今生或前世所犯罪行的报应。癞病的典型症状，包括肌骨腐烂、发臭生疮，被认为是病人内在道德败坏的反映。依佛教传统，破坏塔寺、剥脱道人等行为都应受到癞病的惩罚。更重要的是，道德败坏导致的疾病可以从一个人传染给另一个人。

但正因为这些疾病的严重性和污染性，中古时期的佛教认为其最能测试把污秽境况转变为神圣佛境的净化力。救赎、净化或驱除疾病成了对照顾病人的僧侣的测试。这些观念深刻影响了社会，并延续到帝国晚期的医书中。疠/癞病人有罪的、被污染的身体成了佛教宣扬通过信仰、慈悲和牺牲获得救赎的重要工具。6世纪、7世纪建立的"疠人坊"通常和佛寺有关，但并非隔离机构，而是展示佛教信仰和慈悲的橱窗，是举行净化仪式的地方。在佛教的神迹中，重点通常不是疾病患者，而是其宗教信仰、慈悲和自我牺牲使得治愈成为可能的僧人，故事主要突出僧人治疗者超越常人的宗教或道德地位。

2. 道教

道教更感兴趣的是治疗过程——道长通过举行仪式或禁欲进行自我治疗。自我治疗更是叙述重点，包括修身与养性。一个人必须弃绝世俗的所有欲望和愉悦，起"悔心"，只有通过道德的提升、清心寡欲、服食丹药并配合特殊的身体技巧才能获得救赎。

疠/癞病人腐烂、垂死的可怕身体转变成不朽或近于不朽的身体，代表了道教修身养性观的主旨。从10世纪开始，道教的治疗和驱邪仪式大兴于朝野，并得到朝廷支持。宋代的文献表明，"疾病……被完全归咎于鬼怪，以及其职责为阻挡这些鬼怪的小神明。中古时期疾病与道德之间的联系已被隔断"。[①] 此后的疠/癞病人更多从道士的驱邪仪式中寻求救赎。在道教传统中，治疗者和患者都被放在了舞台的中心。而且，治疗者和患者之间的界限含混，因为后者有可能得道成仙。

3. 儒家

儒家和佛道传统中救赎的基本区别在于，儒家美德的表现是在世俗社会秩序之内，通常在家族或家庭的背景下。帝国晚期，因为照顾患麻风病的亲

---

① 梁其姿：《麻风：一种疾病的医疗社会史》，朱慧颖译，商务印书馆，2013，第92页。

属而受到道德褒奖的故事更多了。照料者和病人之间特定的血缘关系或友谊的纽带是救赎的关键。对朋友忠诚、孝顺患癞病的父母、节妇对有病的丈夫不离不弃……这些显示"道德高尚"而能治病的题材在民间广泛流传。在儒家传统中，没有非同凡响的治疗者或具有神奇医术的圣人，奇迹通常由俗世中人的高尚行为创造。

佛道儒对救赎的诠释，体现了帝国晚期所传承的疠/癞观念的复杂性。不同却互补的体系，建构了复杂、有时自相矛盾的麻风病人形象。但是，这三个体系中病人被救赎的身体指向了一个共同特征：他们看得见的、有问题的身体，通常属于男性。尤其在佛道传统中，故事主角常为权欲熏心的政客、无私的圣僧、驱邪的道士、垂死的丈夫。直到 14 世纪对妇德的崇拜愈演愈烈，视妇德为拯救疠/癞患者的有效道德表现后，妇女才进入此种场景。妇女扮演了照顾者、牺牲者或殉难者的角色。丈夫的患病是妇女赢得官方旌表的良机，是能被载入帝国官方史册的几乎唯一途径。得了恶疾即意味着为天所弃，原本可以合法解除婚约的女人却坚持履约，在时人眼中是引人注目的道德表现。

清末出现的许多儒家故事，把原本的习俗故事改编为重病沉疴者因高尚道德而得到救赎的故事。在一部以麻风贞女为题材的戏剧《病玉缘传奇》（1913 年）中，因封建与迷信而病入膏肓的国家，因贞女的麻风病得以治愈，更因她以科学治疗方法取代封建迷信的过癞习俗，而得到了象征性的救赎。①故事的重点从个人的悲剧与救赎转向集体和国家的苦难与拯救，慢慢地走出了宗教范畴，成为社会和国家的问题。"过癞"不再被视为未开化的南方的古怪之俗，而是被视为帝国的封建行为，阻碍中国从一个腐败的帝国转变为健康、道德国度的现代化进程。落后、堕落、迷信的过去与进步、道德、科学的未来之间的对比通过过癞习俗的废除呈现了出来。

二 新兴国族的麻风叙事

（一）"卫生彰显的现代性"

辛亥革命后，越来越多的西方人，包括传教士、医生和其他专业人士涌入亚洲。中国，正如伦敦大学南亚史教授阿诺德所描述的印度，"（西方的）

---

① 梁其姿：《麻风：一种疾病的医疗社会史》，朱慧颖译，商务印书馆，2013，第 149 页。

科学与医学把此地描述为异域，其居民为异族"。① 麻风控制犹如一个隐喻，和从清末开始一直持续到 20 世纪上半叶的艰难的国家建设过程相连，成为中国"卫生彰显的现代性"构建中的重要问题。

对西方而言，在工业革命和帝国主义时代，和麻风病有关的旧隐喻在现代世界的语境下变得意味深长。一种观点是麻风与患病者代表了种族退化，即某些种族特别易得麻风病，尤其是炎热国度肤色较深的人种。麻风病也被看作处于文明某个阶段的人种所特有的疾病。不少西方专家认为麻风病侵袭那些居住在瘴气弥漫、被"野蛮"的生活和生产方式污染的环境中，具有某种遗传体质的种族。② 而中国人则是那些居住在瘴疠地区，退化的、半开化的种族之一，他们眼中的中国总体是个瘴气弥漫的热带国家。讽刺的是，"瘴气论"与中国传统麻风观如出一辙。对中国人而言，南方人是主要的患者；而对西方人而言，所有中国人都是南方人。

更糟糕的是，"中国人"被视为具有传染性。华工正流向世界各地，国际上纷纷指责中国把有麻风病的苦力输入本国。1873～1874 年挪威医生汉森发现了麻风杆菌，证实了麻风的传染性之后，欧美各国对麻风病大流行的恐惧日渐增长，导致了一系列针对华人移民的指控，成为 1882 年美国国会通过排华法案的原因之一。但汉森的发现并没有立即结束欧美各国关于麻风病通过遗传传播的讨论，此发现不过造成了混淆、招来了怀疑。

19 世纪最后 20 年的事件影响更为广泛深刻。一是比利时的戴勉神父（白种人）感染麻风后去世；二是 1897 年在柏林召开的第一届国际麻风大会宣布麻风病无药可治，唯有隔离能遏制传染。传染说被接受之后，隔离也成了中西方的普遍共识。

（二）隔离：重塑国体的努力

作者认为，西方的轻蔑，打击了中国民族主义者的自尊心。社会感染疾病的部分必须切除，而健康的身体得保护起来，远离危险的传染。把病患扔到麻风院是彻底消灭"麻魔"的一个步骤，民族主义者们要求实行更严厉的社会规训，并期待新政府展示自己的权威，因为这对于改善中国人种是必要的。

19 世纪、20 世纪之交，中国的隔离模式有三种：没有完全消失的传统麻风院模式、教会模式、非宗教的"国民政府"模式。

---

① 梁其姿：《麻风：一种疾病的医疗社会史》，朱慧颖译，商务印书馆，2013，第 158 页。
② 梁其姿：《麻风：一种疾病的医疗社会史》，朱慧颖译，商务印书馆，2013，第 164 页。

　　许多麻风院在清末数十年运作尚佳，因为有政府定期的资助和病人捐助的钱而能自给。传统的麻风院运作依靠如下几个方面：联系紧密的社区；政府信任的麻风头，他们对当地疫情了如指掌，充任政府和社区之间的中间人；默许一定程度的贿赂。在中国本土的医学专家和积极分子眼中，传统的麻风院被遗忘、忽视或斥为无用，他们认为中国对麻风病患坐视不管，许多传教士也接受了这个偏见。作者猜测，忽视传统麻风院的可能原因在于，这些旧制度与传统社会结构深深地交织在一起，而这正是民族主义者想要废除并用新的社会秩序取代的东西。① 首先，他们不信任地方的中间人，任何形式的腐败都被视为封建时代的特征而不能被容忍，崭新中国的重建应该立基于全新的社会结构和权力关系。其次，麻风病无药可救的假设是无法被接受的。现代的身体，只要妥善规训，应该可以由现代、科学的西方医学治愈。19 世纪、20 世纪之交，人们对现代中国社会理想化的愿景和对麻风病治疗方面医学进展的不切实际的认识，使民族主义者积极分子把传统麻风院排除在了可行的模式之外。

　　教会的麻风院引起了更多兴趣，它们受到在华西方殖民势力的保护，被认为是西方现代科学与医学的载体。早期的天主教麻风院规模小，以传教布道为宗旨，被中国精英认可的大麻风院直到 19 世纪 80 年代才开始建立，当时传染说逐渐流行，新教的国际组织麻风救济会的影响不断扩大。1921 年，麻风救济会在上海成立东亚分会，为 5 年后成立的中华麻风救济会铺了路。1887~1940 年中国至少建了 51 个麻风院，其中 26 个与麻风救济会或中华麻风救济会有关。这些麻风院的建立是为了隔离、治疗、通过劳动和宗教活动转变病人的道德和精神。但是，教会模式很快便被民国时期的社会知识分子否定，首先是因为过于强调宗教活动导致医疗工作太薄弱，还因为他们对病人的隔离不够严格。中国人想要的是有效的制度，要么能够消灭中国的麻风病，要么至少把病人和健康人区隔开。作者认为，民族主义者的关注重点在于，麻风病是个需要从根本上、尽可能有效地、最好由中国人自己来解决的国耻，任何懈怠都可能导致传染。②

　　在辛亥革命 10 年之后，国民政府的模式开始引人注目。袁世凯去世，军阀割据、混战不休，这种局面促进了强烈的民族主义情绪，一系列反帝国主义、反基督教运动和对西方科学与民主如饥似渴的追求正是这种情绪的反映。

---

① 梁其姿：《麻风：一种疾病的医疗社会史》，朱慧颖译，商务印书馆，2013，第 191 页。
② 梁其姿：《麻风：一种疾病的医疗社会史》，朱慧颖译，商务印书馆，2013，第 201 页。

中国政府对隔离的态度，在 1927 年初将英国圣公会差会建立的杭州麻风院收归"国办"中体现得更为明显，政府对这个原基督教机构做出了两个重大改变：首先，严格禁止宗教聚会和《圣经》研读；其次，实行极其严格的隔离，俨如监狱。此模式的推动者不久后便发现，由于缺乏必要的资源维持强硬政策，他们不得不妥协，与传教士合作，采取部分实现目标的混合模式。中国政府的责任是找出麻风病人并把他们送到麻风院，用武力禁锢，传教士则负责管理麻风院，提供治疗。但是，双方的合作从一开始就不稳定，因为它是图方便、靠武力，而不是建立在真正的信任关系上。双方互相怀疑、轻视，各有图谋且并不总是互相调和。

三　中华人民共和国的麻风叙事

从 20 世纪下半叶开始，麻风病的传染病学史进入了新阶段。随着磺胺类药物越来越多地用于治疗，麻风病得到了更好的控制，冷战后人口迁徙的减少似乎也平息了公众对疾病全球传播的恐惧。[①] 新中国成立后，麻风控制工作以建立全国性的隔离村网络为重心，被列入政治议程，成为证明成功政府的有力指标。

根据世界卫生组织对消灭麻风的定义（患病率在万分之一以下），1982年中华人民共和国实现了在国家层面消灭麻风病的目标，1992 年，以省（自治区、直辖市）为单位达到世界卫生组织"基本消灭麻风病"的标准。1988年，专家们提出，按照中国自己更严格的消火麻风的标准，即患病率小于十万分之一，到 1997 年可以消灭麻风病。

制定完整的国家卫生政策是 1949 年后中国的主要任务之一，中国有意识地将此政策作为国家建设策略的关键因素，不仅旨在改善人民的健康状况，而且也是为了实现社会主义理想，树立民族自豪感。

从 20 世纪 50 年代到 80 年代初，国家麻风防控政策的重点放在了农村地区麻风村的建立上，它是一种由流动或固定的医疗队提供基本的医疗服务，便于"自足"的单位。各级麻风村、防治所和医院的网络的建立，让"麻风控制的纵向规划"得以实施。在 1982 年世界卫生组织宣布中国已经消灭麻风后不久，中国开始更积极地参与世界卫生组织的计划，成为国际社会在麻风控制问题上的主角之一。

---

① 　梁其姿：《麻风：一种疾病的医疗社会史》，朱慧颖译，商务印书馆，2013，第 218 页。

四 今天的故事未完待续

当今，电子科技、交通工具的发展极大地改变了现代人对于空间的感知，麦克卢汉在20世纪60年代提出的"地球村"概念早已为我们所熟悉。① 可是，面对2020年的疫情，"世界公民"们或许会对目前存在的某些逆全球化现象感到疑惑、沮丧。

除了当下的行动之外，或许更重要的是如何讲述这个故事。行动转瞬即逝，记录才是其曾经存在的证明。在知识社会学中，交谈被当作重要的现实维护工具，在语言把流变的经验转换为融贯的秩序过程中，其既帮助人理解了世界，又创造了世界。② 笔者认为，把这里的口语转换成文字的语言，同样适用，甚至影响更为广泛。伦理学家麦金太尔也阐述了类似观点，"叙事形式对于理解他人的行为之所以是适当的，是因为我们都经历了我们生活中的叙事，而且我们就依据我们所经历的叙事来理解我们自己的生活"。③

不止于对当下的影响，麦金太尔看得更远，"所有的现在都渗透着对某个未来的某种想象，并且这种未来的想象总是以一种目的的形式呈现自身，而现在的我们要么正向这个目的运动，要么没有"。④ 未来人类将去往何处？无人可准确预知。但笔者相信，不仅是行动，今天我们讲故事的方式、叙述内容、讲述者都能影响航向。

最后，笔者想借用桑塔格的话为那些真诚善良的讲述者们打气——"使疾病获得意义（以疾病去象征最深处的恐惧）并使其蒙受耻辱的那个过程，相沿已久，似乎不可遏制，但挑战它总还是值得的，而且，在现代世界，在那些愿意成为现代人的人们中间，它的可信性似乎越来越有限了"。⑤

---

① 〔加〕马歇尔·麦克卢汉：《理解媒介——论人的延伸》，何道宽译，商务印书馆，2000，第22页。

② 〔美〕彼得·伯格、〔美〕托马斯·卢克曼：《现实的社会建构：知识社会学论纲》，吴肃然译，北京大学出版社，2019。

③ 〔美〕阿拉斯戴尔·麦金太尔：《追寻美德：伦理理论研究》，宋继杰译，译林出版社，2003，第268页。

④ 〔美〕阿拉斯戴尔·麦金太尔：《追寻美德：伦理理论研究》，宋继杰译，译林出版社，2003，第273页。

⑤ 〔美〕苏珊·桑塔格：《疾病的隐喻》，程巍译，上海译文出版社，2003，第161页。

跨文化交流的难题

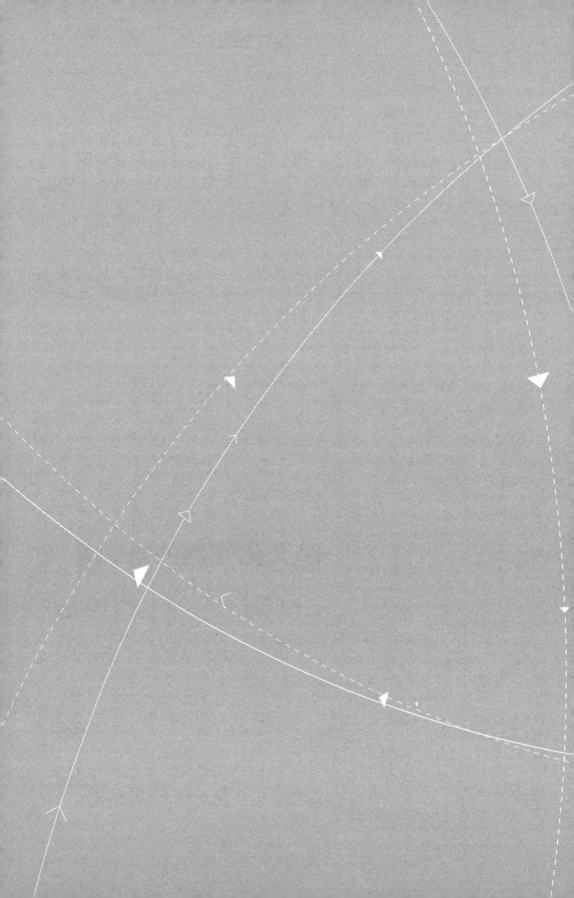

《恋地情结》：跨越空间
与地方的人文之旅

李孟名*

青山绿树，大漠苍穹，不同的景观带给人不一样的观感，而拥有不同感知经验的个体，所见之景也彼此有别，人文地理学对人地关系、空间与地方的思考，与跨文化传播的空间问题遥相呼应。借由《恋地情结》，笔者走进了人文地理学代表学者段义孚的地理世界。

段义孚（Yi-Fu Tuan），美籍华裔地理学家，人文主义地理学之父。英国皇家科学院院士、美国艺术与科学院院士。长期任教于明尼苏达大学与威斯康星大学。代表作有《恋地情结》《空间与地方》《逃避主义》等。从中国、澳大利亚、菲律宾到英国、美国，辗转于不同文化空间的段义孚，是一名真正的世界主义者。他的世界，从行为和事件走向了观念和思想，超越了狭隘的地方主义，拥抱了更为辽阔的人类文明。

一 "恋地情结"词源与基本概念

"恋地情结"（topophilia）最早是由英国诗人约翰·贝杰曼（John Betjeman）提出的抒情词，以表达对某一特殊地方的喜爱。另一位英国诗人奥登（W. H. Auden）借用其赞扬充满历史感的景观（landscape）。在法国哲学家加斯东·巴什拉（Gaston Bachelard）的著作《空间诗学》（*The Poetics of Space*）中，该词传达人们在空间里体会到快乐幸福的状态，巴什拉旨在说明"空间并非填充物体的容器，而是人类意识的居所"，[1] 由此为理解空间与地方插上了情感与想象的"翅膀"。此后，段义孚将"恋地情结"直接发展为人文主义地理学的专业术语，用以强调"地方不仅是由山川、河流等自然要素构成，也

---

* 李孟名，武汉大学新闻与传播学院博士研究生。

[1] Gaston Bachelard, *The Poetics of Space* (Boston: Beacon Press, 1994), p. 65.

由人的主观认知和历史文化经验所生成，其生成的方式离不开符号性的表达和传播，特别是存在于不同文化中的宇宙观和信仰体系"。

《恋地情结》英文原版 *Topophilia: A Study of Environmental Perception, Attitudes, and Values* 出版于 1974 年。在段义孚十余本人文主义地理学著作中，这是第一部。在这本书中，段义孚反思了地理学科脱离人类关系和人类个体的发展趋势，从见物而不见人转向发现、描述人们心中的地理世界，主张地理学家构造综合认识，去探索复杂性并进行现实描述。该书的副标题"A Study of Environment Perception, Attitudes, and Values"（"环境感知、态度和价值观研究"），用意在于表达以了解人类自身为基础讨论环境问题，因为环境问题从根本上来讲是人文问题，受到心理、生理、动机、信仰等因素的深刻影响。不过，作者并没有否认实证研究的意义，在他看来，人文主义地理学和实证主义地理学能够互相成就。

段义孚在序言中对"感知、态度、价值观"三个彼此联系而又有区别的关键概念进行了说明，[1] 用以阐述人的主体性地位和文化经验与环境的互动关系。

感知：外界刺激在感觉上的反应，把特定现象主动而明确地镌刻在脑海，其他现象被忽略或者排斥

态度：属于文化范畴，是一个人与世界面对面的方式，隐含着经验，以及对兴趣和价值的某种牢固看法，比感知更为稳定

价值观：由结构联系起来的态度和信仰系统，小部分是个性化的，更多是社会化、概念化的经验

这本书从人的感知和心理模式出发，落脚在世界观、价值观的形成和它们于空间结构上的投射，全书既有历史性的回顾，也讨论到现代化席卷而来背景下城市化空间结构。以人文地理学的"文化"转向为索引，笔者将以"地域之间文化交流和碰撞对世界感知的影响"为重点展开分享。

二 文化经验与感官偏向

影响感官偏向的因素之一是特定族群中面对客观环境以生活方式传承下来的经验，这些经验逐渐成为族群文化的一部分。譬如，现代性条件下城市

---

① 〔美〕段义孚：《恋地情结》，志丞、刘苏译，商务印书馆，2018，第5页。

居民通常认为，空间由边界和物体组成，当里面没有可见的物体时，空间即是空的，这一判断更多仰赖视觉和触觉，但对生活在北极地区的因纽特人来说，空间是流动的，每时每刻都在创造自身的维度。因纽特人需要时刻让自己的感官保持警惕，尤其在天地似乎融为一体的极冬，他们不能依赖永久的地标为参照点，风的气味和方向、雪的类型、冰的裂缝、双脚对冰雪的感受成为他们的行动向导。在看不见地平线的日子里，他们生活在依赖嗅觉和听觉感知的空间中。可以说，严酷环境带来的挑战锻炼了部分人群部分感觉的敏锐性，比如"生活在克拉哈里沙漠的布须曼人可以从 50 多种足迹中分辨出一只羚羊刚刚留下的一组脚印，并准确判断个头大小，公母，心情如何。还能根据生态植物学特征判断哪里有可供食用的水果和块茎"。①

如果以上例子不足以证明文化对感官偏向的影响，那么将目光转向人类群体对后代的哺育过程就能看到，成长的社会文化环境，常常以无意或有意的方式，影响到孩童感官的开发。生活在农耕文化和游牧文化下的孩童，玩耍的主题总会存在差异。这也是作为同一物种的人类相对于其他灵长类动物的特性，那便是孩童成长的过程伴随着前人精神过程的产物，如语言、神话、诗歌、人造环境……孩子的行动和探知过程由文化价值观所引导，感官的开发和应用呈现出差异。

我们感知到的对象还与自身的主观意图和感知范围有关，南加州的沙漠对于西班牙殖民者来说是穷山恶水，而对于本地印第安人来说却是衣食富足的家乡。感知范围指的是人类可建立起感性理解的范围，人类可感知的尺度是有限的，日常生活中我们看不见微小的细胞结构，也难以想象遥远的星际距离，虽然科学仪器能给出抽象的数据和观测图像，但人类主观上难以生成感性认知。

诉诸感性理解的需求，并非否认人类理性的必要。"人类是处于理性化过程的动物，而不是一种理性的动物"，② 段义孚援引精神分析学家和心理学家的研究，从脑的进化角度给出解释，从本能脑的生理需求到边缘脑发展带来的情感冲动，再到分化出能进行计算和形象思维的脑皮层（新皮质）。大脑的新皮质"承载力"极强，能承载受低级脑组织驱使产生的行动，即便是我们以为全然由理性逻辑判断做出的决定，也内含着情感驱使要素，实际上我们的全部思想都充满着感性要素，它们被囊括在复杂的概念和计划里，产生足

①　〔美〕段义孚：《恋地情结》，志丞、刘苏译，商务印书馆，2018，第 15 页。
②　〔美〕段义孚：《恋地情结》，志丞、刘苏译，商务印书馆，2018，第 17 页。

够的情感动机，为行动提供理由。

在万千事物中建立起易于识别的模式，并赋予情感意义的行为是人们诉诸感性需求的"理性"行动，能达成从感知到态度的过渡。不同社会文化中，人们在联系自然事物的编织网络的同时，也对宇宙形成的元素进行了带有生活经验印迹和族群信仰的猜想，还赋予了元素、分类、方向以不同的情感含义。当我们面对不了解的文化时，会觉得其中宇宙模式的联系极具主观性，但对当地人来说，这些联系和类比属于事物的本质，而无须理性分析。

三　民族文化建构心理模式："中心"的追逐

民族文化对心理模式的建构，一方面阐述了中心主义心理模式的形成原因，另一方面提供了与"中心"即为"优越"的理解不一致的例证。

在提出民族中心主义是个体自我中心主义的集合观点时，作者指出了两者存在差异，个人中心主义的臆想很容易在应对生活挑战过程中被击碎，因为社会生活需要和他人的协作配合，然而，群体"自给自足"的假象更容易维持，因而带来民族中心主义的传播和延续。受制于过往的隔阂，人类有限的经验为民族中心主义提供了滋生的土壤。民族中心主义在不同民族群体中表现不一，如波斯人，尊重离他们最近的民族，认为这些民族略次于自己，以此类推，离得越远的民族，尊重程度越弱。新墨西哥州西北部的印第安人有五个主要族群，彼此还有往来，但每个族群都默认其他族群是不完整的人，在各自族群中都有形容人之为人的特定词汇。民族志采访中让他们假想洪水席卷该地区，每一族群都只想重建自己的族群，而不是能够传承当地所有文化的乐土。

"幻想身处优越或中心地位，似乎是文化能传承下来的一项要素"，① 于是，一些现代性民族国家保留了过去中心主义的世界观，在对"优越中心"的信念里，强调凝聚群体力量，如戴高乐向法国人宣扬要重塑法国的中心地位，大英帝国曾经也认为自己是全世界的枢纽，但当现实打破缪想时，它们便开始重新寻求新的国家形象，在切合实际的同时以鲜明的特点来维持必要的民族自豪感。作者选取了一张广受欢迎，曾出现在英国教科书里的"世界地图"作为例证，这张地图里虽然较为准确地呈现了陆地轮廓，但是制图者将英国绘制在了完美意象"圆形"的中心。另一个特点鲜明的例子是中世纪无实用价值（无法应用于航海）的地图，它们更多传递出一种文化经验和信

---

① 〔美〕段义孚：《恋地情结》，志丞、刘苏译，商务印书馆，2018，第 44 页。

仰：世界以信徒朝圣地耶路撒冷为中心。把有限的经验纳入抽象的图示中，也是尊崇、践行文化的过程。

从地方命名的发展我们也能找到民族中心主义的例证，如欧洲是宗教战争后的人们出于找寻同根同源的需求所创造出的统一化定义，而亚洲是以一种否定化的形式来定义的——"非欧洲"的地区，所以才出现了"近东""中东""远东"之类的叫法，同属于"亚洲"范畴的"亚洲人"概念也是来自欧洲人的指称。不过，"亚洲"这个词也在后来为需求而利用，体现在二战期间的日本就曾刻意挖掘"亚洲"的内涵，建立属于"亚洲人的亚洲"，为的是将所占领地区人民的愤怒转移给反法西斯同盟。

然而，并非所有的民族都有中心优越感，有些地方的人们认为存在高高在上的种群居住在自身所处的世界之外，阿兹特克人被西班牙人征服，原因之一在于当地族群崇尚白色，这给征服者带来了心理优势。虽然作者这样解释，但因为阿兹特克人及其民族文献留存甚少，我们也不能否认西班牙殖民者利用其民族内部矛盾和带来天花等传染性疾病对该民族的毁灭性打击。此外，中心的位置不总是具有神圣性。无论是什么时期的民族中心主义，都可能被想象力所压倒，如启蒙运动中的一些哲学家们把欧洲看作黑暗的中心，从对其他民族事迹的光辉渲染中来讽刺、抨击专制的政府和偏执的宗教机构。

四 地域间文化交流和碰撞对世界感知的影响

（一）文化里的幻象与矛盾的调和

这部分有一个有趣的问题："幻象能否作为一种惯常事件出现在某种文化里？"作者以奥吉布瓦族（Ojibwa）讲述食人怪的经历说明，"个体的感知会被传统信条所禁锢，以至于客观上无害的刺激激发了最大的恐惧感。相比于外界刺激本身，文化里蕴含的思维定式更能解释他们的行为"，[1] 对这里的行为亦真亦假的描述，既包括个体对环境的感知，也带有视角经验影响下的解读。对这些族群来说，"真实"的讲述不是对所获得信息的客观认识，而是为主观所接受、认可的那部分个人经验。并且，他们认为他人的视角只是一种可能性，自己的才是真实的。

不同群体对于同一环境的评价受到所属文化经验的影响，以生活在新墨西哥州的族群为例，同属于印第安人的祖尼人和纳瓦霍人，他们采集、渔猎

---

[1] 〔美〕段义孚：《恋地情结》，志丞、刘苏译，商务印书馆，2018，第86页。

的活动不仅是为了基本生活保障，还有仪式性的意义。祖尼人在舞蹈时用松枝作装饰，纳瓦霍人在治疗仪式上使用某些植物，然而这些族群还觉得彼此古怪。祖尼人和纳瓦霍人的世界观有共通之处，如相信万物有灵，和谐是他们价值观的核心，可是他们还是产生了对社会生活和自然环境的不一样的感知和态度，如祖尼人认为"美"的画面是辛勤劳作之后喜获丰收的情景，"丑"是生活中的艰辛和人本性中的险恶；纳瓦霍人认为"美"是郁郁葱葱、供养生命的景观，"丑"是自然规律的紊乱，如土地干裂、疾病肆虐和异族人入侵；等等。前者注重人际关系和社会生活，而后者更倾向赋予景观恒定的象征意义。可以看到，不同族群对世界的认识并非迥然不同，但他们的人地观和人际交往观都带着文化经验的印记。

自然环境的二重性对人们结对、二元认识事物起到了推波助澜的作用，如山与水、天与地、森林与草原，对于刚果雨林西南部的雷利族人而言，男性的专属地是打猎采集地森林，女性更多出现在培育花生等作物的草原。在感性理解中，人类倾向将连续的自然界划分成段，结成对，并赋予相反的含义，然后纳入第三股力量进行调和。如中纬度地区人们对季节的划分，设定节气标志季节性的过渡。即便是自然边界不存在的地方，人们也会因为某种优越感把自身的地域凸显出来，划分出神圣与凡俗、中心与边缘。在荣格学派的精神分析学家看来，圆形是人们用来调和矛盾的意象代表。圆形作为完美的象征对西方世界观产生了极为深刻的影响，人们因此偏爱规则且对称的布局，并假想世界结构也是如此。另一个调和矛盾的例子是神话，神话为调和人类生与死之间的矛盾而创造，不少神话、民间故事和传说都反映了人们对理解和接受死亡做出的努力，譬如把死亡看作通向极乐世界的旅程，又或是上天的恩赐。

（二）本地人和外来人所持有的环境态度

外来人从审美的角度来评价环境，本质上是一种置身事外的视角，而想要理解当地人的生活和价值观，并不能基于猎奇游历的心态。游客会赞美每一个犄角旮旯，把从中世纪就留下来的古街区描绘得如诗如画，而忘记去想一想生活在其中的居民到底过的是怎样的生活。不过游客的判断也有参考价值，主要在于提供新鲜的视角，因为环境中的因素有一些对本地人来说已经观察不到或者选择性无视了，如英国工业革命时期，人们在煤油气味中悠然自得地乘船游览泰晤士河。外来人的立场简单，表述直接，而本地人所持有的复杂态度，是通过行为、习俗、传统和神话传说等方式间接表达出来的。

环境态度的历时性变化也是作者的观察角度，因为地方居民对待环境的态度并非一致的，受到社会经济条件、主观需求等结构性因素的影响。18 世纪中叶，美国的农民群体和市民群体就产生了分歧，前者努力开垦荒地，后者倾心于野趣，后者还对前者表现出程度不一的轻蔑，两种环境价值观的对立愈演愈烈。但也有一些思想开放的哲学家对贬低前者的行为进行了反思，如威廉·詹姆斯（William James，1842~1910 年）写道："那些林间空地，对我来说不过是有碍观瞻的丑陋画面，而对他们来说则是美德的象征，唤起了他们美好的回忆，歌颂着他们的责任、奋斗和成就。"① 20 世纪下半叶，一些东部文化观念（浪漫主义）继承者们批评美国西部城市加油站、冰激凌店和站立式快餐厅显得杂乱无章，影响风貌。但"站立式饭馆"的经营者们却为自己生意的成功和在社区的地位而自豪，就像森林里的伐木工把自己脏兮兮、长满老茧的手看作独立生存、艰苦奋斗然后获得成功的勋章一样。

（三）环境态度的历史演变：以山岳为例

自然景观中同时存在可变和暂时难以改变的因素，可变的部分，如体现出技术与经济发展的建筑风格，因技术的革新、市场的动向和人们对食物的偏好而变化的农田地利用方式。但自然界有些因素不会轻易顺从人类，如高山、沙漠和海洋。面对难以驯服的自然要素，人类一般会采取情感化的应对方式，或视作神圣之地，或看作魔鬼的栖息地，到了现代，我们心理反应中的情感因素开始减退，但对大自然态度中存在的一些美学印象无法随意抹掉。

作者以山岳为例，讲述人类历史早期，高高在上或危险重重的山岳印象存在于很多文化中，希伯来人将山岳视为圣者的标志，但古希腊人对山岳同时怀着敬畏与厌恶之情。罗马人对山岳的态度往往冷漠超然，充满敌意。中国的神话传说中，似乎每座山都有神灵。中西方对山岳的审美虽不同步，但是轨迹相似，都是从恐惧、逃避的宗教意味演化到崇敬、赏玩的审美情趣，诗人画家作品里的山岳情感影响了各个领域，作者指出康德从来没有见过高山，却使用了一个与阿尔卑斯山景色相关的词语来定义"高大雄伟"的概念。近现代山岳被认为是供人们休闲娱乐的资源，疗养康健之地。

人们对山岳的情感接纳还与审美风向的变化关联，在整个 18 世纪，实证科学推翻了人们对几何和规则形状的事物认知，人们认识到地球不是完美的

① 〔美〕段义孚：《恋地情结》，志丞、刘苏译，商务印书馆，2018，第 151 页。

球体、大地轮廓的崎岖和地表景观的多样，山岳的科学探险使人们开始接纳不规则的现实。随着中国风在欧洲的兴起，欧洲人对中式景观的好奇和接纳进一步削弱了对规则形状的审美偏好，为山岳的鉴赏提供了契机。

（四）差异和相似环境下派生的不同世界观

客观环境的差异会影响人们的世界观和信仰，作者比较了美国西南部村居的印第安人和非洲刚果的俾格米人的生活图景，印第安人生活在半干旱的高原，对节令太阳规律的观察和进行祈祷仪式与农事生产紧密相关，他们在太阳升起时撒玉米粉祈祷，因为玉米代表了他们的身体和灵魂。而俾格米人的世界如"布袋"般，他们不认为上有天堂下有地狱，在他们的观念中，太阳不是划过天际的圆盘，而是地上的光斑。雨林的季节变化微不足道，所以他们也没有节令的观念。长期生活在雨林也让他们缩短了视距，认为一切事物都应该近在咫尺，从而没有近大远小的概念。俾格米人的行动时机更具有主观性，没有明确的规律，不过他们也有一项共同的季节行为标记：每年6月前后，族群分小组在森林中寻找蜂蜜，然后重新组合成新的狩猎组。"这种活动有助于化解旧的矛盾，缔结新的友谊。"①

即便是相似的自然环境，对自然不同的感知方式也会带来不同的世界观。作为对比例子的是生活在相似环境（缺乏降水，农业发展依靠大河）的埃及人和美索不达米亚人，埃及人的宗教史是在太阳和尼罗河两股力量交织下发展的。他们对世界的看法体现在所兴建的金字塔和宇宙间准确的方位关系上，如入口处指向天空的坡道正对着北极星，而北极星在他们的文化里象征亡灵的归宿。美索不达米亚人的世界观和水联系紧密，在他们的神话传说里，世界起源被描述为三种元素（甜水、海水和雾水）组合成的混沌，元素的融合诞生了神明。需要指出的是，虽然他们的宇宙观反映出了自然环境的部分特征，但并不能忽视经济和政治因素的影响，比如他们的观念"城市是神的财产"，明显为神权政治服务。不过作者认为，美索不达米亚人的城市建筑，相较于政治更多反映了人们的宇宙观，如和山峰一样的通灵塔，也被视作世界中心的象征，是通往天界的阶梯，也是有纪念性的祭坛。对于修建原因有多种解释：一说发生了干旱，一说是对上天恩典的感念。无论是金字塔还是通灵塔，作为超越地平线的建筑符号，都展现了人们与神圣天空建立连接的渴望，可以看到，人们的世界宇宙观念，会成为指导他们在所处的社会环境里

---

① 〔美〕段义孚：《恋地情结》，志丞、刘苏译，商务印书馆，2018，第103页。

行动的准则。

五　人与环境的情感纽带

　　作者称"杜撰"词语"恋地情结"，目的是定义人类对物质环境的所有情感纽带。他专注于人类对地方之爱的特定表现，虽然涉及个体感知、美学鉴赏、族群生活到现代城市化等多个主题，但关于文化，有两个问题贯穿始终：环境要素如何渗透到了恋地情结中？恋地情结的范围和程度是怎样的？

　　恋地情结中一个重要的元素就是恋旧，所谓"敝帚自珍""羁鸟恋旧林，池鱼思故渊"就是熟悉带来依附感和忠诚感的体现，旧物或故土因而具有生命经历下的精神符号意义。人的情感尺度会影响恋地情结的程度和范围，这也与人的感知尺度相符合，作者指出人的情感无法覆及一个帝国，因为帝国是权力拼凑的集合物，内部处于异质状态，而与帝国相对的故乡、家乡，尺度足够小，让人们能够认识和亲近。然而，悖论也存在，虽然对帝国无法亲近，但整个地球却能唤起恋地情结，对此，作者解释，地球是一个自然地理单元，而现代国家因为人为主观的划定，往往无法被人感知为一个单一的自然地理单元。

　　另一个元素是环境价值的符号表征意义，"环境里所蕴含的价值始终是依托其对立面来定义的"，① 人类社会愈发复杂和精致，便愈会增加人们对朴质自然的关注。比如，一些具有浪漫色彩的乡村赞美，实则反衬出城市的权势和财富。中国历史上士大夫阶层徘徊于城市和乡村的诱惑之间，天子朝堂能实现政治理想，但有非难的风险和严苛制度，为此他们会选择脱下朝服到乡间"草堂"中去，解开束缚或审时度势地选择隐居，城市和乡村对这些人群而言成为人生志趣的表征符号。无独有偶，欧洲人对乡村的喜爱和对城市的抗拒之情体现在西方18世纪浪漫主义文学作品里。到了19世纪，吃苦耐劳、品德高尚的农民形象成为美国民族精神的象征，这样的理念没有阻挡其技术的进步和财富的聚集，它具有的情感渗透进了美国的文化，表现在自然保护运动、政府对农业特殊补贴等多方面。

　　也许有人会质疑乡村-城市的环境是否落入二元对立窠臼，但作者以"荒野"概念调节了乡村和城市，他指出农耕文明的神话里，乡村是平衡城市与荒野两个极端（人造与原始）的理想中间景观。人们对荒野的态度比乡村、城市更为模棱两可，《圣经》中的"荒野"既有魔鬼游荡也是洗净灵魂之处，

① 〔美〕段义孚：《恋地情结》，志丞、刘苏译，商务印书馆，2018，第292页。

它的意象传达出人类既恐惧又敬畏的情感,对荒野态度的差异还体现在追寻自由自在的拓荒者和文学绅士图景描绘的鸿沟中,这让"荒野"的概念无法被客观定义,更多体现为一种心态。人对极乐世界或者来世的憧憬都印有当地环境的痕迹,只是都去掉了令人伤心痛苦的要素。澳大利亚土著的"桉树王国"位于大海之外或天空之上,因纽特人认为来世在地下,那里充满了阳光,有无止境的夏天,海豹、驯鹿垂手可得。

作者对其论述时常表现出留有余地的严谨,他认为环境可能不是产生恋地情结的直接原因,但是提供了作为可感知意象的刺激,让我们的情绪和理念有所寄托。意象对感官的刺激有潜在无限的可能,而每个人的脾气秉性、目的和背后的文化力量都决定了他在特定时刻所作的选择,这些选择为态度和价值观的形成提供了依据。

六 宇宙观的空间结构

"一种文化的历法中如果有循环往复的节气,则可能孕育出垂直分层的宇宙观",[1] 垂直分层的空间观念,依赖于人类本质属性的视角。作者以角色扮演来解释两面的人类本质属性:一种是世俗的、社会的,另一种是神秘的、神圣的。前者与循环往复的时间观相连,后者超越了时间。尽管这种观念在地理大发现时代后逐渐衰落,但远离城市文明和商业价值观的一些地区,依然固守着分层的宇宙观,体验着循环的时间。作者举例生活在非洲荒漠的布须曼人,生存需求下他们举止得当和彼此合作,但世俗的活动会被另一种带有神秘的仪式感的周期性的活动所打断,如族群男女老少一起围着篝火舞蹈,这些仪式活动脱离物质需求,也不符合人际关系的惯常。

不同文化多层次的宇宙观中,大自然充满象征性,给日常性和仪式性话语赋予了丰富多义的特点。科学出现前人们对世界的回应有两种典型的方式:一是象征性诠释,二是归因于鬼神。而这两者紧密相关,人们以情感的方式将分离的元素关联起来,就像部分地方居民会将颜色、方向、季节和性格、情绪关联起来,在现代性视角下其实显得突兀,但是在这些地方居民看来这些都属于无须解释的本质存在。

我们不能轻视符号,时光累积起来的深厚经验意义由符号显现。恋地情结主题下,地方与环境成为符号,成为人们情感的载体。"符号是意义的仓库",这些经验根植于人类的生物性,又衍生了神圣和超越世俗的特性。符号

---

① 〔美〕段义孚:《恋地情结》,志丞、刘苏译,商务印书馆,2018,第222页。

既是具有文化差异的，又具有一些普适的特征。大自然不断彰显着人类赋予"德行"和"权力"的意义，景观在不同文化传统中走向各自的意义空间，就像古希腊人向往庇护，把大地作为一种力量进行感知，修建了克里特宫，但在基督教的传统里，圣化的力量赋予了上帝委派的管理者——人类。

圆形和矩形往往作为神圣象征的原型意象出现在城市设计中，大多数城市会用一些公共建筑来表现超凡的"信仰"，最初的城市格局是某些文化族群的宇宙观在二维平面上的投射，一座城市本身也可能是一座富有纪念意义的丰碑。不过随着现代性的发展，一些象征性符号也随着城市的无序扩张而逐渐消失。

在这部分尾声，笔者对作者有关文化的主要观点进行总结。

其一，文化和环境在很大程度上决定了我们身体的哪些官能是重要的。虽然现代社会里，视觉被抬到很重要的位置，但是人们对环境的响应方式受一定文化传承因素的影响。

其二，群体能够表达并强化其社会性的文化准则，并在很大程度上影响成员的感知、态度、世界观。文化决定人们在多大程度上体验到并不存在的东西，有时它会导致群体性的"幻觉"。

其三，恋地情结有多种表现形态，某些特定经历下的自然环境，在很大程度上决定了人们心目中的理想世界。人们追求的理想环境从根本上讲可能是两种相反的图景——一种是生活化的，一种是仪式化的。一方面人们依靠大地提供的生活保障，而另一方面人们需要仰望星空，遐想超越现实的精神空间。

其四，没有语言文字的古老文化群体，相较于有语言文字且受到科学技术影响的群体，彼此间世界观差异巨大，前者生活在垂直、循环、有很多象征意义的世界里，而后者的世界更加宽广和平面化，重美学而不重神灵。

七 与霍尔《隐藏的维度》的比较

爱德华·霍尔在其作品《隐藏的维度》（*The Hidden Dimension*）中提出，"基于生物学和生理学的人类空间行为是文化模式的根源"，[①] 人对空间的感觉与环境接触密切相关。霍尔同样论述了人类感官模式和不同文化背景下的个体差异，他在《超越文化》中指出，"许多人的价值意识与他们能控制的

[①]　E. T. Hall, *The Hidden Dimension* (New York: Anchor Books, 1966), p. 118.

各种环境直接有关"。① 这两点与段义孚在书中的文化影响感知的观点不谋而合，但可能因为学科间的差异，段义孚解读环境更为细腻，在历史和情感空间的视角下，融人际关系十人地关系之中，使其成为文化宇宙系统下的独特组成，凸显人类文化中精神过程的产物所发挥的符号意义和价值。

霍尔更多讨论了人际交往传播，笃定围绕文化才能实现具有意义的交往，他同样引用了精神分析学家的研究，不过是用来说明人类对于文化的"无意识性"，与书名契合，他认为每种文化都具有隐藏着的无意识文化形式，在自主控制的意识之外，构成了人类存在的经纬。于是，霍尔的目光聚焦到了非语言传播沟通和空间行为学领域，导向了和人文地理学家段义孚不一样的落脚点，霍尔讨论到城市人居适宜的空间距离、人际交往接触的距离等微观层面，而段义孚关注宏观维度下的城市设计理念，如花园式城市和模范村庄的建设。

民族危机、城市危机、教育危机都被霍尔归为文化危机，对比段义孚此前提出的"环境问题根本上是人文问题"，两位作者都信赖人的主体性，尊重文化的多样性。此外，他们对于研究材料的获取涵盖了文学和艺术作品，尤其在段义孚的作品中援引诸多诗人话语，但这并不是说他的作品充满主观感性。在作者人文主义地理学的视野下，文学被用作对人们如何经历他们的世界的一种透视，揭示了人类经验的思想过程。描写景观的文学内容，作为不同时代、不同人群对某一环境感知的文化产物，具有历史社会人文意义上的观察价值，段义孚对文学艺术作品的引用，不是矫情的渲染而是恰如其分的阐释。与许多倾向于实验的心理学家和社会学家的普遍看法相反，一些研究者认为艺术家和小说家的作品代表了关于人类如何感知的丰富、完整的硬数据。当下，媒介景观似乎也成为一种被探索、发现，被系统思考的观察对象，实体和虚拟空间的交叠，新媒介和环境的融合，不仅与新文化地理学，也和传播学研究紧密相关。

霍尔认为，人和他的延伸构成了一个相互关联的体系，这里的延伸不仅是人类所使用的语言、拥有的技术，还包括人的居所。霍尔据此反思，多数美国人把注意力更多地指向实在的物质，而不是结构或形式，所以文化（尤其是少数族裔文化）被忽视。归根结底，他认为美国社会始终未能接受不同文化的存在方式——具有文化差异的成员，拥有自己的沟通系统、制度和价

---

① 〔美〕爱德华·T. 霍尔：《超越文化》，居延安等译，上海文化出版社，1988，第6页。

值观。对照段义孚对生活在前现代的人类族群交往和价值观的讲述，霍尔在现代现实的问题上重申了交流之难，人类需要克服的不仅是心理模式、成长文化经验的局限，还有变动的环境和受到冲击的感知，而冲击碰撞的过程也是带来启发和新变化的过程，在开放和流动的空间中，跨文化交往被赋予更多意义。

罗伯特·E. 帕克的"边缘人":
被忽视的社会经验研究范式[*]

郑忠明[**]

1928 年,社会学家罗伯特·E. 帕克提出"边缘人"(marginal man)思想,这一思想至今依然启迪着社会学家。尽管后来的社会学界不断地挖掘这一思想的潜力,对之进行修正、更新与发展,却未有学者揭示出这一概念所处的"社会研究范式革命"的思想脉络。这一"社会研究范式革命"带来的全新方向,直到半个多世纪后才被重新发现,这就是后来的"关系社会学"范式革命。

为什么说帕克的"边缘人"是最初的"关系社会学"范式革命在社会经验研究领域的萌芽?它如何区别于社会学经验研究的主流范式?本文发现,这一思想史的篇章,不仅失落于后来的"边缘人"研究,也失落于后来的"社会学范式"争论中。帕克逝世后,杜威与本特利合作,揭示出这一社会学研究范式革命背后的意义:它根植于从牛顿机械物理学到爱因斯坦相对论物理学范式变革的历史背景中,杜威和本特利将之概括为从"相互作用"(inter-action)到"交互作用"(trans-action)的范式变革。显然,迟至 20 世纪90 年代,社会学领域开始兴起"关系社会学"(relation-sociology)范式,杜威和本特利的"先见之明"才获得认可。正是在芝加哥学派这一范式变革的"重新发现"中,我们发现,帕克的"边缘人"提供了社会学范式变革的经验研究典范,将"关系社会学"范式运用到社会学经验研究领域。

一 范式革命:"交互作用"的"关系论"范式

虽然托马斯·库恩一度厌倦了"范式"一词被滥用的结果,但他依然提

---

[*] 本文曾发表于《跨文化传播研究》2021 年第 2 辑,第 79~105 页。
[**] 郑忠明,湖北大学新闻传播学院副教授。

出了两个标准来确定"范式"的使用范围：一是空前地吸引一批坚定的拥护者，使他们脱离科学活动的其他竞争模式；二是它们必须是开放性的，具有许多的问题，以留待后继的实践者去解决。① 毫无疑问，物理学领域最瞩目的范式变革，也是库恩在《科学革命的结构》一书中关注的例证——牛顿物理学的机械论范式和爱因斯坦物理学的相对论范式。在库恩看来，一个成功的新范式，必须同时提供审视世界的新方式，并留下一些开放性问题供那些致力于这个范式的后来者回答。② 按照这种标准，社会学领域后来兴起的与"实体论"范式相对立的"关系论"范式，包括"关系社会学"诸潮流，皆符合库恩"范式革命"的标准。这种关于"范式革命"的讨论之所以在研究领域具有意义，恰恰是因为所有的科学学派都包含了形而上学范式，或者包含了范式的形而上学部分。学科实践者同样进行着哲学的自我反思，它不仅仅是哲学家的事情。③ 这就要求研究者进入理论和经验研究背后的"形而上学"，探究其思维范式的不同，从而指引社会研究领域的方向。

19世纪末20世纪初，哲学和社会科学研究领域悄然发生着思维范式的变革，这种变革有一个基本的共性，即在"实体论"思维的大本营中逐渐兴起"关系论"思维。早在卡尔·马克思、马克斯·韦伯和格奥尔格·齐美尔那里，"关系论"就出现了思想的萌芽，社会结构被看作社会行动者之间交互作用的结果。④ 如果将论述焦点集中于杜威所代表的芝加哥学派思维范式的变革，我们可以从齐美尔开始。刘易斯·科塞提到，齐美尔"没有将社会看作一个物或一个有机体。齐美尔也不接受那种认为社会不过是孤立的个体集合的唯名论观点。他采取了一种中间立场，认为社会是一系列互动，社会仅仅是由互动联结起来的众多个体的名称"。⑤ 齐美尔将社会的"形式"（form）从社会中分离出来，这种"形式"区别于具体现象，有其固定模式。齐美尔的思想通过芝加哥学派 A. W. 斯莫尔、帕克等人的译介影响了美国学者，但这种"形式"在齐美尔之前也有独立的思想渊源。帕克曾提到，孟德斯鸠出

---

① 〔美〕托马斯·库恩：《科学革命的结构》（第四版），金吾伦、胡新和译，北京大学出版社，2012，第8页。

② 〔美〕乔治·瑞泽尔：《古典社会学理论》（第6版），王建民译，世界图书出版公司，2014，第397页。

③ D. Shalin, "Pragmatism and Social Interactionism," *American Sociological Review* 51 (1986): 9.

④ 刘军、杨辉：《从"实体论"到"关系论"：兼谈"关系研究"的认识论原则》，《北方论丛》2012年第6期，第129~134页。

⑤ 转引自〔美〕乔治·瑞泽尔《古典社会学理论》，王建民译，世界图书出版公司，2014，第263页。

版于 1748 年的《论法的精神》,将社会组织区别为形式(特殊的结构)和力量(驱动社会运动的人类激情)。① 齐美尔很好地把"形式"概念运用到社会学研究中。"形式"不可还原为元素,有其独特性质,乔治·赫伯特·米德曾在论述达尔文进化论思想成为一种普遍思想的影响时提到,"自然机械理论"试图把世界还原为最基本的元素,这就把最基本的元素(微观)和整个宇宙(宏观)视为研究的对象,中间万事万物的各种"形式"——诸如植物或动物的各种形态、我们感觉到的各种颜色和形状等——对于自然机械理论是没有意义的。米德指出,达尔文的《物种起源》探讨的就是"形式起源"的问题,物种(species)在拉丁语中就是"形式"的意思,所以,达尔文关心的是各种物种"形式"如何产生,这些"形式"产生背后是否有一个普遍的同一的解释。② "形式"确立了其无法被还原为元素的独特性质,这些"形式"背后有一个统一的"过程",它就是进化论的物种选择机制。米德之所以详细论述达尔文思想的影响,就是为了说明社会世界中各种"形式"的独特性,以对抗社会"还原主义"的机械理论,这种机械理论影响了人们对社会世界的理解。"形式"的整体性和"过程"的动态发展性,是达尔文给予 19 世纪思想界的巨大财富。齐美尔利用"互动"概念将思维中的社会视为一个相互联系的整体,它是一个社会过程,而不是静止的社会结构;同时,齐美尔利用"形式"概念构想社会互动过程中产生的各种不同的社会关系,"形式"从互动过程中不断涌现,这种意象就好比是米德论述达尔文进化论思想时所提到的物种形式从一个统一的进化过程中不断涌现。所以,这一"形式"和"过程"(process)的思维,截然不同于牛顿等人确立的物理学机械理论的"物质"(matter)和"运动"(motion)的思维。如果我们循着达尔文进化论和齐美尔形式社会学影响美国芝加哥学派的路径,就能清晰地发现,查尔斯·H. 库利和帕克清晰提出的社会过程范式,就是早期"关系社会学"思想的萌芽和奠基,区别于当时的社会结构范式。

社会过程范式要求把社会视为一个持续变动的过程,而不是静止的结构。D. N. 沙林认为,"如果我们接受社会世界涌现(emergence)的普遍性,我们就必须承认,任何社会整体(系统、制度、结构)都有某种程度的不确定性

---

① R. E. Park, E. W. Burgess, *Introduction to the Science of Sociology* (Chicago: The University of Chicago Press, 1921), p. 3.

② G. H. Mead, *The Social Psychology of George Herbert Mead* (Chicago: The University of Chicago Press, 1956), p. 5.

（indeterminancy）。这就意味着，社会结构不是潜藏在各种场景背后不受时间影响的、不可改变并且塑造个体行为的存在（在社会学意义上此处的社会结构可对应牛顿体系中独立于粒子运动的以太），而是许多个体在各种具体情境中不断使其发生的事件（在社会学意义上此处的社会结构类似于粒子相互作用影响下的相对论时空结构）。也就是说，结构的确在给定情境中驱动着个体行为，但个体行为也将具体情境结构成确定的类型。结构只不过是一种可能性，一种'虚拟'现实，直到结构成为一个'事件'，最终被启动了，例如，在个体此时此刻的实践情境遭遇中个体使结构成为发生的事件。认为结构在互动理论中是一个独立的变量，这种想法是错误的。从社会到个体，从情境到定义，都是同等重要的。自我定义情境，情境也定义自我"。① 沙林同样是在"过程论"与"实体论"的对比中揭示社会互动论模式。诺伯特·埃利亚斯进一步揭示了"实体论"与"关系论"的不同。埃利亚斯引用本杰明·李·沃尔夫在《论语言、思维和现实》中的观点认为，欧洲语言一般把实体放在注意力的中心，这个实体处于静止状态，有其不变的性质，然后，欧洲语言通过属性或动词，也就是说外在于实体的某种东西，给这个实体添加变化和行动。这种语言影响了欧洲人的思维方式。"实体论"的思维长期主导了欧洲传统思想。社会学采纳了这种"实体论"思维，在进行研究时会采用"过程还原主义"。这种"过程还原主义"有其哲学传统，认为凡是变化的必定是短暂的、不重要的、没有意义的，简而言之是没有价值的。当我们说河流在流动时，我们必须想象出一个静止的河流预先作为实体存在于那里。②

　　从受齐美尔所影响的芝加哥学派的"过程论"中，我们能够发现芝加哥学派试图突破身心二元论的努力，我们同样能够发现芝加哥学派从孔德和斯宾塞那里继承而来的"社会有机体论"，而"社会有机体论"同样意图突破身心二元论。当然，个体如果被视为有机体，但却是彼此分离的实体，那么这些个体如何才能构成社会呢？尽管后来的社会学家试图重新连接个体和社会，但有机体与环境的实体区分就这样被确立了。这些"实体论"的思想关注分离的人，然而这些人如何嵌入社会中依然晦暗不明，最终，社会就不加区别地被视为"背景"、"社会环境"或"环境"。③ 米德论述 19 世纪法国哲学时，曾经谈到孔德的"社会有机体论"，个体与社会相互依赖是孔德提出的

---

①　D. Shalin, "Pragmatism and Social Interactionism," *American Sociological Review* 51 (1986)：9.

②　N. Elias, *What Is Sociology*? (New York：Columbia University Press, 1978), p. 112.

③　N. Elias, *What Is Sociology*? (New York：Columbia University Press, 1978), p. 128.

重要观点：社会的有机特征塑造了个体的性质，个体是由社会这个有机体决定的。实际上，有机体作为一种隐喻，本身就指向了一种相互联系的"交互作用"。人类并不是被视为作用于环境的彼此分离的实体，也不被视为受环境影响的有机体，环境和有机体都被视为整个事件的部分或面向。"交互作用被视为一个过程，这个过程中要素或部分被视为整体情境的面向或阶段。"① 正是在这种社会的思维范式基础上，芝加哥学派对之进一步改造并发展出"交互作用"范式。怀特海就明确指出，一个机体的观念便包括机体交互作用的概念。②"互动论""过程论""有机体论"，在杜威的思想中都得到了充分的吸收和整合，杜威试图突破身心二元论，同时也试图突破以身心二元论为核心的"实体论"。杜威的实用主义思想在早期和晚期都沿着确立全新范式的轨迹发展。杜威说："如果把行为和行动放在研究的中心，那么身心二元论的传统困难就土崩瓦解了。身体和心灵的分离有其根源，原因就在于它们被视为实体或过程而非行动的功能和性质。当我们选择运作中的人类行动和生命立场，身体就作为机械表现自身，是行为的工具，心灵是机械的一种功能，是其结果和成果。"③

"互动论""过程论""有机体论"最终在杜威思想中发展为"交互作用论"（transaction theory），而杜威之所以与本特利合作提出"交互作用论"，缘于本特利和杜威各自在早期思想中都独立酝酿出了"交互作用"的思想，我们可以在杜威的《心理学中的反射弧概念》（1896 年）和本特利的《治理的过程》（1908 年）中发现其早期萌芽。

杜威和本特利在 1932 年到 1951 年频繁通信，接近 2000 封信件中呈现了两位学者如何通力合作构建起一种全新的理论范式。有学者研究这些信件后发现，"交互作用论"只不过是两位学者持续交流思想的结果，两个人之间的通信就是一种典型的"交互作用"。④ 本特利之所以发展出与杜威不谋而合的"交互作用论"，源于本特利的思想构成，他最初受到德国狄尔泰、齐美尔的影响，后来又受到杜威的影响。本特利在 1892 年的本科毕业论文《通过一个内布拉斯加小镇的经济史看西部农民的状况》中，进行了第一次社会科学探

---

① L. M. Rosenblatt, "Viewpoints: Transaction Versus Interaction: A Terminological Rescue Operation," *Research in the Teaching of English* 19 (1985): 96-107.

② 〔英〕A. N. 怀特海：《科学与近代世界》，何钦译，商务印书馆，1959，第 118 页。

③ J. Dewey, "Body and Mind," *Bulletin of the New York Academy of Medicine* 4 (1928): 3.

④ N. H. Pronko, D. T. Herman, "From Dewey's Reflex Are Concept to Transactionalism and Beyond," *Behaviorism* 10 (1982): 229-254.

究，体现出他日后标志性的既非视角主义也非改良主义的倾向：将社会世界视为各种变动力量的交会。对于本特利来说，最重要的是齐美尔的社会学讲座以及关于群体理论的课程。回到霍普金斯之后，本特利撰写了博士学位论文《社会科学中的各种研究单元》。在这篇论文中，他反驳了机械的或因果性的解释方式（这一看法是他和杜威共同持有的）……①

杜威和本特利的"交互作用论"作为一种"关系论"思维范式，究竟如何区别于在各个学科占主导地位的"实体论"思维范式？

杜威和本特利在他们合作的《认知与所知》（1949年）中详细阐述了"交互作用"范式如何区别于"自作用"和"相互作用"。杜威和本特利认为，人类早年，世界和它的现象被普遍地"拟人化和人格化"，这就是"自作用"的思维范式；后来，世界和它的现象被普遍地"实体化"，如物理学的"力"和"实体"，由此发展出实体之间"相互作用"的思维范式。"交互作用"一词正是麦克斯韦对"相互作用"的物理学范式提出挑战时使用的术语，杜威和本特利认为，麦克斯韦"交互作用"一词的使用方式与他们使用该词的意义非常接近。麦克斯韦在电磁领域的贡献改变了物理学机械理论体系的描述方式。杜威和本特利认为，自作用，是"事物被看作以自身的力量来行动"；相互作用，是"事物与事物在因果连接中取得平衡"；交互作用，是"描述和命名的系统被用来应对行动的不同方面和阶段，不会最终诉诸'元素'或其他假设性的可分离的独立'实体'、'本质'或'实在'，不会把假设性的可分离的'关系'从可分离的'元素'中孤立出来"。② 杜威和本特利认为，哪怕是最早的"自作用"思维也依然存留至今，"自作用"中的实体，被认为有着自己的驱动力，同时和"相互作用"中的粒子相混合，被用来无限制地提供各种解释：自我被看成彼此之间相互作用或与环境客体相互作用；在传统的感觉理论中，一部分有机体被看作与环境客体相互作用；认识论把各自领域中的心灵和物质带入虚假的相互作用形式中；最坏的情况是，词语的含义与词语在人的行为中的实际表现相隔离，就好像词语—领域与词语—身体相隔离一样。③ 在现代，有大量重要术语是从"自作用"思维中产生的，

---

① 〔美〕杜威：《杜威全集 晚期著作（1925—1953）》（第十六卷 1949—1952），汪洪章等译，华东师范大学出版社，2015，第5页。

② 〔美〕杜威：《杜威全集 晚期著作（1925—1953）》（第十六卷 1949—1952），汪洪章等译，华东师范大学出版社，2015，第86页。

③ 〔美〕杜威：《杜威全集晚期著作（1925—1953）》（第十六卷 1949—1952），汪洪章等译，华东师范大学出版社，2015，第88页。

譬如"实质""实体""本质""现实""行动者""创造者""原因"等。自伽利略在物理学领域推翻了"自作用"思维范式，运动不再被认为依赖于亚里士多德所谓的一个"行动者"的自主持续推动，如果没有其他运动物体的干涉，曾在运动中的有质量的物体会继续保持在直线中的运动。如此，物体的运动就变成了彼此之间力的相互作用，这种"相互作用"的思维同时启示了哲学家托马斯·霍布斯，并成为霍布斯假设的社会中人与人相互作用（一切人反对一切人）的理论基础。尽管伽利略和牛顿的现代物理学体系取得了巨大成就，但也付出了巨大代价。空间和时间被看作绝对的、固定的、形式的框架，在其中，相互作用的力量得以前行。换句话说，这忽视了过程本身，没有探究粒子的不可改变性。爱因斯坦则将不变的空间和时间带入探究过程之中，使空间和时间作为不变的框架成为可探究的"事件"之一。

譬如，科学探究中最稳定的对象"事实"，在"相互作用"思维范式中，其相互作用的成分在探究中被建构为彼此分离的事实，每一个事实都独立于其他事实而存在。而在"交互作用"思维范式中，如果离开了对完整主题其他成分的详述，任何成分都不能被充分地规定为事实。"相互作用"范式中，先有一个个的可观察的不变的"实体"，后有这些实体之间可探究的"关系"，"关系"是后来附加在相互作用的"实体"之上的，"关系"消失，"实体"的性质依然不变。

二 帕克的"边缘人"：社会经验研究中"关系论"的萌芽

"边缘人"思想之所以至今持续产生影响，不仅仅是因为它通过此概念捕捉到了一种重要的社会现象，更重要的是，它蕴含着一种根本性的思维范式，这种思维范式契合了社会的特点，作为个体的人，其人格在社会关系中构成。也就是说，它指向了社会研究的基本命题。如果仅仅把"边缘人"视为一种社会现象的概念化，那么，当这种社会现象所依赖的各种条件发生变化后，它的思想潜力就会因为社会情境的变化而逐渐减损，如果不能揭示出这一概念背后重要的思维范式根基，这一概念迟早也会失落于研究者视野。回顾"边缘人"思想史，我们会发现，帕克之后的"边缘人"研究，无意识地依附于某种"相互作用"的思维范式，从而某种程度上使得"边缘人"研究依然是"实体论"的"相互作用"思维范式，而非"关系论"的"交互作用"思维范式。

（一）对“边缘人”后续研究的批评

在帕克之后，“边缘人”后续研究实际上构成了一个庞大的思想库，使“边缘人”思想生根发芽，如果借鉴 C. A. 戈德堡（C. A. Goldberg）的观点，帕克之后的“边缘人”研究可以分为三类：修正（revision）、扩展（extension）和复兴（revival）。“边缘人”的修正，主要是对帕克边缘人概念的批判性理论修正，这一修正区分了“边缘人格”和产生边缘人格的“边缘情境”，并澄清了两者的性质及关系，戈德堡是最早对此作出区分的学者。“边缘人”的扩展，主要是指从种族和民族关系扩展到职业行业等领域，以帕克的学生埃弗里特·休斯为代表，性别关系、科学创新都被纳入“边缘人”思想审视的领域，对“边缘人”的研究不再局限于种族关系。“边缘人”的复兴，主要是重新回到帕克“边缘人”思想产生时的种族和民族关系、文化接触和迁徙等主题。[①]“边缘人”的扩展和复兴，都只是涉及“边缘人”思想应用的社会现象领域，它并非本研究批评的重点，本研究主要针对“边缘人”后续研究中学者的概念和理论修正所遵循的“实体论”“相互作用”思维展开批评。

“实体论”范式往往坚持一种“过程还原主义”研究思路，体现在“边缘人”研究中，学者不自觉地对“边缘人格”和“边缘情境”加以区分，这样的区分就是将现代文明过程还原为“个体”和“情境”两个彼此分离的实体，然后寻找其中的关系。戈德堡提出“边缘文化”的概念，使之作为“边缘人格”产生的情境。他认为，如果个体从出生起就身处两个文化的边缘，如果他同初级群体的许多个体一起共享存在和成长过程，如果个体早期成长、成熟至成人阶段都参与了其他个体表现出的制度化行为，如果其边缘位置并没有导致其渴望或期待受到太大阻碍，那么，他就不是帕克所定义的“边缘人”，而是边缘文化的参与者，与非边缘文化中的非边缘人并无不同。[②] 戈德堡的这一区分影响深远，但他显然将“边缘情境”实体化了，使之区分出不同的元素组合情况，同时又将个体作为被动受到情境塑造的客体。个体在这些可以区分的不同“边缘情境”中被塑造成可以被区分的不同人格，而“边缘人”只是个体被放置于其中某一种情境中塑造出的结果。如此实体化后的

---

① C. A. Goldberg, "Robert Park's Marginal Man: The Career of a Concept in American Sociology," *Laboratorium Russian Review of Social Research* 4（2012）：19.

② C. A. Goldberg, "Qualification of the Marginal Man Theory," *American Sociological Review* 6（1941）：52-58.

"边缘情境"，反而使之对个体具有了决定性影响，暴露出"边缘人"同其他人格类型一样是受社会决定的产物。戈德堡明确表示"边缘文化"的提出主要是基于文化功能分析视角，而文化为个体提供规范和标准化的行为类型，文化成为个体行为的装置，个体成为文化的木偶，由此完全忽视了"边缘人"是个体与情境"交互作用"的产物。也就是说，按照"关系论"范式下的"交互作用"思维，"边缘文化"这一"边缘情境"并不是作为"实体"外在于个体，而是当其与个体承载的既往文化经验相互冲突并产生持续稳定的冲突关系时，我们才能在个体和情境的这种稳定关系中找到"边缘文化"存在的可能。"边缘文化"既不单独存在于个体"头脑"中，也不单独存在于个体之外的那个"情境"中，它存在于个体与情境的"关系"中，甚至可以说，如果有所谓的"边缘情境"，那么这一情境的一部分存在于个体历史经验中，一部分存在于个体之外的环境中。

如果将"边缘情境"与"边缘人格"实体化并且试图找到对应关系，试图探究何种情境会将个体塑造成所谓的"边缘人"，那么，"边缘人"概念和思想就会被学者认为只能适用于严格限定的情况，并且这个概念只是对特定狭小的经验现象的一种概括而已，他们进而就会认为"边缘人"概念的泛化并不能带来什么成果，只会由此从经验社会学进入毫无意义的猜测中。[1] 这种误解的根源就在于"边缘情境"与"边缘人格"的实体化区分，继而将"边缘人"这一现代文明进程的独特过程缩小为一种社会现象。这种思维进一步影响了后来的学者，诸如克拉克就认为，帕克和斯通奎斯特忽视了一点：作为一个"边缘人"，他是处于一种"边缘情境"中，还是具有边缘人格特征，或者两者应该同时兼有？[2] 当克拉克认为可以脱离个体谈"边缘情境"或者脱离情境谈"边缘人格"时，就预设了一种"边缘情境"在塑造着作为"白板"的个体，或者个体带着一种"边缘人格"进入一种情境中。这种"实体论"思维下的"边缘人"研究最终又进一步使得克拉克尝试区分"边缘人"的心理学要素和社会学要素，而此种学科边界的分离，既是一种还原主义思维，同时又割裂了"边缘人格"所具有的社会心理学意涵，它本身就需要心理与社会的"交互作用"。或许，如此实体化发展的后果，最终自然就

① D. I. Golovensky, "The Marginal Man Concept: An Analysis and Critique," *Social Forces* 30 (1952): 333–339.

② H. F. Dickie-Clark, "The Marginal Situation: A Contribution to Marginality Theory," *Social Forces* 44 (1966): 363–370.

发展为 R. D. 赖特 (R. D. Wright) 和 S. N. 赖特 (S. N. Wright) 两位学者的错误尝试, "边缘人"现象最终被两位学者区分为五种概念: 边缘性 (marginality)、边缘人 (marginal man)、文化边缘性 (cultural marginality)、社会边缘性 (social marginality)、心理边缘性 (psychological marginality)。① 甚至连最初进行实体化区分的戈德堡都认为, 两位学者发展出的这五种概念未能得到后来研究者的响应。

其实, 就"范式"对研究思维的根本性决定作用而言, 一旦将"边缘人"现象实体化, 并预设个体与情境作为彼此分离的实体, 在某种关系中相互作用, 毫无疑问, 帕克"边缘人"作为一种"关系论"思维范式的潜力便会受到影响。或许, "实体论"的"相互作用"模式, 也依然会探究某种关系, 但这种关系往往产生于"实体"之后, 它与作为"交互作用"思维的"关系论"是两种完全不同的关系思维, "相互作用"思维中的"关系"是附加于"实体"之间的, 而"交互作用"思维中的"关系"则形成科学研究的对象及其性质。"边缘人格"中包含了"边缘情境", "边缘情境"中也必然包含了"边缘人格", 任何对两者进行实体化区分的尝试都将遮蔽两者彼此相互构成的社会过程。

(二)"交互作用论"下帕克"边缘人"思想的再阐释

帕克在《人类迁徙和边缘人》一文开头就明确否定了"自作用"和"相互作用"的解释范式。帕克说, 大社会的研究者从长时段历史视角研究人类, 常常倾向于用单一的主导原因和情境对种族和人类彼此之间已经存在的不同文化寻求一种解释。一派研究者认为, 是气候和物质环境不同导致了文化不同; 另一派研究者认为, 是种族遗传特质不同导致了文化不同。这两派都将文明和社会视为进化过程的结果——凭借这一过程人类获得可遗传的特质, 而不是凭借这一过程人与人之间确立了新的关系。② 用进化过程中种族获得的"可遗传的特质"解释文化区别, 是一种典型的"实体论"思维, 进化过程使得该种族产生了某种实体化的"特质", 这一"特质"作为该种族文化发生变化的"原动力", 使其同其他种族文化区别开来。这一解释的思维范

---

① R. D. Wright, S. N. Wright, "A Plea for a Further Refinement of the Marginal Man Theory," *Phylon* 33 (1972): 361-368.

② R. E. Park, "Human Migration and the Marginal Man," *The American Journal of Sociology* 33 (1928): 881-893.

式，是一种典型的"自作用"思维范式，这些"自作用"的种族因为拥有各自内在的神秘的不同种族力量，从而发展出不同的文化方向。帕克显然不同意这种"实体论"思维的"自作用"解释，他认为，是不同种族文化中个体之间组成的不同类型的社会关系重塑了种族的个体自我和人格。那么，是什么力量推动了特定的现代文明社会过程，并且在这一过程中重构了社会关系继而重塑了个体自我和人格呢？"人类历史上决定性的力量是那些让人们走到一起的富有成效的竞争、冲突和协作的力量。"① 帕克认为，这种力量就是"迁徙"（immigration）。如果沿着"迁徙"这一社会过程看去，我们可以看到迁徙中的"个体"并不是不变的"实体"在空间中移动，而是个体在空间中移动的同时彼此重新构建了一种"现代社会关系"，在这种新的关系中个体自我和人格也孕育而生。同样，我们也可以看到，迁徙这一社会过程中的"社会"不是不变的"实体"，而是随着个体在空间中的变化发生着"结构"的变化。用帕克的话来说，通过迁徙这一社会过程，个体自我世界获得了新的经验，变成了"边缘人"，也通过迁徙这一社会过程，社会不再是静止的传统和习俗，而是变成了现代文明。在迁徙这一过程中，个体和社会都在发生剧变。

帕克的学生，社会学家路易斯·沃思真正抓住了"边缘人"的思想潜力。沃思在1947年美国社会学协会主席发言中指出："当代社会，相比过去而言流动性更大，多样化的种族和文化群体接触更频繁。我们所有人都在移动，在形成之中，我们所有人通过超越我们所在的更小社会的文化边界而在某种程度上成为'边缘人'。"② 显然，"边缘人"不只是一种独特的文化现象和人格现象，还是现代社会进程的研究标本。人通过流动性脱离传统的社会关系纽带，新的"自我"在重新建立；社会通过流动性而重建了新的社会关系纽带，社会在重组。"边缘人"指代的是整个现代文明的进程机制及其后果，它因此必然预示着一种研究现代文明社会的思维范式。帕克试图通过"边缘人"洞察现代文明过程的秘密。如果将帕克的社会过程四阶段模式——竞争、冲突、适应和同化——与帕克"边缘人"的自我冲突、"边缘人"的现代理性思维等思想放置在一起，"边缘人"在帕克社会思想体系中的核心位置就十分明显了。

---

① R. E. Park, "Human Migration and the Marginal Man," *The American Journal of Sociology* 33 (1928): 881-893.

② C. A. Goldberg, "Robert Park's Marginal Man: The Career of a Concept in American Sociology," *Laboratorium Russian Review of Social Research* 4 (2012): 19.

帕克认为，研究迁徙这一社会现象，不能仅仅研究其总体后果，譬如习俗和文化中表现出来的客观变化，还应该在迁徙这一社会现象所制造出来的表现为变化的人格类型这一主观面向中加以研究。[①] 正如研究水，我们知道其实体的构成部分——氢原子和氧原子，但是我们通过研究水这一客观实体却无法了解水得以形成的过程机制，这一过程机制，在自然科学家看来，是可以通过将实体分解为更小的实体并寻找实体之间的关系来了解的，可以通过重复实验重演这一过程的机制。但在社会科学家那里，社会过程的机制却需要在活生生的人的心灵世界中去探寻，而心灵同样不能被视为一种实体，而是一个"自我-非自我"的辩证过程，这就是米德曾经着重详述的心灵、自我与社会的关系。

如果将帕克的"边缘人"放置于这种"关系论"范式中，我们就能从好几个方面揭示出它作为"交互作用论"思想的根基如何不同于"相互作用论"：首先，"边缘人"的思想产生于社会过程论，区别于社会结构论；其次，"边缘人"的思想产生于自我作为一种社会过程的命题，区别于自我作为一种心灵实体的命题；再次，"边缘人"的思想产生于个体在社会空间中的迁徙和流动如何重构个体自我和社会的过程，区别于社会结构与自我的相互作用过程；最后，"边缘人"的思想涉及跨文化传播的命题，而帕克以及芝加哥学派的传播观念最典型地体现了"交互作用论"思想。

1. "边缘人"与帕克的社会过程思想

相比"社会结构"研究，帕克更偏向于"社会过程"研究。社会结构是静止的实体，而社会过程则是动态的变化。这种"社会过程论"不仅仅存在于帕克的思想中，也同时为芝加哥学派所共享。帕克是在考察现代文明过程中提出"边缘人"思想的。帕克认为："社会过程可以被视为群体生命中那些所有变化的名称。一个群体当它拥有一段历史时我们或许可以说它拥有一种生命。在社会过程中，我们可以区分出（a）历史过程；（b）文化过程；（c）政治过程；（d）经济过程。""社会和构成社会的人都是社会过程的产物。""所有社会生活的问题因此也是个体的问题；所有个体的问题同时也是群体的问题。"[②] 所以，对社会的研究不能脱离个体研究社会，也不能脱离社

---

① R. E. Park, "Human Migration and the Marginal Man," *The American Journal of Sociology* 33 (1928): 881-893.

② R. E. Park, "Sociology and the Social Sciences," *American Journal of Sociology* 26 (1921): 401-424.

会研究个体。帕克不是为了研究一类独特的"边缘人"现象，而是为了在"边缘人"中透视"文明的过程"（the process of civilization）。1928 年，帕克在《人类迁徙和边缘人》一文中详细阐释了其截然不同的思想脉络。帕克说，在"边缘人"的心灵中，现代文明的过程以可见的方式发生，最方便研究。[1]

　　帕克意在说明，现代文明的过程并不仅仅发生于个体之外不可见的抽象社会结构这一客观世界之中，它同时也发生于主观世界中。为什么不从个体之外的环境中寻找现代文明的答案，而是要去更不可捉摸的主观世界寻找答案呢？问题恰恰在于，帕克的"边缘人"是社会和个体"交互作用"的独特面向，现代文明的过程如果只存在于那些外在于个体的社会环境中，那么，这个文明的过程就必然缺少了个人内心世界的主观面向，你不可能把社会作为一个外在于个体的独立"实体"加以研究而去理解社会，你不可能不了解个人主观世界而能够了解社会过程——现代文明过程。"边缘人"的人格之所以形成，恰恰就在于这个人的过去、现在处于彼此"交互作用"构成的整体中。它就是过去与现在的冲突，这种冲突，在社会结构研究中，显然只能看到"现在"的维度，而在个体主观世界中，"过去"和"现在"的冲突过程却可以清晰地呈现。这就意味着，帕克在提出"边缘人"思想时，特别强调社会研究的一种全新的独特范式——在"边缘人"的心灵世界中探寻现代社会的过程。也就是说，如果从"相互作用论"思维范式出发，仅仅把社会作为对个体施加力量的实体，就无法发现现代文明运作的过程，因为现代文明运作过程不能单独外在于个体而存在，而是要与个体自我世界交互作用，将个体拿掉，或者将个体自我世界实体化，这个交互作用的过程就无法被揭示。如果按照"相互作用论"，"边缘人"就意味着一个环境的性质与一个人的性质各自作为不变的实体彼此产生力的相互作用，继而，或者人将自己的力量施加于环境，使环境被人的意志改变，或者环境将自己的力量施加于人，使人的意志被动地适应环境。这种"相互作用论"造成了行动和社会结构的区分。"边缘人"，不是一个环境作用于被动的个体而产生的结果，而是这个个体与环境的交互作用产生的结果，个体过去的历史、个体现在所处的环境产生了冲突，由此构成了一个"边缘人"主观世界发生的"现代文明过程"，它既造成了文化冲突的社会环境（从社会的角度来看），也造成了边缘人格（从个体的角度来看）。因为"边缘人"并不是独立于社会过程的实体，"边

---

① R. E. Park, "Human Migration and the Marginal Man," *The American Journal of Sociology* 33 (1928): 881–893.

缘人"本身反而通过其"自我"折射出社会过程，研究"边缘人"的"自我世界"恰恰就是在研究社会过程。

2. "边缘人"与帕克的"自我"思想

既然"自我"折射出一种社会过程，那么，这样的"自我"就不是亚里士多德所说的"自作用"的实体，也不是牛顿机械物理学中彼此"相互作用"的实体，"自我"本身就是一个"交互作用"的过程。

当帕克坚持一种"社会过程"的思维范式时，他必须将"人类主观意识"这一进化链条上独特的现象纳入物理学机械论的"相互作用"范式中，若要个体摆脱物理学机械论"相互作用"机制，个体的"主观意识世界"就需要不同于机械论的另一种解释，正是在这一关键之处，芝加哥学派的詹姆斯、库利、米德提供的人类"自我"的思想，为帕克的"自我作为一种社会过程"的研究提供了思想基础。"自我"不是一个静止的"实体"，而是一个"过程"，用米德化用黑格尔辩证法的说法就是，自我–非–自我（self-not-self）的辩证运动。在这个过程中，个体独特的历史经验与社会独特的过程"交互作用"，"主我"与"客我"也是"交互作用"，"客我"参与到"主我"的形成中，"主我"也参与到"客我"的形成中，彼此皆非不变的"实体"，也不是"相互作用"的不同"实体"，而是在"交互作用"的过程中产生并且被区分开来的。也就是说，"主我"和"客我"并不是原因，而是结果。所以，个体并不是一个拥有不变"自我"的实体，而是随着个体历史经验的变化不断变化着的"自我"，社会恰恰通过"自我"进入个体的生命历程中，社会现实经由"自我"对"情境"的定义才具有现实实在性，但这种情境定义随着情境的变化也在不断变化。从这一思路可知，这是一种典型的"交互作用"论，无论是"个体"还是"社会"，都不预先设定为不变的"实体"，个体和社会只不过是一体两面，个体和社会的关系是互构的；而在"相互作用"范式中，个体和社会是分离的实体，个体和社会的关系则是在"实体"之间附加上去的。当个体身处多样化的社会情境（或作为多样化的社会群体成员）时，个体就会拥有很多"自我"，这些"自我"中有些会产生冲突，而社会情境中的冲突或群体的冲突同样会清晰地体现在作为一种社会过程的"自我"世界之中。

帕克在给其学生斯通奎斯特的《边缘人：人格和文化冲突研究》一书撰写导言时就进一步明确，"边缘人的自我就是一种社会冲突过程"。① "边缘

---

① E. V. Stonequist, *The Marginal Man: A Study in Personality and Culture Conflict* (New York：Russell & Russell, 1961), p. xviii.

人"经历的就是个体的不安，身处不同群体的个体拥有不同的"自我"，从而对他人多样化的期待产生困惑迷茫。

由此观之，只有将"自我"视为一个过程，只有将社会过程放置于"自我"的过程中，"边缘人"思想才能出现。处于某个群体或文化圈子"边缘"的人，未必会成为"边缘人"，因为这些个体虽然无法融入群体，却可以保持自己独特的个性，长期游走于边缘而自得其乐，那么他就不会处于"文化冲突"的社会过程中，它的"自我"就不会出现"冲突"。"边缘人"的自我人格之所以形成，源于"边缘人"所处的社会环境产生了剧烈的"冲突"，这种"冲突"可能是可见的群体冲突，也可能是不可见的文化冲突。所以，如果不能把"社会过程"在逻辑上纳入"自我"，"边缘人"思想就根本不会诞生。按照"自作用"和"相互作用论"，作为拥有预先设定好的稳定属性的"实体"个体（譬如自私和理性动机的经济人），他就算身处于冲突的社会关系中，其"自我"依然会选择有利于自己的社会条件行动，不会产生詹姆斯所说的"分裂的自我"（the divided self），而"边缘人"却是一种自我分裂的状态，也就是说，社会的冲突必须参与到"自我"形成之中，此"边缘人"的人格才会诞生。由此可见，"边缘人"思想产生的根基就是"交互作用论"的范式，就是"关系论"范式。齐美尔的"陌生人"虽然为帕克贡献了重要的思想启示，但"陌生人"是在身体上的"近"与心灵上的"远"的矛盾中产生的，"陌生人"未必会经历"自我"世界中剧烈的分裂与冲突，尽管"陌生人"是"边缘人"得以产生的某种先决条件，尽管帕克在谈到"边缘人"的"超然、中立和理性人的态度"时将其等同于"陌生人"的理性能力，但只是表明"陌生人"与"边缘人"有相似之处，而不是完全等同。

3. "边缘人"与帕克的空间、位置、地位和角色思想

那么，如何在经验观察意义上捕捉"自我"的变化？"可见的"空间概念成为帕克进行经验研究的基础概念。齐美尔在空间的变化中发现"陌生人"，"陌生人"是在空间上的"近"与心理上的"远"这种社会关系中形成的。齐美尔此处的空间包括"身体所处的空间"和"心灵所处的空间"之间的冲突和错位，齐美尔通过身体与心灵的分裂发现"陌生人"人格。那么，帕克的"边缘人"体现了怎样的空间冲突？帕克的"边缘人"更多地指向宏观的社会过程中空间的变化，它由社会过程中的两种力量——迁徙和流动——推动个体空间的位置变化，迁徙是个体身体上的空间移动，但是，迁徙未必会导致"边缘人"人格，因为许多迁徙的个体未必会改变其习俗和传统。帕克

明言，在现代文明过程中，譬如城市中，迁徙看似减少了，但流动性增加了，这种流动性可能是市场交易推动的空间上的变化，也可能是现代传播工具推动的精神上的变化。个体在空间中的位置（place）的变化是一方面，更重要的是个体在群体中地位（status）的变化，这种地位的变化会影响个体的人格和自我，而帕克最终通过"角色"（role）概念在个体地位和个体自我之间建立了可加以经验研究的关系。

"迁徙不等于移动，人的移动没有带来文化生活的剧变，只不过是一个地理事实，而迁徙则带来居住地的变化、家庭纽带的断裂、传统习俗的破碎，是一个社会事实。"① 故而，迁徙和流动导致了双重面向——社会结构的变化和个体人格的变化，个体和社会在迁徙和流动的过程中彼此"交互作用"。帕克在论及犹太人作为现代文明人诞生的过程时说，迁徙和流动这一过程有着双重面向：社会世俗化和人的个体化。在这一过程中，个体不只是得以解放，而且获得启蒙。如果依据"实体论"思维，个体是不变的实体，那么从社会关系纽带中释放出来的个体就会变成"原子化的个体"，个体只不过失去了一种社会关系，个体本性依然不变，显然，这种思维是着重"关系论"的帕克所无法接受的，因为个体在这一现代文明过程中会重构其人格，而不会变成原子化的游离的个体。所以，我们在帕克的《城市》（The City）中会发现很多种新的人格在形成，这些人格都是在不同的社会关系中产生的。帕克认为，从传统纽带中解放出来的个体必然在某种意义上和某种程度上成为一个具有国际视野的人，学会观察他出生的那个世界并且具有"陌生人"不偏不倚的特性。简而言之，他获得了一种唯智主义的倾向。齐美尔描述的"陌生人"在社群中的位置及其人格，就是依据运动和迁徙。这种唯智主义的人格，在帕克那里，就是迁徙和流动这一社会过程所塑造的个体人格。理性，因为被帕克及其所在的芝加哥学派视为心灵的一种有效率的适应功能，故而，当心灵随着社会过程发生变化时，心灵会走出封闭，进入不断适应新情境的过程，此间，理性得以产生。帕克在《城市》一书中特别强调，理性是城市的产物，城市人截然不同于原始人的心灵，因为城市由"陌生人"构成，同时也由"边缘人"构成。

4. "边缘人"与帕克的"传播作为交互作用"的思想

沿着"交互作用"的"关系论"范式，我们可以进一步发现，"边缘人"作为一种"文化冲突"的产物，从根本上折射出"不同文化之间交流"的命

---

① R. E. Park, "Human Migration and the Marginal Man," *The American Journal of Sociology* 33 (1928)：881-893.

题，同时，也折射出"边缘人"作为跨文化传播重要命题的思维方向。杜威赋予"传播"的意义已经为芝加哥学派共享的传播观念确定了某种根基，如杜威被引用的经典名句：社会不只是通过传播而存在，社会就存在于传播中。杜威提出的凭借传播构成社会的思想，也是帕克传播思想的根基，在这一点上，芝加哥学派的"交互作用论"重新定义了传播，这一新定义截然不同于"相互作用论"对传播的理解。如帕克所言，传播不只是一件商品从一个人传递至另一个人的过程，更是两个具有自我的个体彼此假定对方的态度并且调整各自的行为的过程。① 传播的个体不是作为实体而存在，然后把作为实体的信息传递给彼此，传播的个体彼此是"交互"关系，个体 A 参与到个体 B 的自我形成过程中，个体 B 也参与到个体 A 的自我形成过程中，个体 A 和个体 B 在传播的过程中各自形成新的自我，个体 A 和个体 B 在传播的过程中因彼此"交互作用"而发生变化，也就是说，个体 A 和个体 B 都不是不变的实体，而是在交互作用关系中不断变化的人。由此，传播过程同时也塑造着个体的人格。正是这种"交互作用"的传播思想，使得一旦处于跨文化传播过程中的个体面对着不同的互相冲突的"他者"，这些冲突的"他者"就会导致个体自我的冲突，一旦这种冲突持久存在，帕克认为，就会使这些个体成为"边缘人"。帕克坦言，各种冲突在我们的生活中时刻存在，大多数情况下都会进入适应阶段，继而找到自己在群体中合适的地位和角色，但是，在"边缘人"那里，这种冲突却是相对持久的。这种持久性的交流冲突，最终会塑造一种稳定的人格类型——"边缘人"。而现代文明过程只要继续进行下去，就必然出现跨文化传播的命题，而当不同文化中的个体相遇，文化冲突就是不可避免的，只不过，在帕克那里，这种冲突可能会通向更加多样化的自我形成过程，由此使自我能够把不同文化中的"他者"纳入其形成过程。在这一过程中，跨文化传播的主体彼此"交互作用"，实际上同时改变着这些不同文化中的主体自我，当然，也会产生新的稳定的人格类型——跨文化传播过程中的"边缘人"。②

结　语

　　如果回顾后来的"边缘人"研究，我们能发现诸多不足，但需要着重指

---

① 　R. E. Park, "Reflections on Communication and Culture," *American Journal of Sociology* 44（1938）：187-205.

② 　单波、刘欣雅：《边缘人经验与跨文化传播研究》，《新闻与传播研究》2014 年第 6 期，第 61~77 页。

出的是两个面向的"边缘人"研究。

其一，将"边缘人"与边缘情境区分开来的做法，实际上依然是用"相互作用论"的"实体论"范式理解帕克的"边缘人"思想。"边缘人"与边缘情境是不可分离的关系体。如果按照"相互作用"的"实体论"思维，单独研究边缘情境这一对个体施加力量的"实体"，或者单独研究"边缘人"这一具有固定边缘人格的"实体"，就割裂了个体与社会的关系纽带，依然是有机体和环境、个体和社会、行动与结构的"实体论"二分法，因为只有在帕克所说的现代文明剧变过程及文化冲突中，边缘情境和"边缘人"才同时得以构成。后来的研究也表明，"边缘人"和边缘情境并不是完全对应的关系。[①]

其二，将"边缘人"局限于种族文化研究，实际上是误解了"边缘人"思想在帕克思想中的地位。"边缘人"代表"现代社会文明过程"的经验研究样本，"边缘人"思想不是指向种族或移民问题，而是指向更广阔的从传统到现代、从乡村到城市转变的社会过程中所发生的"最为清晰且可见"的形态。也就是说，只有通过"边缘人"研究，这一现代社会文明过程才能被研究者看得最清楚，帕克甚至用"显微镜"一词表达这种研究在经验观察层面的丰富和细腻。所以，将"边缘人"研究局限于种族问题研究就消解了"边缘人"作为一种宏观社会过程研究的经验意义，"边缘人"背后体现的是历史变迁的宏大命题，而不只是对具体经验现象的概括，将"边缘人"思想放置于帕克整个思想脉络中才能赋予其价值。帕克的学生斯通奎斯特在其《边缘人：人格和文化冲突研究》一书中显然更能明白帕克的用意，"边缘人"不只是存在于移民过程中，而且还存在于现代社会进程的其他面向中，包括教育、婚姻等。[②]而帕克的另一位学生埃弗里特·休斯将帕克的"边缘人"应用到职业中的边缘人格，同样也指向现代社会进程中的自我、人格、角色与社会地位冲突的关系。

20世纪末，"关系社会学"范式异军突起，有学者认为，社会理论中的关系思想至少可以追溯到黑格尔，后来的卡尔·马克思、格奥尔格·齐美尔、恩斯特·卡西尔、诺伯特·埃利亚斯、皮埃尔·布尔迪厄、米歇尔·福柯、

---

① 高国菲、吕乐平：《"边缘人"再出发：理论重构及其与传播学的对话》，《国际新闻界》2021年第2期，第17页。

② E. V. Stonequist, *The Marginal Man: A Study in Personality and Culture Conflict* (New York: Russell & Russell, 1961), p. 213.

塞拉·本哈比、布鲁诺·拉图尔等人都为此作出了贡献。但是，将关系社会学作为一种有意识的理论目标，肇始于美国社会学家穆斯塔法·埃米尔拜尔（Mustafa Emirbayer）的《关系社会学宣言》（Manifestofora Relational Sociology）。[1]

这一范式实际上与芝加哥学派"社会过程论""交互作用论"的思想范式遥相呼应，此种情况下，"边缘人"思想究竟应该做何种理解，不能不在社会学的范式对立中进行一番考察，因为它关系到"边缘人"思想是否依然富有活力，是否与社会学范式变革存在某种可以解释的关联。

"边缘人"思想未来究竟如何沿着"关系论"范式重新注入新的思想活力，或者说，建构更完整的"边缘人"理论，依然有待后来的研究者深入开拓，本文将"边缘人"置于"关系论"范式中澄清其包含的意义，目的是不让"边缘人"研究囿于"实体论"思维，或许这也是重新建构"边缘人"思想的一个开始。同时，也需要承认，作为社会经验研究范式变革的"边缘人"思想要想体现出其思想潜力，许多需要继续澄清的问题有待后来者提出和解决。

---

① M. Emirbayer, "A Manifesto for a Relational Sociology," *American Journal of Sociology* 103 (1997): 281–317; F. Depelteau, C. Powell, eds., *Conceptualizing Relational Sociology: Ontological and Theoretical Issues* (New York: Palgrave Macmillan, 2013), pp. 1–2.

营销心理学中的跨文化传播启示：
互惠与联盟的不确定性*

顾兴正**

《影响力》（*Influence*）的作者罗伯特·B. 西奥迪尼（Robert B. Cialdini）曾担任美国人格与社会心理学协会（Society for Personality and Social Psychology）主席，获得消费心理协会（Society for Consumer Psychology）颁发的杰出科学贡献奖。

作为当今著名的心理学家，西奥迪尼从实践的角度，深度剖析了影响力的逻辑，以及其涉及的"交换""回避""威胁"等要素，对营销心理学产生了重要的影响。他提醒人们，即便是有利事件，在那背后也极可能存在他人利用自身的影响力来获取我们的信任与认同的现象，人们在寻求对等（或粗略对等）的交换时，需要警惕一些被特殊形式引发的无意识顺从。

一 "互惠原则"与获取顺从的策略

互惠行为在生物演化过程中发挥的作用至关重要。生物学中的"鲸落"现象就是一个很好的例子。虽然鲸捕食了大量其他物种，但鲸死后，它的尸体沉入海底，形成一套可运行长达百年的循环供给系统。这体现了物种间的互惠性。

互惠在人类社会活动中也是一种基础行为。在经济学中，由利己心驱动的分工和交易也会产生利他的后果。乔治·A. 阿克洛夫（George A. Akerlof）提出，就工人与公司的劳动合同而言，"工人生产率的提高将会得到工人工资增长的回报"。① 如果工人的努力是一种礼物，那么公司支付的工资也应该

---

* 本文曾发表于《跨文化传播研究》2022 年第 1 辑，第 199~211 页。

** 顾兴正，武汉大学新闻与传播学院博士后，武汉大学媒体发展研究中心助理研究员。

① G. A. Akerlof, "Labor Contracts as Partial Gift Exchange," *Quarterly Journal of Economics* 97 (1982): 550.

是一种礼物。因此，这种"赠送礼物"式的互惠行为受到了行为规范的规定。

《影响力》从营销心理学的角度出发，阐述了互惠原则的内涵，即"要是人家给了我们什么好处，我们也应当尽量回报"，强调销售员与顾客之间虽然存在互惠关系，但这种互惠关系中存在着"利用"的动机。因此，"互惠关系"并非一个完全正向的概念，我们在通过互惠进行文化融合和文化嵌入时，应关注互惠的不确定性。

西奥迪尼在《影响力》中强调，在营销心理学领域，"互惠"并不意味着完全平等。人们应该对互惠带来的不确定性、意在达到个人目的的互惠行为进行分析和反思。他认为，受互惠原则的影响，受惠方会对施恩方产生"亏欠感"。施恩方则可以利用这种亏欠感来获取别人的顺从，进而达成自己的目的。这种策略可分为三类。一是事先施恩（如"免费样品不免费"）。通常的做法是卖方向潜在客户送上部分相关产品，以请人试用或征求意见的形式首先表示善意。卖方这样做表面上是为了让顾客了解他们的产品，暗中却是为了释放接受礼物所带来的亏欠感。二是个性化（如加强亏欠感）。如果施恩方表示的善意是根据顾客当前的需求个性化定制的，那么它会加深互惠所带来的亏欠感，唤起顾客更为强烈的回报义务。三是保留影响力（如延续亏欠感）。互惠带来的亏欠感会随时间的推移逐渐减小甚至消失，所以在话语方面，销售者尽量不要使用"没什么大不了的""别想太多"这类老套的客气话，而应使用"如果我们的立场互换，我相信你也会这么做"等话语，通过强调"身份互换"的方式，提示对方也应该这么做，从而延续亏欠感，保留互惠产生的影响力。

这类互惠行为的目的主要是推动互惠关系的发展。如果相关各方始终坚守互惠原则，那么先表达善意的一方就创造了亏欠感。因此，为了推动互惠关系的发展，先表达善意的人不必担心自己会有损失，反而会产生意想不到的优越感。因为在互惠原则的驱动下，施恩方总会获得受惠方的回馈，受惠方则面临偿还的压力。这种压力并不仅限于最初提供和接受援助的个体，个体所属的群体中的其他成员也会受影响。

那么，利用互惠原则可能造成什么样的后果呢？首先，面对善意，人们会感受到偿还的压力。其次，倘若有人先让步，人们便觉得也有退让的义务。由此，西奥迪尼提出"互惠式让步"的概念。引起"互惠式让步"的原因在于"为了完成对社会的有益合作，整个社会都必须设法解决这些互不相容的初始欲望。这就要借助有助于双方达成妥协的程序，而互相让步是这类程序里十分重要的一种"。① 对于社会群体来说，当双方做出不成比例或不符合预期利益的行为时，双方往往都会为实现共同目标做出一定的利他行为。在谈判或交易的过程中，这逐渐成为一种强有力的社会规范，指导参与者的交易行为，维护互惠原则以解决冲突和使交易者适应无法预知的变化。

进而，西奥迪尼提出了互惠原则实现互相让步的两条路径。首先，它迫使接受了对方让步的人以同样的方式回应——以让步回应让步。其次，由于让步的接受者有回报的义务，于是人们都乐意率先让步，从而启动有益的交换过程。"拒绝—后撤"策略是对"互惠式让步"的一种应用——先提出较高的要求，遭到拒绝后再提出较低的真实要求。因为"互惠式让步"的机制建立在"我让一步，你也应让一步"的原则上。这种机制通过"知觉对比原理"，使得请求者能够利用在请求顺序上的有利安排（满足第一项要求，我赚；满足第二项要求，我不亏）达成自己的目的。与此同时，"拒绝—后撤"策略不仅会刺激人们答应请求，似乎还会鼓励人们践行承诺，人们甚至还会自愿履行进一步的要求。因为在这个过程中，接受者产生了责任感（对方觉得最终协议由自己"说了算"，进而产生了更多的责任感）和满意感（感觉是靠自己的努力或者"拒绝"使对手"后撤"了，进而达成圆满的协议）。格雷戈里·T.冈德拉奇（Gregory T. Gundlach）等学者从承诺的角度解释了这种现象："一方对另一方承诺的认识将有助于增强各自的承诺以及未来的承诺意图。在未来的交流中的实际承诺投入和态度也会有类似的过程和影响。"② 因此，双方的承诺呈现相互加强的关系，会随着时间的推移而强化，存在一定的跨期效用。

尽管互惠原则的确是为了促进伙伴之间的平等互动而产生的，但也可以用来实现完全不平等的结果。互惠行动中，最初让他人产生亏欠感的行为，以及缓解亏欠感的回报行为，都可以由最初的发起者来选择。如此，那些为实现特殊目的而有意利用互惠原则的人就能够轻易地操纵他人，推动不平等的交换。

借此，西奥迪尼还讨论了如何防范这种利用"互惠原则"的行为。"其中的关键是我们要意识到，请求者并不是我们的对手，他只不过是借助互惠原则……靠着抢先施恩或让步，释放这种力量。我们真正的对手是互惠原

---

① 〔美〕罗伯特·西奥迪尼：《影响力》（全新升级版），闫佳译，北京联合出版公司，2021，第 59 页。

② G. T. Gundlach, R. S. Achrol, J. T. Mentzer, "The Structure of Commitment in Exchange," *Journal of Marketing* 59 (1995): 82.

则。""抢先出手，不让请求者借用它的力量，我们便能避免跟互惠原则发生正面冲突。最主要的问题在于……要是我们总是戒备森严，碰到无意利用互惠原则的人向我们做出让步，或施予好意，我们也就收获不了它所带来的果实了。"① 或者说，我们如果为了避免互惠原则所带来的恶意而选择从一开始就拒绝一切请求，那么将不再有合作，不再有群体，甚至不再有进步。最好的办法不是一概拒绝他人最初的善意，相反，我们应当大方地接受最初的恩惠或让步，可一旦事实证明对方并非善意的，我们就应重新定义其行为。

另外，西奥迪尼提出了"共有关系"的概念。虽然互惠原则可能带来不平等的交换结果，但在家庭或稳定的友谊这类长期关系中，互惠性原则并非交互行为的唯一规范。在这类共有关系中，人们更多交换的是一种"只要你需要，我就帮你忙"的意愿。我们要基于这种互惠形式，在全球范围内建立共有关系式的联盟，将仅仅利用"互惠原则"追求自身利益的行为转化为长期交换关系中的相互依赖，只要双方都遵照一般性原则，计算谁多谁少是毫无必要的。

二 "我们"式联盟关系

《影响力》这本书首次出版于1984年，但西奥迪尼在2021年更新了书中内容，添加了"联盟"这一章节（最新版图书已由北京联合出版公司于2021年11月翻译出版），在此章节中我们可以对"共有关系"这一概念了解一二。

在这一章中，作者从心理学的角度出发，认为人人都会将别人分成属于"我们"和不属于"我们"的不同群体。"那些属于'我们'群体内的人，会得到更多的认同、信任、帮助、喜好、合作、感情支持、宽容，甚至获得更美好的评判：比如更具创造力、更有道德心、更富人情味。"② 进而，作者提出影响力的联盟原则，即人们倾向于顺从他们认为属于自己群体的人。

在"我们"这个关系群体里，一个人的行为会影响到其他成员。简单来说，"我们"就是因自己的特点与群体内其他成员的特点的多方面重叠而被无限扩大的"我"。本文在此将结合韩炳哲（Byung-Chul Han）的著作《他者的消失》来理解"我们"式关系。这涉及"同一者"（das Selbe）和"同者"（der Gleiche）两个概念。"同一者"是具有同一性的。同一性是指两种事物

① 〔美〕罗伯特·西奥迪尼：《影响力》（全新升级版），闫佳译，北京联合出版公司，2021，第71~72页。
② 〔美〕罗伯特·西奥迪尼：《影响力》（全新升级版），闫佳译，北京联合出版公司，2021，第368页。

或多种事物能够共同存在，具有同样的性质。与此同时，"他者的否定性给同一者以轮廓和尺度。没有了这一否定性，同质化便会滋长。……同一者总是与他者成对出现"。① 而他者与同一者的不同在于，同一者是一个内部的集合，以内部的多样性区别于相对他者的外部的相异性。"同者"与"同一者"不同，它"因缺少辩证对立，从而产生彼此无差别化，一团蔓生的、不能相互区别的东西"。② "同者"排斥区分，排斥外部的相异性与内部的多样性，使人们陷入相同的统一性和一成不变的单调中。因此，"我们"式关系强调的是"我"与他者之间既要保持群体内部的差异，又要去寻找相同的性质，避免无差别化，从而构建一个同一者的关系群体。

对此，西奥迪尼借用"自我涵盖他人量表"（Inclusion of Other in the Self Scale，见图 1）来说明自我与他人所产生的重叠感，以及由此产生的身份认同问题。他认为，自我与他人产生的重叠感越深，由此产生的身份认同感也就越深。这种观点可以与"同一性"联系到一起——我与他者之间同一性越多，这种重叠感也就越深，我对他者的认同感就越深。

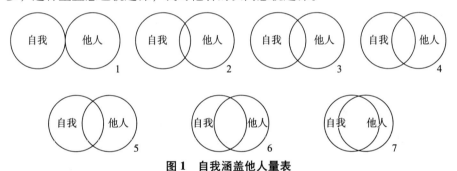

图 1 自我涵盖他人量表

资料来源：〔美〕罗伯特·西奥迪尼《影响力》（全新升级版），闫佳译，北京联合出版公司，2021，第 369 页。

进而，作者分析了"我们"这种关系对个体的"我"的影响。第一，在"我们"式群体中，与本群体外的成员相比，"我"对群体内的成员所带来的成果和幸福感是有所偏爱的。第二，"我"为确保群体内部团结，会用其他成员的偏好和行为指导、约束自己。第三，从进化的角度来看，这些偏爱和追随的抱团冲动是为了让"我"的群体获得优势，并最终让自己获得优势。③

① 〔德〕韩炳哲：《他者的消失》，吴琼译，中信出版社，2021，第 3 页。
② 〔德〕韩炳哲：《他者的消失》，吴琼译，中信出版社，2021，第 3 页。
③ 〔美〕罗伯特·西奥迪尼：《影响力》（全新升级版），闫佳译，北京联合出版公司，2021，第 370 页。

　　从营销心理学的角度来讲，"我们"式关系对"我"的影响也将有可能被用作引起顺从的策略。因此，西奥迪尼在此章节着重分析了利用个人关系来提升"联盟"意识的方法。在话语方面，一方只需要使用"我们"或"我们的"这样的话语，并提及双方的共同感受等，就能达到理想的效果。这种策略有两个显著的特点。第一，提升联盟意识的本质是"证据推论失效"的一种形式。它并不具有任何实证效用，也不足以建立有效的逻辑立场。相反，它为改变提供了一种完全不同的理由——对两人关系的忠诚。第二，它并未提供任何双方未知的东西，只是在增强双方对彼此关系的觉察。对彼此关系的觉察实际上就是将个人之间的关系转变为群体的内部关系，并强化群体内成员的联盟感。①

　　那么这种联盟感怎么产生呢？西奥迪尼主要从"身心合一"和"行动合一"这两个方面予以说明。这里的"身心合一"是从血缘或地理位置的角度分析不同个体之间产生联盟感的方式。根据生物学的观点，个体会付出极大的努力让自己的基因延续下去，而非单纯地让自己存活。也就是说，自我利益可以在当事人自身之外，在与自己有着相同遗传物质的他人身上。从基因重叠的角度来看，亲属关系越近，自我与他人重叠的感觉就越强烈。

　　那么，人们需要思考的问题是：没有基因联系的人，能不能借用亲缘的影响力呢？作者给出了肯定的答案。没有基因联系的人可以借用有关家庭的图像和符号，"在成员里创造出集体感，能提升人为了集体利益牺牲个人利益的意愿"，毕竟"人极其擅长感受象征的力量，因此，这些想象出来的'虚构家庭'能提高人的自我牺牲精神"。② 这在当下流行的直播带货中较为常见。在各大直播间中，主播会使用如"家人们""兄弟们""姐妹们"等话语来称呼观众或消费者。这就是利用家庭符号建立主播与观众之间的情感联结的较为典型的例子，销售者借此创造出"我"与他者的"我们"式关系，提升联盟感，刺激消费欲望。虽然这种话语提高购买欲的效果有限，但其在行为层面体现了"虚构家庭"关系对"我"的影响。

　　那么，我们便可以得出这样一个结论：如果说麦克卢汉告诉我们媒介即信息，那么在"联盟"的概念下，自我与他人的融合也是信息——人们有时

---

① 〔美〕罗伯特·西奥迪尼：《影响力》（全新升级版），闫佳译，北京联合出版公司，2021，第378~379页。
② 〔美〕罗伯特·西奥迪尼：《影响力》（全新升级版），闫佳译，北京联合出版公司，2021，第385~386页。

会用信息的相似性来判断基因的重合程度，与和自己信息重合度高的人产生联盟感。我们通过对信息相似性的辨别来区分"我"与他人的关系。相同的特点带来更多的社会认同感，从而促使我们将自身类化到各种群体当中。我们在通过符号寻找群体的同时，也将符合群体特征的符号赋予自身，进而更好地与群体成员融合。借此，组合信息成为获取顺从的策略。虚构的符号象征将我们类化到"超真实"的联结当中，为再生产的真实自我牺牲，从而顺从他人意愿。

作者又从"场所"的角度分析了"联盟感"的产生方式，从"家园"与"地区"的角度分析场所对产生联盟感的影响。① 在"家园"方面，父母对陌生人的接纳程度很可能影响孩子成年之后帮助陌生人的意愿。即使我们只是在有限的空间或有限的群体内去更多地接触他人或其他群体，也可以提升我们的家庭感，提升自我与他人的整体重合度，提升联盟意识。另外，大致同一的地理区域也能带来一种归属感。比如，二战时期，"身处日本的犹太人通过暗示纳粹自称的'优越的'雅利安人种跟亚洲民族有着天然的不同，把日本官员心中占主导地位的群体认同从战时的临时同盟转到了与地区、遗传相关的亲近性上"。② 大多数情况下，人不是处于一个单一的群体中。受环境和利益等因素影响，人所处的群体也在随时转换。因此，人们为了当下所处群体的利益或信誉伤害他人或其他群体时，应意识到自己极可能也是受害者或受害群体中的一员。

而在"行动合一"部分，西奥迪尼以纳粹大屠杀时期，希特勒特赦恩斯特·赫斯（Ernst Hess）为例，分析实现联盟的一条不同路径。他分析希特勒赦免赫斯的主要原因在于他们共同经历了第一次世界大战的苦难与不幸，并在同一天、同一战场相继受伤。随之，西奥迪尼认为："纵观人类历史，共同的痛苦一直是一种黏合剂，将身份融合到基于'我们'的情感联结当中。"③这里的"共同的痛苦"不仅仅可以指人们在同一时间共同经历的苦难，还可以指个体与个体，或群体与群体都曾有过的苦难经历。因此，创伤不仅会在事件发生时使人产生负面情绪，还会使人们更加团结。由于共同承受了痛苦，

---

① 〔美〕罗伯特·西奥迪尼：《影响力》（全新升级版），闰佳译，北京联合出版公司，2021，第390~400页。

② 〔美〕罗伯特·西奥迪尼：《影响力》（全新升级版），闰佳译，北京联合出版公司，2021，第399页。

③ 〔美〕罗伯特·西奥迪尼：《影响力》（全新升级版），闰佳译，北京联合出版公司，2021，第413页。

人们之间的纽带联结得更紧密，对情感的联结和集体凝聚力产生巨大影响。

与此同时，西奥迪尼也提到"长期的信息交换""共同创作""征求建议"等也会使个体向另一方表现出额外的善意，并随着信息表露强度的提升，交换双方建立信任感，最终形成和谐的、保持同步的互动。

那么，这种情感如何被运用到跨群体的大联盟当中呢？他从家庭、友谊、邻里、敌人的敌人就是朋友、共同身份认同等方面展开阐述，但同时作者也承认，这些方法虽能发挥作用，但持续的时间不会太久。因为这种联盟的目的一般都与"达尔文式的压力"，即推动本群体与其他竞争者斗争以获得生存空间，抢占优势目标背道而驰。这些"达尔文式的压力"把我们引向了竞争和隔离，并使我们体验到威胁感。每当群体的福祉或声誉遭受威胁，我们就会猛烈还击，贬低对立群体的价值与价值观，甚至人性。

但是，西奥迪尼最后试探性地提出"注意力的焦距"这一概念来尝试解决跨群体的冲突。他认为重要的东西会获得关注，被人们关注的东西也会获得重要性。人类的认知组织方式会让人把最容易接触到的态度视为对自己最重要的态度。由于人们经常接触竞争、抢占优势等"达尔文式的压力"，这些"生存之道"往往会引发人们的强烈关注，但如果人们更多地关注和谐交流、友爱、共享等内容，也会发现他者的重要性。

从传播学的角度出发，当传播者与受众都聚焦相对正面的信息，那么基于一定的时间成本，双方的注意力也会发生转化，从而在一定程度上消解部分冲突。但问题在于这种方式并没有解决冲突，只是搁置问题或提高其他方面的重要性之手段。传播的双方只是在心理上与相对负面的信息进行了知觉对比，在潜意识里重新对注意力进行了分配。这之中还是会涉及利用策略获取顺从的问题。比如，销售方会特意强调产品的优势，以此来减弱用户对产品弱点的审视，但当产品因弱点而产生问题时，销售方又会将之归结于用户的选择。在短期消费关系中，这种基于知觉对比而产生的注意力转换及后续的参与行为可以说是营销心理学中的有效引导手段。但在长期稳定的关系中，仅依靠注意力的转换来解决冲突显然不是理想的方式。

三　基于条件的不确定性

互惠原则在一定程度上是群体协作的基础，个人在追求自身利益的同时也要考虑他人的利益。这已然成为日常生活的重要行为准则。坚守互惠式交换使我们建立相对稳定的联盟关系。与此同时，随着全球化的发展，我们可以了解、接触、拥抱更多的他者，依靠信息的相似性，"我"与他者相重叠并融合为更多、更大的群体。但这也带来了新的问题。在全球化视域下，我们每天接收海量的信息，面临更多的选择，处于极具不确定性的环境中。从这个角度来看，"影响力"起到的正是将不确定性转化为确定性的作用。受到诸如"互惠式让步""联盟感"等的影响，人会做出一些偏好性明显的选择。在此过程中，即使如"互惠"与"联盟"这些相对正向的行为也会成为人为了获取顺从在微观层面滥用权力的手段。

在"赠送礼物"式的互惠交换中，诚意是一个重要因素。特别是首先表示出诚意有助于达成合作以及鼓励实践承诺，这也是作者提出"互惠式让步"的重要依据。但在此，"拒绝—撤退"策略使诚意成为获取回报的手段，以先发制人之势将"套路"伪装成诚意。西奥迪尼在接受《商学院》杂志的专访时说道："营销中的互惠定律具体操作起来就很强调先发性，先行动的人往往占据有利位置。"① 这就导致原本对等的权利与义务具有了不确定性。如果双方都坚守互惠准则，虽然从结果上看，实现了互利共赢的合作关系，但抢先施恩所带给对方的亏欠感成为自身谈判的筹码。因此，"无条件性（unconditionality）不符合互惠准则的基本特点，互惠准则只附带地规定义务，即对他人所给予的利益作出反应。……以互惠方式行事的行动者以合作回应合作，以背叛回应背叛"。② 罗伯特·O. 基欧汉（Robert O. Keohane）在社会学中所定义的互惠准则也适用于此。如果说互惠是存在条件的利他行为，那么互惠的不确定性则在于执行互惠行为的先决条件。抢先施恩的先决条件在于使对方产生亏欠感，显然这是不对等（或粗略对等）的交换，其动机在于以服务换取他人未来的回报义务。而受惠方的回报义务则受到道德规范的约束。受惠方的利他行为在一定程度上将大于自我获取的利益。

道德规范的约束体现了个体对社会认同感的追求，而"社会认同最初源于群体成员身份。人们总是争取积极的社会认同"，③ 以此区分内、外群体，并将自己类化到某个群体中。此时的不确定性体现在当我们意识到自己属于某一群体时，我们就会用群体内其他成员的特征来规定自我，以确保自身与群体的隶属关系。同时，我们也会对群体内的其他成员产生群体

---

① 施智梁：《是的，我知道你在想什么：专访说服术与影响力研究专家罗伯特·西奥迪尼（Robert B. Cialdini）》，《商学院》2007 年第 7 期，第 37 页。

② R. O. Keohane, "Reciprocity in International Relations," *International Organization* 40 (1986)：6.

③ 张莹瑞、佐斌：《社会认同理论及其发展》，《心理科学进展》2006 年第 3 期，第 476 页。

内的偏爱，甚至做出如既保护他人（内群体）又伤害他人（外群体）的"蓝色谎言"① 行为等。因此，群体对个体的心理与行为具有巨大的影响力，而群体成员（或伪装成群体成员的个体）借助此影响力进一步获取他人的顺从也成为"联盟"不确定性的又一表现。

在此，无论是"以他人来规定自我"，还是"对内群体其他成员的偏爱"，都可以说是"我"作为内群体中的一员所必须履行的义务。首先，群体内的成员已然将"自我"视为可以塑造的客体，在争取积极的社会认同时，必须与他人保持统一标准。但"我"也不仅仅存在于单一群体当中，不同的环境也在塑造不同的"自我"。此时，联盟的不确定性也可以说是"自我"的不确定性，其先决条件在于群体的转换。当"我"处在相对满意并稳定的环境时，"自我"逐渐被确立。但一旦环境发生变化，"我"再次进入不确定的状态，并重新开始塑造"自我"。其次，"我"对内群体其他成员的偏爱可以说是利他与利己共存的互惠行为。为维持群体稳定，群体成员会为了其他成员而抛弃部分理性，选择与事实脱节，为他人的利益放弃自我利益（部分社会评价）。但群体其他成员的优势所带来的群体优势又使自我获利。此时联盟的不确定性可以说是自我利益的不确定性。偏爱群体成员使"我"放弃部分社会认同，但强化了群体成员间的认同感，甚至，"我"放弃的自我利益越多，之后获得的利益也会越多，因为其他成员也会对"我"有所偏爱。不过，一旦"我"所放弃的自我利益大于当前群体优势所带来的自我利益，"我"与群体其他成员的联盟感将大大降低，"我"甚至会脱离此群体。

在跨文化传播当中，我们总是希望将不同的文化进行融合，构建和谐的"我们"式关系，并在此过程中，通过与他者的交流构建自我。但联盟的不确定性又提醒我们要警惕他人通过利用群体对个体的影响来获取顺从。我们无法在接触与理解他者文化的瞬间完全了解他人的真正目的。并且，为群体所做出的自我牺牲也未必能够得到相对应的回报。即使是互惠这种看似完全有益的行为也存在基于先决条件的不确定性。但我们也不应完全拒绝他人的善意和寻求合作的意愿，在了解他人利用影响力获取我们信任的途径与方式的同时，需要基于一定程度的善意在特定环境中进行交往实践。我们也应在相对理性的利己行为中保持最大限度的诚信与尊重，避免以一边倒式的、压迫式的方式获取个人利益，陷入个人中心主义中不能自拔。

---

① 〔美〕罗伯特·西奥迪尼：《影响力》（全新升级版），闫佳译，北京联合出版公司，2021，第 373 页。

社会交往中敏感性的阈限性及其传播学意义

王宵静*

一 敏感性的阈限性

直观来看，敏感性是指对外部影响各个方面的感知和内部处理，[①] 涉及主体对外部刺激的感知、处理和承受度，它只在自我与外部世界的互动中涌现。在具体的交流语境中，敏感性通常会涌现出积极或消极的含义，比如我们会劝人"不要那么敏感"，或者夸奖人"能够敏感于他人的需求""很有艺术敏感力"等。敏感性有时可以成为主体间关系的黏合剂，有时则使自我受到伤害乃至走向自我封闭。

主体对敏感性的感知和承受阈值有关。在身体层面，我们可以感受到光、声、味道、触碰等带来的感官刺激，但在接受阈值内，这些刺激一般不会引起"敏感神经"的注意；在心理层面，如果始终处于熟悉的环境中，和外界的交往没有给自己带来不适或威胁，我们也很难产生敏感的状态。因此，只有当外部刺激超出了主体的承受度，敏感性才会浮现，由于携带相关基因的不同，个体之间存在天生的敏感性差异。[②] 但敏感性并不是固定不变的，不同主体都可以在与环境的互动中塑造自己的心灵，强化或改变原有特质。心理学的研究表明，在人发育的早期阶段，发育的方向是最有可能由环境决定的，环境可以对天生的特质起到促进

---

* 王宵静，武汉大学新闻与传播学院博士研究生。

① M. Pluess, "Individual Differences in Environmental Sensitivity," *Child Development Perspectives* 9 (2015): 138-143.

② J. R. Homberg, D. Schubert, E. Asan et al., "Sensory Processing Sensitivity and Serotonin Gene Variance: Insights into Mechanisms Shaping Environmental Sensitivity," *Neuroscience & Biobehavioral Reviews* 71 (2016): 472-483.

或减弱作用。① 也就是说，敏感性受到个体的成长过程、文化环境、交往对象与交往语境等的影响，因交往的复杂性而表现出动态性。

当代社会，社会流动加快，敏感成为常见话题。统计数据表明，大约有20%的人具有高敏感的特性，其中包括神经系统高度敏感，当处于高度刺激的环境中时，他们更容易不知所措。② 出版于 1996 年的《天生敏感》（*The Highly Sensitive Person*）一书主张敏感性是天生的，作者不希望把高度敏感的人格特征理解为一种疾病，而是将它看作具有高度创造潜力的遗传特性。③ 该书出版后迅速成为畅销书，被翻译为 70 余种语言，俘获了众多"高度敏感"的读者。还有学者主张"高敏感是种天赋"，人们应该积极利用自己高度敏感的特质。④ 在跨文化语境下，还出现了对跨文化敏感性的测量，具备高跨文化敏感性意味着可以更有效地进行跨文化交往。⑤ 可见，敏感性客观存在，且可以成为改善交往的积极力量。

然而，敏感性又有其消极被动的一面。比如，在美国，有学者将大学生的心理状态形容为"娇惯的"（coddling）——他们被过度保护，无法接受任何冒犯和打击，以至于大学成了"一言堂"。⑥ 在德国，不使用冒犯"受压迫群体"的语言成为"政治正确"，人们创造出新的语言和词汇，以取代阳性泛指语言，比如用 Lehrerinnen und Lehre、LehreInnen、Lehrer * innen、Lehre_ innen 代替以往的 Lehrer，⑦ 以表示包括男教师和女教师在内的教师群体。但这并不意味着原有的性别结构已经改变，甚至在一定程度上还造成了语言的复杂和表达的受限。

《敏感与自我》（*Sensibel: Über moderne Empfindlichkeit und die Grenzen des Zumutbaren*）出版于上述背景之中，作者斯文娅·弗拉斯珀勒（Svenja Flaßpöhler）

---

① M. Pluess, J. Belsky, "Vantage Sensitivity: Individual Differences in Response to Positive Experiences," *Psychological Bulletin* 139（2013）：901.

② M. Pluess, J. Belsky, "Vantage Sensitivity: Individual Differences in Response to Positive Experiences," *Psychological Bulletin* 139（2013）：901.

③〔美〕伊莱恩·阿伦：《天生敏感》，于娟娟译，华夏出版社，2014。

④〔丹麦〕伊尔斯·桑德：《高敏感是种天赋》，李红霞译，北京联合出版公司，2017。

⑤ M. J. Bennett, "Towards Ethnorelativism: A Developmental Model of Intercultural Sensitivity," *Education for the Intercultural Experience* 2（1993）：21~71.

⑥〔美〕格雷格·卢金诺夫、〔美〕乔纳森·海特：《娇惯的心灵》，田雷、苏心译，生活·读书·新知三联书店，2020。

⑦ Lehrer 既可以指包括男教师和女教师的全体教师，又可以只表示男教师，当用这个词指代全体教师时，女性常常有未被包括在内的感觉。随着女性主义思想的传播，人们对此类"阳性泛指"语言越发敏感，试图重新创造新的表达。〔德〕斯文娅·弗拉斯珀勒：《敏感与自我》，许一诺、包向飞译，上海三联书店，2023，第 235~236 页。

是一位具有哲学背景的自由作家，担任德国《哲学杂志》(*Philosophie Maga-zin*) 主编，对社会心理始终保持着敏锐观察，出版的著作涉及死亡、爱情、亲情以及女性主义等话题，也曾因对 MeToo 运动的评论饱受争议。① 严格来说，《敏感与自我》并非一本学术著作，作者不着力于对敏感性问题做学术讨论和理论建构，也无意提供一个行为准则，而是面向德国当下的社会心理现象，串联起哲学和社会科学领域对敏感性的相关讨论，辩证地阐明敏感性，尝试思考人与人之间、人与外部世界之间的关系。

弗拉斯珀勒敏锐地看到了敏感的两面性：一方面，高敏感性可以成为一股强大的力量，帮助减少不平等现象，比如对冒犯性话语和行为感到敏感，排斥触摸与近距离接触，不断强调边界感，可以帮助建立起共同的交往礼仪，避免彼此伤害，促使社会朝着更文明的方向转变；另一方面，敏感化趋势同时伴随着分裂趋势，保持距离、合乎礼仪也意味着人与人之间的冷漠，回避冒犯性话语常常阻碍了对语言背后实质问题的讨论。敏感的这一矛盾性不仅仅适用于德国社会，不同社会背景的读者均能从中得到某些启发。然而，作者着力于对关于敏感性的各种观点作较为全面的呈现和辩证思考，但全面性却限制了对矛盾现象的学理化分析，似乎又走向了相对主义，难以给现实问题一个可能的"解"。

文化人类学的阈限性（liminality）可以成为观察敏感性本身不确定状态的一个视角，将敏感性置于其出现的互动环境中加以理解，在交往中寻找对自我与社会的新建构，而非直接走向对敏感性后果的担忧。阈限性最初出现在对"通过仪式"②的阶段划分之中，"通过仪式"有三个阶段：分离、边缘（阈限）和聚合。阈限阶段即个体从原有状况脱离出去，还没有进入新的稳定状况的阶段。在该阶段，仪式主体在法律、习俗、传统和典礼所制定和安排的那些位置之间的地方，原有惯例已无法再处理新的状况。他们不清晰、不确定的特点被多种多样的象征手段在众多的社会之中表现了出来，比如成长仪式或青春期仪式上的初次受礼者，可能会被表现为一无所有的人，或装扮成怪兽的样子，或只披一块布条，或赤裸身体，以表现其作为阈限的

---

① 在她看来，MeToo 运动将男性-女性固定在加害者-受害者的位置上。"说不就是拒绝"的口号其实已经天然地视女性为被动、弱势的一方，只能通过说不使自己不受伤害。因此，MeToo 运动缺乏反思性，没有触及结构性厌女症的核心，甚至在某些方面强化了这一点：女性始终是被凝视的对象，是欲望的客体，女性自身的力量、欲望鲜少受到讨论。

② "通过仪式"即伴随着每一次地点、状况（state）、社会地位，以及年龄的改变而举行的仪式。

存在。① 简单地说，阈限性是指人类在各种社会和文化背景下，如何应对变化，当主体或集体处于之间状态，试图克服它，并以不同方式离开它时，之间性体验是如何被塑造和重构的。② 换句话说，阈限性是一种之间状态，既可以是空间上的也可以是时间上的，不同的文化元素在此汇聚，充满着混杂性、模糊性和不确定性，但这种状况只是暂时的，身处其中的主体经由和种种元素的互动，将逐步进入聚合状态，也即新的稳定状态。阈限性视角被视为一个棱镜，诸多学科的研究者通过它理解当代世界的变化，探索多学科交叉领域的不同问题。

回到敏感性的概念可以发现，敏感性在自我与外部世界的互动中出现，只有当外部刺激超出原本的敏感阈值时，主体才可能经历敏感状态，重新寻找自我与世界的平衡。因此，敏感状态是旧自我与新自我、旧处境与新处境之间的状态。又由于主体始终处于交往之中，随时会遇到新状况，敏感性便也会随时发生变化，表现出各种各样的特点。同时，因主体之间存在先天或后天的差异，面临不同的交往环境和交往对象，不同主体的敏感性也存在差异。因此，敏感性表现出阈限性的特点，并不存在衡量其适度与否的统一尺度。

从阈限性的视角来看，敏感性是一个关系概念，在人与外部世界的互动中产生，随着人的流动、外部世界的变化而不断发生改变。在这种情况下，只有接受敏感性的混杂性和不确定性，在多元的交往情境中观察主体体验，才能在不确定性中寻求对自我及环境的新建构。进而，寻找敏感性的合理限度问题转化成了在充满不确定的交往语境中，主体如何经由敏感性重塑自我、走向新环境。阈限性可以从三个维度上加以讨论。一是主体体验维度：单一个体、社会群体、整个社会或人口。二是时间维度：时刻、周期、时期。三是空间维度：特定的临界点，区域或空间，国家或更大的地区、大陆。③ 这三个维度可以相互组合，共同构成阈限性的时空情境。结合敏感性的特点，即虽然充满着变化和流动，但均涉及主体对外部影响的感知和处理，因而可以依据主体体验的维度，分别探究个体、群体以及社会的敏感性体验问题，同

---

① 〔英〕维克多·特纳：《仪式过程：结构与反结构》，黄剑波、柳博赟译，中国人民大学出版社，2006，第 94~95 页。

② B. Thomassen, "Thinking with Liminality", in A. Horvath, B. Thomassen, H. Wydra, *Breaking Boundaries: Varieties of Liminality* (New York and Oxford: Berghahn Books, 2015), pp. 39-60.

③ B. Thomassen, "Thinking with Liminality", in A. Horvath, B. Thomassen, H. Wydra, *Breaking Boundaries: Varieties of Liminality* (New York and Oxford: Berghahn Books, 2015), pp. 39-60.

时将空间维度和时间维度的因素穿插其中，讨论不同主体在特定情境中的敏感性状态以及其中蕴含的可能性。

二　个体：敏感性与韧性相生相成

相比于群体与更大的社会，个体的敏感性更具流动性。每次面临新的外部刺激，个体都可能产生"过敏"行为。面对敏感性，个体或者隔离刺激物，退回到原来的熟悉环境之中；或者在可接受的范围内，综合各种新的环境要素，重新理解自我和环境。由于个体无法脱离外部环境独自生存，后一种情况往往更为常见，这也意味着个体不得不承认并接受敏感性，调适自我，并经由敏感性反思现实的交往关系，走向对自我与世界的新建构，进入新的稳定状态。这一过程离不开韧性的参与。

以往，敏感性和韧性常常被对立使用，韧性代表着冷酷、冷漠、坚硬，似乎与敏感性非此即彼。弗拉斯珀勒试图重塑敏感性与韧性的关系，认为韧性是敏感性的姐妹，两者相互牵制才能避免韧性或敏感性的极端走向。实际上，韧性的拉丁语词义是"反弹、回弹"，描述了身体在受到外部干扰变形后恢复到原来状态的特性。[①] 按照这种说法，韧性并不意味着不敏感，只是可以较好地消化刺激，使自己不受伤害。书中用小囊泡比喻敏感性和韧性之间的辩证关系，小囊泡受到"外皮"保护，可以抑制和过滤外部刺激，保持内部的安全。它同时还是连接有机体和外界的敏感表面，可以吸纳部分刺激，进而构造和塑造其内部。[②] 在这里，个体因自身的敏感脆弱而生成了小囊泡，又因为可以生成小囊泡而证明了韧性的存在。然而，即使能够了解敏感性和韧性的辩证关系以及各自的作用，读者依然难以从中得知韧性与敏感性的合理限度，更无从应对现实中的敏感性问题。

首先，由于天生特质以及生活环境的不同，个体之间存在着敏感性差异，而单一个体的敏感性也存在着时空差异，这将影响个体敏感性与韧性的关系。以列维纳斯和尼采关于敏感性的观点为例，列维纳斯认为是敏感性使我们成为人，人在本质上是脆弱的，也正是在这一点上，我们都是平等且相互联系的。对于移民、跨性别者、同性恋者等相对边缘的群体，我们即使难以共情，

---

① 〔德〕斯文娅·弗拉斯珀勒：《敏感与自我》，许一诺、包向飞译，上海三联书店，2023，第9页。

② 〔德〕斯文娅·弗拉斯珀勒：《敏感与自我》，许一诺、包向飞译，上海三联书店，2023，第115~116页。

也需要尝试理解他们的敏感与脆弱之处，尤其要肯定他们为了平等而大声疾呼、奋力抗争的努力。与之相反，作为主张韧性的代表，尼采则认为"没有杀死他的东西，就会使他更加强大"，人不应该沉浸在伤害之中，而是要培养自己的韧性，更有力量地去面对世界。然而，作者为他们安排了一场虚拟辩论，两人在辩论最后找到了重合点：伤口是力量产生之处！①

列维纳斯和尼采关于敏感性的观点和他们的天生特质和个人经历有关。列维纳斯曾被关在战俘营，身上也因此留下了伤口。在他看来，只有承认人的脆弱性，拒绝闭合伤口，才能保持其潜在力量，唤醒人们的情感和责任。而尼采本人却是天生高度敏感的，他对气候和光线极端敏感，患有偏头痛，精神不稳定，而这反而塑造了他过人的韧性。② 然而，尼采同时也认为韧性并非意味着一成不变，如果面对极端困境，比如在雪中行军的士兵，做出反抗就会迅速耗尽自己，对此，尼采主张顺应环境，躺在雪地里以保证生存。③ 由此可以看出，个体的敏感性存在天生的差异，对于高敏感的个体来说，为了使自己适应环境，必须培养相应的韧性；同时，个体对敏感性和韧性的选择还受到特定环境和个人意志的影响，比如，尼采在面临极端困境时，选择顺从于敏感性，而列维纳斯即使知道伤口会给自身带来伤害，但依然选择敞开伤口，以避免此类暴行再次发生。也就是说，作为主体的个体，其敏感性虽然受生理机制影响，但对其认知和反应却在很大程度上和个人意志有关。

此外，不同个体、同一个体在不同时空的敏感性感知和处理方式将影响对自我以及环境的新建构。敏感性出现在旧自我向新自我的过渡过程之中，充满着不确定性，如果个体无法发挥主体性，任由外界刺激伤害自我，或者被动地封闭自我，则走向了敏感性消极被动的一面；如果合理发挥自身的韧性，反思并利用自身的敏感性，从伤口中积累经验，重新介入新的交往关系，则是利用了敏感性积极主动的一面。经由敏感而反思，既可以使个体意识到原有状况的不合理之处，改变原有的敏感特性，也可以使自己适应并参与新环境的建构。比如，长期处于某种不平等关系中的个体，很难对此感到不适或敏感，只有意识到存在关于此关系的新可能，才会激发对原有状况的敏感

---

① 〔德〕斯文娅·弗拉斯珀勒：《敏感与自我》，许一诺、包向飞译，上海三联书店，2023，第49页。

② 〔德〕斯文娅·弗拉斯珀勒：《敏感与自我》，许一诺、包向飞译，上海三联书店，2023，第43~49页。

③ 〔德〕斯文娅·弗拉斯珀勒：《敏感与自我》，许一诺、包向飞译，上海三联书店，2023，第52页。

与反思，并寻求改变。

此外，引发个体敏感状态的往往并不只是单一的语言或行为，这种敏感状态常常关联于整体社会结构。因此，积极敏感性指向的是对更广泛结构的反思，而非对某种语言或行为本身的抵制。以语言敏感性为例，当下，涉及种族、民族、性别或其他身份的冒犯性言论很容易被视为"敏感词"，使用者一不小心就成了被攻击、被取消某种资格的对象。但单纯的敏感和抵制并不足以构成对现实问题的挑战，甚至阻碍了对其的有效讨论。实际上，语言结构并不来自先于语言而存在的世界，[①] 语言符号的能指和所指之间的关系并不永久固定，只有找寻到语言背后问题的讨论空间，才有可能重塑此类语言的意义，帮助解决实际问题。比如，在很长一段时间里，德文中的"schwul"（同性恋）一词是彻头彻尾的羞辱和歧视性的表达。但后来，同性恋者已经完全占有了这个词语的解释权，把它改造成一个骄傲的自我称呼。[②]

可以看出，对于任何个体来说，其敏感性与韧性的关系都是相生相成的，只有一方存在，另一方才有可能相伴而生，且两者可以相互转化。当个体在交往情境中调适自我与社会的关系时，也即在寻求敏感性与韧性的合理限度，但并不存在应对敏感性的统一方案。对于差异化的个体来说，关键在于面对自身的敏感性和不断变化的外部世界，能避免单纯的个人化的被动反应，而是经由敏感性反思现实的交往关系，在不确定的状态中不断寻找自我与世界的新平衡。

三 群体：敏感性的共享与互斥

相比于个体敏感性，群体敏感性的独特之处在于，它由个体的敏感性组成，可以放大共同情感；同时，不同的敏感性又意味着社会将被分为若干群体，可能产生群体间的对立和社会的分裂，某些群体甚至将敏感性作为相互对抗的武器。另外，除了受到个体敏感性的影响之外，群体敏感性的形成与表现还受到媒介、群体氛围等的共同影响，其内部组成及其边界都是可流动的。

《敏感与自我》一书中并没有就群体敏感性做专门论述，但讨论了将个

---

① 〔德〕斯文娅·弗拉斯珀勒：《敏感与自我》，许一诺、包向飞译，上海三联书店，2023，第 133 页。

② 〔德〕斯文娅·弗拉斯珀勒：《敏感与自我》，许一诺、包向飞译，上海三联书店，2023，第 139~140 页。

体联系起来的情感机制——共情，即人们能够对他人的命运产生共鸣，将自己置身于他人的内心世界。[1] 书中介绍了休谟、舍勒、卢梭、萨德等关于共情的观点及其局限性。休谟认为个体之间的相似性使共情成为可能，我们彼此之间分享的东西越多，例如语言或出身，共情就越强，也就越容易受到他人感情的传染。[2] 舍勒将感情的传染与共情和同情截然分开，认为感情的传染仅仅发生在自我的各种感觉状态之间，根本不以了解他人的快乐为前提。[3] 卢梭区分了道德的、主动的"敏感性"与纯粹被动的身体敏感性，前者是我们把自身的感情附着在其他生物身上的能力，而伴随着文明的进程，自然的同情被功利、竞争心所取代。[4] 萨德理解的敏感性则完全走向了消极的一面，即从他人的痛苦中获得的是乐趣而非同情。[5] 书中没有给共情统一的解释，但大致涉及对他者的同情、情感的传染以及移情，这些感情既可以将个体联系起来，但同时也有其局限性，比如同情有时只是个体的情感反应，并不意味着对他者处境的真正理解；情感的传染虽然能带来强大的力量，但又容易压制主体的反思意识；移情虽然强调设身处地理解他者的经历、感受、观点，但又面临取消自己视角的风险。

共情的不确定性将影响群体敏感性的形成与表现。个体间既可以因地理的邻近性结成一个群体，也可以因某种性别、种族、兴趣爱好、政治倾向、疾病等结合在一起，共享某种敏感性，产生巨大的群体能量。然而，个体间的差异又使得群体内部充满了共享敏感性之外的异质性，这种异质性使得"人同此心、心同此理"的假设常常成为一厢情愿，造成群体内部的分裂，也使个体同时属于多个群体，使群体边界模糊，不断发生变化和重组。此外，当个体可以轻松地离开或加入一个群体时，将减少适应外部世界的意愿，更加顺应自身的敏感性而非寻求自我改变，而这又将加剧群体的不稳定性和流动性。

除了个体特质和共情机制外，群体敏感性还受到连接群体的媒介的影响。

---

[1] 〔德〕斯文娅·弗拉斯珀勒：《敏感与自我》，许一诺、包向飞译，上海三联书店，2023，第61页。

[2] 〔德〕斯文娅·弗拉斯珀勒：《敏感与自我》，许一诺、包向飞译，上海三联书店，2023，第64页。

[3] 〔德〕斯文娅·弗拉斯珀勒：《敏感与自我》，许一诺、包向飞译，上海三联书店，2023，第67页。

[4] 〔德〕斯文娅·弗拉斯珀勒：《敏感与自我》，许一诺、包向飞译，上海三联书店，2023，第74~76页。

[5] 〔德〕斯文娅·弗拉斯珀勒：《敏感与自我》，许一诺、包向飞译，上海三联书店，2023，第85页。

以往，群体主要基于地理空间的邻近性形成；后来，印刷术和通信网络使得个体可以跨越所在地，与远方他者产生连接，如书信体小说，尤其是18世纪的敏感性文学，使读者可以突破身边的圈子，理解陌生人的命运。在书信体小说的鼎盛时期之后，美国和法国分别在1776年和1789年将"人人平等"写入了法律，① 直接体现了印刷媒介的力量。当下，带有#MeToo标签的个人故事通过互联网在全球流行，形成一股反性侵潮流，主题标签#Neinheißtnein（说不就是拒绝）在德国的性犯罪法改革中发挥了重要作用。当媒介形式变得越来越多样时，人们在日常生活的特定时刻使用媒介或其他数码技术，对空间进行征用和转化，创造出"阈限空间"，② 形成超越地理空间的共同情感。同时，媒介也进一步加快了群体的流动和变化，个体可以更轻松地加入或离开一个群体，游走在不同的群体之间。

群体敏感性还受到群体氛围的影响。在群体中，共同情感得到凸显和放大，个体的其他情感受到抑制，以至于行动中的"群体"能够超出所有个人的意图，做出没有任何人"想做"和"为此负责"的事。然而，情感的传染有很多反应性的成分，这些成分容易淹没多元的信息和理性的表达，影响公共讨论的效果。此外，这种情感还可以被操作，服务于非正义目的，比如战争年代的宣传，军队中的士兵抑制自我的内在需求和情感表达，取而代之的是纪律化的、单一的、僵硬的面容。在一战开始几个月后，弗洛伊德曾尝试解释群体的战争热情和个体的残暴，在他看来，"强烈的爱和强烈的恨"通常结合在一个人身上，一切都取决于此人是否和以何种方式约束、转化、吸收自身的冲动秉性。③ 在战争的氛围中，暴力无处不在，不再受到谴责，人们也便无须抑制自身暴力的一面。因此，群体敏感性的能量既可能推动某一共同问题的解决，也可能产生巨大的破坏力。

敏感性的共享与互斥常常是同时存在的，"我们"凝聚在一起时，也制造出了他者，"我们"作为情感共同体的空前凝聚也意味着"我们"与"他们"之间的对立。对于个体而言，媒介使个体与他人的情感联系更加随机和不确定，相比于抑制自身的敏感性以适应群体，个体或许更愿意保持独异性；而

---

① 〔德〕斯文娅·弗拉斯珀勒：《敏感与自我》，许一诺、包向飞译，上海三联书店，2023，第60页。

② 潘忠党、於红梅：《阈限性与城市空间的潜能——一个重新想象传播的维度》，《开放时代》2015年第3期，第8、9、140、157页。

③ 〔德〕斯文娅·弗拉斯珀勒：《敏感与自我》，许一诺、包向飞译，上海三联书店，2023，第91~92页。

群体氛围又影响着个体的情感表达，影响着自我与社会的互动关系。对于群体中的任何个体而言，其面临的敏感状态不仅仅受个体间交往的影响，还混杂着群体环境的各个要素。如果主体能够意识到并合理地处理这些要素，将有可能在共享的敏感性中积聚起积极力量，共同作用于个体与社会；如果只是被动地受群体敏感性所影响，个体或者使自己隔离于群体，或者受群体敏感性的控制，二者都将造成社会的分裂。

四 社会：敏感性与文明进程互构

面对当下这个充满矛盾的敏感性社会——过敏症增加、主体与世界疏远、快节奏和持续的刺激使审美敏感性受损，以及广泛存在的触摸恐惧和"恐痛症"等，弗拉斯珀勒发现"我们目前正经历着敏感性从一种建设性的力量向一种破坏性力量的转变。敏感性不是连接我们，而是分裂我们"。① 在《敏感与自我》中，弗拉斯珀勒无不透露出对当代社会日益敏感化的担忧，似乎过度敏感将会带来糟糕的后果。然而，通过回顾人类的文明进程，弗拉斯珀勒又清晰地意识到社会敏感性提高的积极意义。那么，究竟是个体需要努力使自己变得更有韧性以适应社会，还是社会结构需要调整以减少主体因敏感性而受到的伤害？

从历史上来看，伴随着文明进程，社会敏感性是个逐步增强的过程。书中虚构了中世纪男子约翰和当代男子扬的日常生活，直观地呈现出过去几个世纪人类敏感性的变化。约翰的生活中充满了暴力、污秽，人们对残杀、展现裸体、当众性交没有任何不适；与之相对，扬生活在现代意义上的文明社会，自觉地避免使用冒犯性词汇，对黑人、女性充满了尊重，同时还是一位环保主义者、素食主义者，声援 MeToo 运动，帮助难民，注重生活品质，精心布置自己的房间，对审美有较高追求。如果从身体、心理、道德、审美四个维度理解自我的敏感性，② 可以看出，伴随着文明进程，扬在四个维度上的敏感

---

① 〔德〕斯文娅·弗拉斯珀勒：《敏感与自我》，许一诺、包向飞译，上海三联书店，2023，第 13 页。

② 身体敏感性和身感知到的刺激有关，涉及社交距离、触碰恐惧等问题；心理敏感性关心的是心理上对刺激的感知和承受度，比如人们常常用"雪花""玻璃心"形容那些心理高度敏感的人；道德敏感性指的是与他人共情的能力，种族主义运动、女性主义运动的全球流行等都和道德敏感性有关；审美敏感性是对美和丑的敏感，渴望超越生理快乐，在某一审美层次上得到共鸣。〔德〕斯文娅·弗拉斯珀勒：《敏感与自我》，许一诺、包向飞译，上海三联书店，2023，第 36 页。

程度都远远高于约翰。

如今，我们采取种种方式避免身体受到伤害，远离丛林、建设房屋、改善衣食、发展现代医疗，健康被看得相当重要，人们对身体损伤极其敏感。与此同时，随着社会流动的加速、体制的不断完善，现代人对个人空间的要求增加。1950 年，德国人均住房面积仅为 14 平方米，而如今这一数据为 45 平方米。① 新冠疫情期间，与他人保持距离更是成为一种"卫生正确"。在言语和行为礼仪方面，人们避免使用冒犯性的语言，甚至不断改变长期形成的语言习惯；饮食方面也越来越精致，不再只追求卫生，还讲究食物的搭配、烹饪和食用方式、用餐场所等；在人与人的关系上，也不再只受身体力量强弱和本能的支配，而是更看重来自社会和契约的约束。

以上可以看出，社会整体敏感性的提高受到文明进程的影响，当更基本的需求，如安全问题得到解决后，人们的敏感性将转移到更为细微的问题上，促使社会加速解决该问题。以礼仪敏感性为例，当骑士们离开弱肉强食的生存环境，走进宫廷，身体和生命受到保护之后，他们将逐渐接受宫廷的礼仪。与此同时，他们的身体敏感性将得到大幅提升，原本习以为常的身体伤害将变得难以忍受。然而，对礼仪的严格遵守只是暂时的，人们普遍意识到礼仪只是权力拥有者维持统治的手段，是阶层身份的象征，也将产生对于不平等礼仪的敏感性，从而对现有的社会结构发起挑战，开启新的生活可能性。因此，社会敏感性和文明进程呈现互构关系。书中用托克维尔悖论来解释人们对不平等结构的敏感性，即社会越是平等，人们对剩余的不公正和相关的伤害就越敏感。生活条件和权利的日益平等化，导致人们对差异的敏感度增加。② 也就是说，永远不存在一种绝对平等的状态，当一种不平等问题被解决时，人们又会敏感于更细微的不平等，同时培养自己的韧性，展示伤口并表达自身诉求，直至消除该不平等现象，而随即又会有新的不平等浮现在人们面前，刺激人们的心灵，促使其做出反应。

需要注意的是，不同社会的敏感性还受到地方文化的影响，呈现出地区间的差异。德国社会的敏感性特点显著体现在其关于政治正确的规定中：避免使用冒犯"受压迫群体"的语言，代之以无冒犯性的、将受压迫群体

---

① 〔德〕斯文娅·弗拉斯珀勒：《敏感与自我》，许一诺、包向飞译，上海三联书店，2023，第 193 页。
② 〔德〕斯文娅·弗拉斯珀勒：《敏感与自我》，许一诺、包向飞译，上海三联书店，2023，第 2~7 页。

纳入讨论的语言。"性别平等的语言"成为德国当前典型的"政治正确"形式。① 在美国，"政治正确"则体现在观念、语言和政策三个向度上。② 在中国，其社会敏感性在表现出阈限性特点的同时，同样显现出了文化特殊性。以性别话题为例，彩礼、生育和孩子冠姓等和父权制现实实践密切相关的问题是知乎平台上田园女权话题下用户讨论的热点，讨论者对中国性别平等状况的感知也和国际评估结果有所差异。③ 由此可以看出，除了文明向度外，社会敏感性还应结合文化特性来考虑。

在弗拉斯珀勒看来，现代社会的高度敏感状态蕴藏着重大危机。比如，当每个人都有着不同的饮食敏感性时，大家几乎就无法一起用餐，人与人之间的距离会因此更加遥远。④ 对语言的敏感性也导致许多词汇无法使用，比如德国的阳性泛指词汇，也阻碍对相关问题的讨论；对性别的敏感性也使得对性别的划分成为难题，比如 Facebook 上出现了 56 种性别选项。

事实上，正是在这种分裂和不确定的状态中蕴藏着新的可能性。从"雪花"和"潮生人"的对抗中可以看到这一点，"雪花"是年轻的、觉醒的、具有多样性意识的数字原住民。在老一辈人看来，"雪花"们是高度敏感的、独特的、不可触摸的。对于老一辈人的指责，"雪花"们并不买账，而是采取对抗的方式，认为"潮生人"的世界是传统、规范、标准的世界，必然走向衰落。⑤ 在两辈人的对抗中，可以看出年轻一辈尝试走出老一辈的生活范式，向新的生活过渡，在这种过渡的阈限状态中，各种敏感性相互交织，由此也将带来分裂和对立，但这种模糊和混乱的状态也恰恰可以成为酝酿新结构的动力，关键在于不同世代的主体能否以及如何处理新的社会环境要素。

五 结语：敏感性的传播学意义

《敏感与自我》一书以敏感性为视角观察当代社会，基于自我与社会日

① 包向飞、许一诺：《德国的"政治正确"：概念演变与学界批判》，《安徽师范大学学报》（社会科学版）2024 年第 1 期，第 30~39 页。
② 佟德志、樊浩：《美国"政治正确"的语义流变及其三重向度》，《探索与争鸣》2020 年第 3 期，第 116~123、195 页。
③ 甘丽华：《父权制、网络厌女与女权主义的中国化诠释》，《传播与社会学刊》2021 年第 57 期，第 159~190 页。
④ 〔德〕斯文娅·弗拉斯珀勒：《敏感与自我》，许一诺、包向飞译，上海三联书店，2023，第 188 页。
⑤ 〔德〕斯文娅·弗拉斯珀勒：《敏感与自我》，许一诺、包向飞译，上海三联书店，2023，第 185~187 页。

益敏感化的判断，对敏感性作了较为全面的展示，辩证思考了敏感性与韧性的关系。然而，作者将重点放在了分析敏感性本身的特点及其带来的两面结果上，呼吁个体不能走向极端的敏感性或韧性状态，但并没有对不同主体在特定交往情境中的敏感性体验作深入考察。实际上，敏感性是一个关系概念，具有天然的传播学意义。它在主体与世界的互动之中出现，受到外部刺激和主体意志的影响，同时关联于具体的交往语境，表现出主体之间的异质性以及随情境而变的动态性。因此，敏感性并非当代的独特现象，它只关乎于特定主体与世界的交往情境，是模糊的、不确定的，同时也是暂时的，表现出阈限性的特点，只有在产生敏感性的真实状况中才能理解其存在及特质，进而寻找重新达到自我与社会稳定状态的可能性。

如果参考阈限性来理解敏感性，可以发现，对于个体而言，与外部世界的互动过程也是不断面对敏感状态的过程，对敏感状态的接受和处理离不开韧性的参与，不同个体平衡敏感性和韧性的方式受到天生特质、长期形成的个人意志以及外部环境的共同影响，如果个体仅仅停留在自我的敏感状态，回避刺激，敏感性将成为主体间交往的障碍，只有建立了对敏感性本身的反思性，才有可能重新建构自我与世界的关系。同时，个体的敏感性体验还受到时空情境的影响，如果习得了某一文化中的交往礼仪，也意味着拥有了对该礼仪的敏感性，对不合礼仪的行为感到敏感，而当个体离开该文化环境，原有礼仪不再适用时，对该礼仪的敏感性也便无关紧要。对于群体来说，个体的情感机制、媒介、群体氛围将共同影响群体敏感性的生成和表现，共享的敏感性可以在群体氛围中得到放大，而某些个体化的敏感性将受到抑制。基于互联网形成的时空情境使敏感性更具变化性，也更易于脱离真实的交往关系，比如长期的民族主义情绪、女权主义思想等的传播使网民对相关话语和事件极为敏感，但这种敏感有时只是单向的自我想象，而非基于充分的事实进入协商关系。社会敏感性与文明进程呈现为互构关系，两者相互促成，某一社会的敏感性在不同时期有着不同特点，而不同社会的敏感性也将表现出其文化特殊性。比如在美国，种族问题、性别问题是典型的高敏感话题。因此，除了需要结合历史语境理解社会敏感性的变化之外，在实际的交往中还需要培养积极的跨文化敏感性。

敏感性勾连起了主体的心灵和世界，表现了主体交往状态的模糊性和不确定性。对于交往中的主体而言，敏感性体现了主体间的差异，但被动的情感或身体反应还不足以使主体跨越差异，想象并实践新的主体间关系，比如面对外部环境或交往对象言行的刺激，沉浸于敏感状态，自我封闭或者寻求他者适应自我，那么敏感性将带来对自我的伤害，同时加剧主体间的隔绝。只有意识到敏感性的阈限状态，关注与他人交往时可调适的互动关系场域，主体才有可能超越自我。也就是说，敏感性不仅仅是一种身心状态，主体对这种敏感状态的反思更具现实意义，即如何经由敏感性重新理解交往中的自我与他者，从而突破各自的视野局限，寻求对交往关系的新建构。也正因如此，敏感性有着丰富的传播学意义，可以凸显主体在交往中重塑自身的力量，以及世界因主体间交往而发生改变的可能性。

在真实交往关系中绘制跨文化
传播的知识图景

李龙腾[*]

跨文化传播知识建构面对两个层面的不确定性。其一，跨文化传播关系是现实发生的、不断生成的；其二，由于理论与方法的视角偏向，知识生产本身是不完全的、不断开放的。这种不确定性令人纠结：当人们用知识确定现实的同时，往往也在简化现实，甚至扭曲现实，背离人们求知的本来目的。这种知识的双重性给跨文化传播知识建构的方法论带来难题。本文以跨文化传播领域的经典教材——拉里·萨莫瓦和理查德·波特等人编写的《跨文化传播》（第九版）[*Communication between Cultures*（9th edition），下文简称"教材"]① 为研究案例来反思这一难题。

在展开具体分析之前，首先对教材有一个整体的了解。整体上看，教材描绘了一幅"在全球化与多元文化世界中管理文化差异"的知识图景。从宏观上看，跨文化传播是相互依存的全球社会的一种要求（第一章），人们需要发展跨文化意识，以跨文化合作解决各种全球性问题。传播和文化的组成要素、特征和功能，以及传播与文化的关系，构成了跨文化传播的知识基础（第二章）。在前半部分，作者聚焦于文化差异，尤其是"文化的深层结构"这一根本性差异，具体包括家庭领域（第三章）、世界观或宗教领域（第四章）、历史领域（第五章）。这些领域的文化差异可以用"文化价值观"的概念加以统领，同时，经过文化价值观的比较，可以区分出不同的文化模式

---

① 拉里·萨莫瓦（Larry A. Samovar）和理查德·波特（Richard E. Porter）等人的 *Communication between Cultures* 是跨文化传播领域的经典教材，自 1991 年首次出版以来，已经更新至第 9 版。萨莫瓦和波特长期从事教材和读本编写工作，1988 年就有中译版的《跨文化传通》（英文版是 1981 年的 *Understanding Intercultural Communication*，是 *Communication between Cultures* 的底本）。他们的系列教材多次译介到中国。

（第六章）。当这些集体层面的抽象解释触及个人层面时，就与身份认同的概念联系在一起（第七章），人们经由身份认同这一中介参与跨文化互动。在后半部分，作者聚焦于跨文化传播能力，① 涉及语言（第八章）和非语言（第九章）两个方面的知识，通过了解和注意这些知识，人们能在商业、教育和医疗保健等跨文化语境（第十章）中实现有效沟通。跨文化传播的主体是日常跨文化互动中的个体，即在职业或私人生活中与其他文化或共文化成员接触的人，跨文化传播知识学习的目的是管理差异（第十一章），方法是预测文化冲击、适应的过程，控制沟通的各种障碍。最后，还要将跨文化伦理结合于这一控制过程之中，以体现人的价值理性。

在阅读过程中，读者可以从字里行间体会到，教材编写者既想要展示跨文化传播领域的知识积累，确证知识的客观性、有用性，使读者获得思维和能力的提升，又不得不反复提示现实的复杂性与知识的有限性，以免读者将这些理论和知识教条化。这种矛盾心态表露于教材文本的矛盾修辞中，并在知识建构的不同方面予以展现。教材的知识观——旁观者知识观或参与者知识观；文化间交往的分析方法——类型化或语境化；知识学习的目的——管理差异或创造沟通。下文将对此展开具体分析与反思。

一 教材的知识观：旁观者知识观或参与者知识观

在教育领域，可以区分出两种知识观：旁观者知识观与参与者知识观。旁观者知识观倾向于将知识视为客观的、普遍的，学习者只能旁观和接受事物的先在本质，而不能使之发生改变；参与者知识观并不肯定知识的"先在本质"，倾向于将知识和个人探究结合起来，真正有效的知识是经过学习者探究形成的"个人知识"。②

教材的知识观在这两者之间转换，试图同时兼容这两种视角。教材为日常跨文化互动中的个体而编写，其目标读者，一方面是知识传授的对象，另一方面也是探究知识的主体。读者们一方面要先顺着教材给定的"旁观者"视角，接受和占有一些先在的文化和传播知识（人类交流的要素、文化的特

---

① 这在跨文化传播研究的知识图谱分析中得到印证，可参见陈辉、陈力丹《跨文化传播研究的知识结构与前沿热点：基于 CiteSpace 的可视化图谱分析》，《国际新闻界》2017 年第 7 期，第 58~89 页。该文指出，1975~2015 年，文化差异研究和跨文化传播能力研究是跨文化传播研究的两大核心领域，并且呈现出从"差异研究"到"能力研究"的研究重心转移，其中，跨文化健康传播和跨文化教育是重要分支。
② 高慎英：《研究性学习的前提性反思》，《学科教育》2002 年第 6 期，第 1~5 页。

征等），另一方面又要积极调动自身经验，将自己视为"参与者"，结合实践情境，检验和更新这些知识，生成为知识建构的主体。

如何兼容这两种视角？这在逻辑上是比较容易讲清楚的。在知识和主体的交互中可以发现，跨文化传播的参与者置身事内，此时，尽管他的视角有限，无法以旁观者的姿态对所处的客观世界、社会世界与主观世界做出整全的判断，但可以感知和反思自身的交往行动。基于这种自我觉知的交往行动，知识与主体能够在持续的变化中结合在一起。跨文化传播在参与者的持续参与中，表现为文化与传播的互相建构，"文化就是按照某种方式互动和创造某种互动的方式"，而"传播是创造、修改和转变一个共享文化的过程"。① 参与者由此跨越各种真实或虚假的"知识沟"：外在于参与者的知识可以转化为亲身经验的知识，表现为概念和命题关系的知识可以转化为关注事件与行为关系的知识。参与者在开放的交往关系中发展自我，分享"旁观者"的"接近性批评"，②"旁观者"的客观性、普遍性的取向被视为有益的参照，其是另一种形式的参与者，这些参与者彼此间形成互补关系。

然而，在教材文本中，两种视角之间总是带有张力，尤其是当教材将跨文化传播分解为一系列抽象的客体化的事实时，两种视角就被生硬地区分开来了，如何同时分享这两种视角也就成为一件棘手的事。

教材编写者顺着参与者视角，从交往行动出发，强调"传播和文化的概念不可分割地交织在一起"，然而并没有发展出如何解释和阐释这种"交织"关系的方法，反而以概念化的方式将"不可分割"之处"分割"开："虽然把传播放在第一位，文化放在第二位似乎是武断的，但事实并非如此。这个顺序的基本原理很简单：要理解跨文化互动，你必须首先认识到交流在这个过程中的作用。交流——我们分享想法和感受的能力——是所有人类接触的基础。"③ 无论是传播第一，还是文化第一，两者都被置于文化与传播的互构关系之外加以定义、描述和解释，两者从交往主体存在的整体中抽离，而被建构为需要被占有的、有本质属性的认知客体。然而，"本质"是不可能被全

---

① 单波：《跨文化传播的基本理论命题》，《华中师范大学学报》（人文社会科学版）2011年第1期，第103~113页。

② 近距离的、密切接触后的批评。参见亨利·詹金斯、纪莉、吴世文等《接近性批评：跨文化粉丝研究的意义与价值——亨利·詹金斯教授访谈》，《跨文化传播研究》2023年第2期，第3~22页。

③ L. A. Samovar, R. E. Porter, E. R. Mcdaniel, C. S. Roy, *Communication between Cultures*（9th edition）（Boston：Cengage Learning, 2017），p. 25.

然把握的，"旁观者"只能选择性建构某种"本质"，并使"本质"生产出主体需要占有或服从的一些"功能"。

背离"文化与传播的互构"，文化与传播关系被置换为"文化本质主义与传播功能主义的相互支撑"：在选择性建构的某种文化本质之下，被客体化的主体实现传播的某些功能。

教材开篇就展示了这种传播功能主义——"传播的用处"（满足人际需要、帮助个人感知、建立文化和个人认同、劝服等），人们利用传播这个重要的工具影响他人。然后，教材给出了传播工具箱的具体说明（信源、编码、信息、信道、接收者、解码、反馈、噪声；动态、符号、语境、自反、不可逆、有结果、复杂、有限）。这些说明被置于"简单复杂性"（simplexity）的矛盾修辞中，一方面，作者以控制论术语简化交流；另一方面，又以复杂性修辞填补简化的不足。

传播的功能主义的合法性总是服务于既定社会文化体系的需要，对文化的选择性建构因此引入，像是螺旋反转一样，此时反而表现出"复杂简单化"的逻辑。"文化"首先被描述为是无所不在的，包含一切"人造的"东西，包括"你对国旗、工作、移民、自由、衰老、伦理、着装、产权、礼仪、治疗与健康、死亡与哀悼、游戏、法律、个人主义、魔法与迷信、谦逊、性禁忌、地位分化、求爱、正式与非正式、身体装饰的看法"。[①] 但是，一旦涉及具体论述，就不得不引入"文化的深层结构"的概念来简化解释："跨文化理解的主要障碍并不是与食物、交通系统、建筑等有关的肤浅差异。相反，误解和冲突是与文化深层结构制度相关的差异的产物。"[②] 通过选取和比较某些文化差异，标记出"肤浅"和"深层"，特定文化领域和特定文化区域的特定内容被选择性地置于知识图景中。

这种知识图景隐含着诸多问题。其一，文化物品或符号为领会文化提供了契机，但仍旧对人的存在缺乏说明，反而可能遮蔽人的存在。文化是人创造自身存在的状态和方式，在人与世界的交往关系中被不断激活，"我们没有文化，我们以话语建构文化"。[③] 将文化物品、形象或符号等同于文化，容易

① L. A. Samovar, R. E. Porter, E. R. Mcdaniel, C. S. Roy, *Communication between Cultures* (9th edition) (Boston: Cengage Learning, 2017), p. 39.

② L. A. Samovar, R. E. Porter, E. R. Mcdaniel, C. S. Roy, *Communication between Cultures* (9th edition) (Boston: Cengage Learning, 2017), p. xxii.

③ C. B. Paulston, S. F. Kiesling, E. S. Rangel, *The Handbook of Intercultural Discourse and Communication* (Oxford: Blackwell Publishing Ltd., 2012), p. 5.

造成思维混淆，一方面，可能以学术、政治或商业话语置换参与者的文化话语，文化变成某种主题的展览综合体；另一方面，可能将国家间冲突的根源错误地追认为文化差异，在忽视世界交往关系的复杂性的基础上，推断文明冲突下人类的命运。

其二，当文化本质主义思维落实为具体表述时，确证的只是文化知识的偏见。即使宣称多元文化主义，也只是单边"多元主义"，缺乏多元文化的传播关系。例如，教材在介绍了美国文化的历史基础后，还分别介绍了俄罗斯、中国、日本、印度、墨西哥、伊斯兰文明的历史，然而，这些历史知识并不以历史社会记忆的对话为目标，反而致力于迎合某种历史形象，将历史刻板化，教材毫不怀疑地设问：几个世纪的专制统治如何塑造了俄罗斯的民族性格？中国对历史成就的骄傲怎么会产生民族优越感？早期日本的农业实践对集体活动的偏好有何影响？早在 1947 年印巴分治之前，11 世纪的事件就引发了印度教教徒和穆斯林之间的仇恨？西班牙的征服如何促成了墨西哥人的宿命论？一个简单的领导问题如何导致了逊尼派和什叶派的分裂？[1] 从主导话语出发，顺着单一的旁观者视角，尽管意识到文化"再现的再现"的困难，但是依然生产着"文化他者"，[2] 而观看他者之痛持续地转化为社会团结。[3]

其三，区隔化的多元文化知识，仍未触及跨文化交往关系本身。各种区隔化的"历史""文化"表述的终点，恰恰应该是解蔽传播关系的起点。值得反思的是，教材为读者提供了如此丰富的世界观、历史、习俗的知识，但一旦涉及具体交往过程时，却只剩下干巴巴的对于文化适应蜜月期、幻灭期、恢复期和调整期的形式化描述，无法对人的意义之网的编织做出更多说明，只能退回到积极学习语言、避免歧视的老生常谈之中。而且，将"习得知识"与"提升能力"相勾连，不断"做加法"意味着：一方面，为了提升跨文化

---

① 参见 L. A. Samovar，R. E. Porter，E. R. Mcdaniel，C. S. Roy，*Communication between Cultures* (9th edition)（Boston：Cengage Learning，2017），p. 164。这里的国家或文明选择显然是基于某种美国视角、利益和兴趣，显示出跨文化传播知识图景的民族国家偏向，跨文化传播领域本身缺乏跨文化对话。一种批评是，这种文化展示只是在处理"（跨）文化"而非"跨文化传播"。参见陈国明、单波、肖珺《跨越东西方：在跨文化传播领域拓展对话的路径》，《跨文化传播研究》2020 年第 2 期，第 1~22 页。

② 参见 H. C. Chang，R. Holt，L. Luo，"Representing East Asians in Intercultural Communication Textbooks：A Select Review，" *The Review of Communication* 6（2006）：312-328。问题不在于有关某种文化的信息有多"准确"，而是选择和解释了文化的哪些方面。

③ 〔波兰〕莉莉·寇利拉奇：《旁观者：观看他者之痛如何转化为社会团结》，叶晓君译，中国人民大学出版社，2023。

沟通能力，需要学习更多知识；另一方面，知识不断泛化和细化，知识之用就转而成为知识之累，形成矛盾。以历史知识为例，作者自我辩护道："我们并不是说，要成为一名称职的跨文化交流者，你需要具备百科全书式的世界历史知识。这远远超出了理性的范畴。"但是，"你对另一种文化了解得越多，就越有可能进行有效的跨文化交流"。[①] 显然，在作者的设想中，知识精英占据更有利的地位：交往的参与者为了更有效地交流，需要不断地习得历史学家式的超脱的旁观者视角所形成、所积累的各种知识，然而这同时在两者之间划出了一条"知识沟"，未能跨越这条沟的人更容易被排斥在交流之外。

为此，只有从自我与他者的实际交往经验出发，解蔽人与人相遇后转化、融合的历史，批判特定文化的宰制性权力，在"日常的深处"领会存在的多元性，才可能进一步丰富跨文化关系。

二　文化间交往的分析方法：类型化或语境化

一般来说，为了满足特定商业或政治目的，市场营销或政治动员经常使用类型化方法，将不同个性的人整合为"均质人"，并通过测量和赋值使之成为"均值人"。从经济原则出发，人们用"人以群分"的经验法则预测交往行动，建构文化群体、文化模式，试图降低交往的不确定性，但这同时使文化边界成为"自证预言"，形成交往障碍。也就是说，类型化方法同时带来便利与困难。

为了在矛盾中寻求平衡，在不放弃文化分类的基础上，作者还是不断"做加法"，比如寻找更多的样本和信源支持——"我们使用了数百项可靠的参考资料来验证我们的许多结论，这种'研究'在寻求证实关于一个人的知识储备可能有限的文化概括时特别有用"。但这些"研究"可能依然有缺失和偏向，误导读者对真实交往关系的理解，因此，作者继续补充，"关于文化的结论和陈述应该是有限定的，这样它们就不是绝对的，而只是谨慎的概括"。[②] 表现在语言上，就是经常使用频率或程度副词，"经常""通常""一般来说""更有可能""倾向于"，以便留有余地。这种策略就像是在危险的工具箱旁放一个醒目的警示说明，然而，这很难降低工具箱的危险性。

---

① L. A. Samovar, R. E. Porter, E. R. Mcdaniel, C. S. Roy, *Communication between Cultures* (9th edition) (Boston：Cengage Learning, 2017), p. 196.

② L. A. Samovar, R. E. Porter, E. R. Mcdaniel, C. S. Roy, *Communication between Cultures* (9th edition) (Boston：Cengage Learning, 2017) p. 20.

以教材第六章"文化价值：行为路线图"为例，作者以类型化方法区分文化价值，同时补充说，这可能会遮蔽特定情境下问题的复杂性。一方面，作者认识到用来描述整个国家特征的文化模式，一般应限于该国占主导地位的文化的成员；群体中的个体不一定都认同该文化的主导价值观；各种各样的因素，如年龄、性别、受教育程度、收入水平、个人经历等，都会影响个体对世界的看法；由于社会的异质性，给一个群体"分配"民族特征或典型的文化模式是一项冒险的努力。然而，另一方面作者笔锋一转，又进入列举文化模式、凸显主导价值观、建构社会同质性的"冒险"当中。作者并非没有意识到其中的张力，但在简单的辩护后又回到原点：文化模式是综合性的、相互关联的和动态的，且置于全球化的混杂背景中，因此需要语境化分析；然而，因为语言本质上是线性的，所以人们不得不单独谈论文化模式，就算这种文化模式的划分常常是矛盾的——"在许多情况下，你可以在一种文化中发现矛盾的价值观"，比如在美国，人们说"人人生而平等"，但对少数族裔的偏见和针对同性恋者的暴力行为仍在继续。① 以此为理由，作者继续迎合简化的、占主导地位的文化价值分类模式，尤其是西方世界生产的各种文化模型和理论，而非澄清其中的矛盾。

带着民族中心主义倾向，作者展示了美国人的生活价值观。② 美国价值和外国对立价值被置于二元对立的两边，美国价值由自身所定义，又由"稻草人"式的外国对立价值所确证。当美国价值为个人对环境的控制、变革、时间及其控制、平等、个人主义/隐私、自助、竞争、未来取向、行动/工作取向、不拘礼节、直接/公开和诚实、实用性/效率、唯物主义/占有欲时，外国对立价值则是命运、传统、人际互动、等级/等级/地位、群体福利、与生俱来的权利继承、合作、过去取向、"存在"取向、形式、模棱两可/仪式/"面子"、理想主义、灵性/超然。③ 实际上，与其说价值观可以解释交往行为，不如说它们有待被交往行为所解释；价值观交往常常是自我划界，而背

---

① L. A. Samovar, R. E. Porter, E. R. Mcdaniel, C. S. Roy, *Communication between Cultures* (9th edition) (Boston：Cengage Learning, 2017), p. 204.

② 作者列举了七种价值分类模式，带着无法摆脱的民族中心主义倾向，首先给出了科尔斯（Kohls）的美国人的生活价值观，然后是克拉克洪（Kluckhohn）和斯特罗贝克（Strodtbeck）的价值取向分类、霍夫施泰德（Hofstede）的价值维度集、霍尔（Hall）对高语境取向和低语境取向的分类、明科夫（Minkov）的文化维度、盖尔芬德（Gelfand）对紧密文化和松散文化的研究、丁允珠（Ting-Toomey）对面子和面子工作的解释和应用。

③ L. A. Samovar, R. E. Porter, E. R. Mcdaniel, C. S. Roy, *Communication between Cultures* (9th edition) (Boston：Cengage Learning, 2017), p. 207.

离了交往；而对文化模式和形象的强调，更多的是诱使我们追寻自己的影子，达到我们早已经是的样子，以致在"文化特性"的幻象中丧失真实交往的能力，无法在语境中协商与转化彼此的价值观或形象。

霍尔的高低语境理论提示了语境敏感性，为协商提供了可能，但高与低之分，又暗含某种标准，需要谨慎对待。教材作者并未注意到霍尔本人就对高低语境之分有所困惑。比如，霍尔在与日本人的交往中体会到，"日本人的拐弯抹角指向的是其高语境的一面，但是在一些生活细节上，他们又详尽到带有强迫倾向的地步，这又指向了低语境的底端"。这使霍尔意识到"要把日本人的行为放到语境中去考察"。① 同样，"繁复的、多机构的文化必然是低语境的文化。然而，情况并非总是如此。中国，这个拥有伟大而复杂文化的国家，却处在这个阶梯上高语境的极端"。② 可见，语境的高低是不确定的、多变的，需要在具体交往情境中把握。③ 高低语境概念来源于对日常交往的概括和对文化特征的提炼，是敏感性概念（sensitizing concept），而非"限定性概念"（definitive concept），是一种引导和启发我们经验世界、反思自身的文化无意识的参考架构。④ 当固着于语境高低，将其当作类型化、标签化的工具，或者"客观"的知识时，就消解了它的合理性。

总之，教材对各种文化差异的建构，如对文化地理的分区、文化特征的分类、文化模式的归纳，不可避免地带有抽象化、区隔化、静态化的倾向，夹杂许多难以摆脱的偏见和成见。作者不得不指出，简化的知识要经受复杂性的考验，"跨文化交往是一项复杂的活动。你需要意识到（1）每个人的独特性，（2）过度概括的危害，（3）客观性的需要，（4）妥协的必要性，以及（5）沟通是万灵药的神话"。⑤ 作者一方面以类型化的方式呈现知识，另一方面又指出类型化的有效性因语境而异，只有结合具体语境展开具体分析，才可以重获知识的合理性。

一种平衡两种视角的尝试是，将类型化融入语境化分析之中。以教材第

---

① 〔美〕爱德华·霍尔：《超越文化》，何道宽译，北京大学出版社，2010，第62页。
② 〔美〕爱德华·霍尔：《超越文化》，何道宽译，北京大学出版社，2010，第82页。
③ 王宵静：《回归情境：重访爱德华·霍尔的"高/低语境"说》，《新闻知识》2021年第12期，第16~21页。
④ 叶启政：《实证的迷思：重估社会科学经验研究》，生活·读书·新知三联书店，2018，第60页。
⑤ L. A. Samovar, R. E. Porter, E. R. Mcdaniel, C. S. Roy, *Communication between Cultures* (9th edition) (Boston：Cengage Learning, 2017), p. 17.

七章对文化和身份的讨论为例，身份本身是类型化的产物，是他人赋予的标签，以引导人们的社会角色预期。然而，想要了解身份如何在跨文化交流中发挥作用，需要将类型化的身份置于语境转变之中。比如，在多元文化的课堂上，了解学生对师生角色关系的理解和实践；在移民社区，考察移民的认同转变；观察在文化边界之间移动的、应对文化变化和身份协商的"跨文化瞬变者"（intercultural transients）等。① 由此，类型化与语境化这两种分析方法可以在关系动态中相互印证与补充。

三 知识学习的目的：管理差异或创造沟通

从教材框架来看，其同时强调文化差异的影响和提升跨文化传播能力两个方面，本身就有矛盾意味。在凸显文化差异对跨文化传播的强大影响时，作者提醒"文化是塑造人类行为的强大力量"，但是在转向跨文化传播能力的可塑性时，又随即指出"人不仅仅是他们的文化"（people are more than their cultures）。② 修辞中的矛盾其实跟审视人与文化关系的视角差异或视角转换有关，从一种视角来看，文化可以控制人的行为，通过文化知识的中介，人能够控制人的行为；从另一种视角来看，只要主体愿意并能够反思文化的控制性，人反而因此可以获得"超越文化"的创造性。然而，视角再次转换，人们也许会看到创造性文化实践又将嵌入于新文化的控制秩序之中。

教材最终还是将知识学习的目的归结为"管理差异"（managing differences）。这种表述暗含了一种控制性的知识目的，其逻辑是：文化控制人的交往，通过将文化对象化——作为知识对象来探究，预测文化对人的控制；文化差异形成不确定的情境，通过文化知识，将含糊的、可疑的、矛盾的、失调的情境转化为清楚的、有条理的、安定的、和谐的情境，即确定性的情境。然而，对于交往双方来讲，不确定的情境转化为确定的情境，③ 其完成只能是相对的，一方"管理差异"时，另一方也在互动中发生新的变化，使得"管理"方法和"差异"形态随之转变。在这里，教材的未思之处是，"管理

① L. A. Samovar, R. E. Porter, E. R. Mcdaniel, C. S. Roy, *Communication between Cultures*（9th edition）（Boston：Cengage Learning, 2017），p. 261.
② L. A. Samovar, R. E. Porter, E. R. Mcdaniel, C. S. Roy, *Communication between Cultures*（9th edition）（Boston：Cengage Learning, 2017），p. 18.
③ 〔美〕约翰·杜威：《确定性的寻求：关于知行关系的研究》，傅统先译，华东师范大学出版社，2019。

差异"还需要转向"创造沟通"。

"管理差异"是单方面的，将沟通责任和权利赋予单方面的主体，而不是由多主体共担。这个单方面主体进入异文化，通过掌握文化知识和沟通技能，应对文化冲击、加强文化适应，为了做一个道德的人，他还要避免刻板印象、歧视、不平等的权力关系——尽管难以避免。教材列举了很多情境，如"美国历史上的奴隶制、对土著人的种族灭绝和对日裔美国人的监禁是众所周知的，人们在与非裔美国人或日裔美国人交往时，通常会谨慎地谈论这些话题"；"一位俄罗斯学生向本书的作者之一抱怨说，美国学生很少意识到在第二次世界大战中丧生的数百万俄罗斯人"。① 在此，作者建议他的读者（美国学生）意识到这些差异，然而"管理差异"却仅仅意味着保持礼貌，礼貌之下，掩盖着视角差异带来的相互不理解，以至于漠不关心。作者明确表示，当遭遇文化冲突时，人们需要寻求相互妥协，然而，"个人感情、态度、信仰和价值观可能会使你处于不妥协的境地"，那么主体只能"以明确和真诚的方式向其他与会者表明你的立场"。② "不妥协"意味着相对于他者的智识或道德优越，"明确和真诚"又将沟通失败的责任推到他者身上，他者成为被动的行动者，③ 由此被剥夺了对话的权利。"管理差异"最终表现为"管理他者"。

从"管理他者"的逻辑中跳出，需要人们转向"创造沟通"，领会责任和权利的主体间共担，进而创造彼此间的交往关系。人在交往中无法完全摆脱各种文化话语，因而成为话语性的存在；创造彼此间的交往关系，不是通过复制某些可以获得的话语，而是重新调适我们无法摆脱的话语性，得到片刻的解放，同时期望更长远的解放。对于希望在交往中得到解放的人来说，话语是交往的中介，而不是控制的枷锁，这需要批判性思考各种文化和传播话语，是否通向真实交往关系。一方面，悬置对"跨文化交往"的既有理解，可以看到共文化、双文化、第三文化、文化杂交、离散和移民文化、文化交叉点等文化的不断变化和相互影响。另一方面，又透过这些话语实践看到全球交往的不自由、不平等关系。

---

① L. A. Samovar, R. E. Porter, E. R. Mcdaniel, C. S. Roy, *Communication between Cultures* (9th edition) (Boston: Cengage Learning, 2017), p. 195.

② L. A. Samovar, R. E. Porter, E. R. Mcdaniel, C. S. Roy, *Communication between Cultures* (9th edition) (Boston: Cengage Learning, 2017), p. 21.

③ 单波、叶琼：《世界公民交往理念的历史演进及其矛盾性》，《新闻与传播研究》2023 年第 8 期，第 29~45、126 页。

四　面向真实交往关系的跨文化传播知识建构

有意思的是，教材经常使用的矛盾修辞，也可能导致两种矛盾的修辞效果。其一，承认知识的不确定性，强调读者的主体性，引导读者反思性地接受知识，修正或重构知识。其二，以预反驳的形式保留了知识的缺失和偏向，弱化了理论的反思性，固着于知识积累。

这可以在作者声明中得到印证：“关于文化和传播的写作涉及一系列个人的决定和明确的方法。作为学者和作家，我们已经明确了这些方面，并形成了一种关于跨文化传播的观点。”对于异议，“有时，你会发现我们公开表达了我们的个人立场，对于这些信念，我们不会道歉”，理由是，“我们认为，任何文明社会的第一条戒律是允许人们有所不同，只要他们的差异不给他人造成困难”。但同时，“我们也做出了一致的努力来制止我们集体和个人的种族中心主义。对于那些无意中出现的情况，我们深表歉意”。[①] 作者以“文明社会（不同于非文明社会）的第一条戒律”和“无意中（并非有意）出现的情况”作了正反两面的辩护，以排斥性的标准划界，以保留其差异性的信念——只要这一信念满足“管理差异”的实用要求和“不给他人造成困难”的伦理要求（尤其是种族中心主义），而这两种要求同样也是十分矛盾的。

在分析完教材中的矛盾修辞之后，知识建构的多重视角之间如何合理兼容依然是一个问题。一个可能的起点是：面向真实交往关系本身，在视角的关联与差异中探究不同视角的合理性，分享、修正或重构经典教材所绘制的知识图景，延伸跨文化传播知识的意义。对于教材编写而言，可在以下三种交往关系的情境动态中展开知识重构。

其一，混杂化的交往情境。“文化”从未“纯洁”过，我们从来就是“文化杂交”的产物。[②] 面向混杂化的交往现实，文化差异的控制性视角转入文化融合的创造性视角。以宗教差异为例，与其划分几个维度对几大宗教进行宽泛的比较，不如聚焦宗教如何跨文化传播与接受，表现出怎样的宗教传播的特点，体现了跨文化交往的何种可能性。与其先区隔宗教，再提倡宗教宽容，不如直面人们的日常交往，观察宗教共存如何可能，信仰是如何混杂的。越南的高台教同时供奉释迦牟尼、耶稣、老子，甚至李白、牛顿、雨果、

①　L. A. Samovar, R. E. Porter, E. R. Mcdaniel, C. S. Roy, *Communication between Cultures* (9th edition) (Boston: Cengage Learning, 2017), pp. xx–xxi.

②　〔英〕彼得·伯克：《文化杂交》，杨元、蔡玉辉译，译林出版社，2016。

克里孟梭、孙中山等历代东西方圣贤和名人，其思想杂糅佛教、基督教、道教以及儒学等各种成分，这种异常的混杂中隐含着区域跨文化交往历史和现实的丰富信息。

其二，中介化的交往情境。如今，人们在亲身体验之前，就已经从学校教育系统，或者大众媒体、社交媒体中获得许多知识，以此引导自身的行动和体验，拼贴出自身的马赛克图像世界。[①] 人们试图经由媒体看见另一种生活，却陷于真假难辨的媒介环境：国家、媒体等制造和传播着各种"伪事件"和"伪形象"，促使民众被迫服从。许多国际传播策略成为躲避真实交往关系的过滤气泡，即使意图"把好看的东西给别人看"，他者也只存在于自我的想象中，传播者欣喜地听到气泡中自我的回音。跨文化旅行也是如此，旅行社作为中介，既连接又阻断，把游客与他游历的世界隔离开，景点的作用在于让游客"参观"外国人时不需要真正接触他们，只透过观景窗口观看他们。[②] 博物馆的文化传播也是如此，政治家把博物馆看作教育与文化普及的象征、纪念碑和民族骄傲的催化剂，然而，这些见证了人类真实交往关系的"媒介物"却被策展人从原有情境中抽离，重构其符号意义。博物馆有助于跨文化对话吗？这依然是个问题。

其三，同质化的交往情境。从麦当劳化（McDonaldization）到可口可乐化（Coca-colonization），文化同质化成为这个时代的生活现实。令人诧异的是，无论在何处，人们仿佛都看一样的电影，吃一样的食物，逛一样的商场。差异化营销所制造出的地区特色，最终也沦为同质化的"特色"。这种同质性受到权力和资本同质性的影响，以单一的标准来衡量异质性的世界，然而，矛盾也在于，其同质化的冲动恰恰来自无法被同质化的世界。从资本和权力的同质性出发，形象宣传或对话论坛里喋喋不休的"他者"或"他性"或只是自身的倒影。[③] 人们的目光偏移向解构同质化的跨文化性视角：对互动、情境、权力关系的认识，对简单复杂性及交叉性的认可，对文化间意义重组这一交互作用过程的强调。[④]

跨文化传播知识话语常常为文化形象、意识形态话语和封闭的主体性所

[①] 郑作彧：《我们这个马赛克照片世界：当代真实的社会建构形式》，《广东社会科学》2021年第1期，第181~194、255页。

[②] 〔美〕丹尼尔·布尔斯廷：《幻象》，符夏怡译，南海出版公司，2023。

[③] 陈晋：《走出人类学的自恋》，《读书》2018年第7期，第75~83页。

[④] 〔芬兰〕F. Dervin、袁梅、陈宁：《跨文化性视角》，《跨文化研究论丛》2020年第2期，第119~124、132页。

困，因此，面向真实交往关系，需要反思并超越知识的旁观者理论、文化与传播的区隔化与类型化、文化本质主义与传播功能主义等取向，在新媒介与社会文化的持续转变中，重新生成批判性的视野，以便个体参与者能够反思并超越由想象所建构的文化图式，由符号所建构的象征秩序，以及主体间的不可沟通性，与他者共同承担交往的后果，重新认识和创造交往关系。

在真诚的交往中，参与者向真实交往关系敞开，当真实性显现的时候，我们能够承认它。此时，偏见和成见对真实性图景有积极的建构作用，使我们有机会克服偏见和成见。① 在拓宽了的对话空间中，关心并聆听他人，修正自己，由此，真实性贯通于我们。

---

① 陈嘉映：《真理掌握我们》，《云南大学学报》（社会科学版）2005 年第 1 期，第 32~37、95 页。

跨学科视野中的传播问题

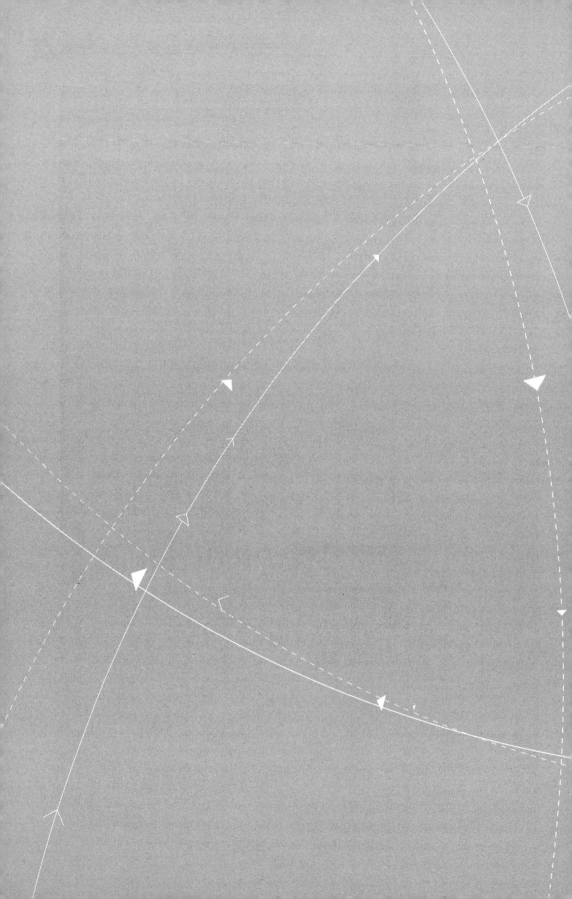

弹性的网络隐喻：全球史分析路径及跨文化传播启示[*]

向　芬^{**}

一　引言

　　威廉·麦克尼尔（William McNeill）曾谈到他研究人类历史所侧重的领域是技术的、物质的和生态的，他将自己与汤因比（Arnold Toynbee）截然相反的研究旨趣形容为"天庭与尘世、神界与人间"，麦克尼尔选择了后者向下的视角："在尘世的土壤中挖掘，期望对那些维系人类生活，并促使人类在生物圈中成为独一无二强大物种的各种物质能量加以理解。"^① 这一视野并非意在从事微观细碎的研究，麦克尼尔父子合著的《人类之网——鸟瞰世界历史》（以下简称《人类之网》）一书纵观上万年的人类历史，在漫长的时间脉络中，聚焦文明生长和文化交流，关注人类迁徙和观念扩散，洞察人际交往与信息传播，试图提供一个"网络"作为理解全球历史的框架，这一框架是灵活开放的，为偶然性留有充足的空间，并不排除人们意想不到的种种历史可能性。^② 麦克尼尔父子将各种相互交往的"网络"放在人类历史发展的中心位置，核心关切在于：人类是如何创造各种交往网络的？那些曾对世界不同部分加以塑造的各种网络是如何发展起来的？它们又如何连接为一个世界性网络？它们又是如何改变了人类在地球上的地位与影响的？^③

---

　　*　本文系全国宣传思想文化青年英才资助项目（〔2020〕118 号）的阶段性成果，曾发表于《跨文化传播研究》2023 年第 2 辑，第 249~258 页。

　**　向芬，中国社会科学院大学新闻传播学院教授，中国社会科学院新闻与传播研究所研究员。

①　W. McNeill, "Encounters with Toynbee," *New York Times*, 1985-12-29 (A1).

②　J. Bentley, "Web Browsing," *History and Theory* 44 (2005): 102-112.

③　〔美〕约翰·麦克尼尔、〔美〕威廉·麦克尼尔：《人类之网——鸟瞰世界历史》，王晋新、宋保军等译，北京大学出版社，2011，第 6 页。

从早期农业社会的地方性网络发展到电子时代的全球网络，人类社会愈发融合，交流互动、合作竞争愈发频繁。麦克尼尔父子在《人类之网》中将人类网络的发展历程梳理为：远古人类交往的第一个世界性网络（the first worldwide web），随后形成的各种都市网络（metropolitan web），由各种都市网络合并而来的最大的旧大陆网络体系（the old world web），海路打通后连接而成的世界性网络（cosmopolitan web），以及此后伴随迅速电子化而产生的全球网络（global web）。这些交流互动的网络构成了人类历史的总体结构，"人类之网"是一个弹性的概念，从小型的本地网络、较大的区域网络、更广泛的世界性网络到最大规模的全球网络，诸多网络大小不同、形态各异。同时，运输、通信和交换是麦克尼尔父子探讨网络运行的关键问题，因此，他们对支持网络交互的技术和组织条件给予相当大的关注也就不足为奇了。但是，他们并不认为网络发展历程遵循着不断叠加的简单线性路径。①

麦克尼尔父子所言的"网络"结构不只是一个隐喻，也不仅仅是一种方便的历史分析手段。相反，在他们的论述中，网络具有历史能动性和流动性：网络塑造了人类社会的发展，它们表现出扩张的趋势，去融合更多的人和更大的空间，随着时间的推移，网络的影响不断加剧。事实上，"网络"可被视为人类历史的一种进化动力。

二　世界网络中的文化同质性和异质性

麦克尼尔父子认为，远古的祖先们通过相互之间的交谈、信息和物品的交换，在狭小的群体中创造出了某种社会的稳定性。逐渐地，各个人类群体彼此之间开始了相互影响和交往，但这往往是暂时性的和偶然性的。他们指出，这种遥远而古老的人类交往是早期松散网络存在的证据，随着大约12000年前农业的出现和人口数量的增长，各种新型的较为紧密的网络开始从松散原始的网络中兴起，食物丰富且易于定居的环境同时也有利于人们保持经常性的持续交往，为各类更为紧密、更为稠密的小规模网络提供了温床，也使得较紧密的小规模网络在空间范围上具有了地方性和地域性特征。大约在6000年以前，由于各地城市的发展，这些网络演变为联系愈发紧密的都市网络。② 大约在2000年前，随着各种小网络逐渐合并，最大的旧大陆网络体系

① J. Bentley, "Web Browsing," *History and Theory* 44（2005）：102–112.
② 〔美〕约翰·麦克尼尔、〔美〕威廉·麦克尼尔：《人类之网——鸟瞰世界历史》，王晋新、宋保军等译，北京大学出版社，2011，第2页。

形成。晚近 500 年间，海路连通将世界上各个都市网络都连接为世界性网络。世界性网络推动了世界农业的趋同性，以致同一种作物可以传播到世界的大部分地区。甚至在各网络直接联系缺失的情况下，人类历史的演进也是沿着并行的路线行进的。① 而在 19 世纪，世界性网络内部交往的节奏明显加快，随着网络触角伸入更多的社会之中，它也将变得更为密集，不仅连接着各个港口城市及其周边腹地，同时，也将整个世界上所有的城镇和乡村连接在一起。② 时至今日，尽管人们所使用的交往方式存在巨大差异，但是，每一个人都已处于一个巨大的全球网络之中。③

可见，上万年的网络发展和文化交互，呈现从松散到紧密，从地方到全球的整体发展趋势。处于孤立状态的人类社会越来越少，并且彼此之间常常处于一种并行并存的同质性状态，多样性的程度大为降低。但是，这种同质性并不意味着绝对的同质化，也不意味着资源、力量和等级划分的均衡。

从对人类社会网络发展的历史梳理和特征总结中我们可以发现，各地域各族群的文化时常是存在边界的、异质性的。这也是为什么人们看待跨文化传播总是持有"在彼此中间"（inter）的认知预设，但是这种"文化岛屿化"的现象并非固定不变的，跨文化的"交叉、穿越"（cross）、"贯通、超越"（trans）④ 将逐渐突破"网络内部同质性和外部一致性"的分化，由此，跨文化传播处理不同文化间的传播问题时，会提出文化间性以求达成不同文化间彼此理解、尊重、包容和共存。

当然，这种对理想的多元主义文化的倡导背后，实际还隐含着文化网络的过程性、混杂性和抗争性意涵。对此，麦克尼尔父子指出，"我们所需要的是一个全新的共生体"，要么通过就共生问题进行再度协商来沟通化解隔阂，要么出现新的基本共同体结构类型，以抵消不可名状的纠结。如何协调这种对立，正是我们这个时代以及未来相当长的一个时期所必须面对的难题。他们提出："我们以及我们的子孙，必须要通过学会如何在一个世界性网络体系和各种不同的多样化的基本共同体的环境中共同生活的能力，来改变我们现

① 〔美〕约翰·麦克尼尔、〔美〕威廉·麦克尼尔：《人类之网——鸟瞰世界历史》，王晋新、宋保军等译，北京大学出版社，2011，第 112 页。

② 〔美〕约翰·麦克尼尔、〔美〕威廉·麦克尼尔：《人类之网——鸟瞰世界历史》，王晋新、宋保军等译，北京大学出版社，2011，第 204 页。

③ 〔美〕约翰·麦克尼尔、〔美〕威廉·麦克尼尔：《人类之网——鸟瞰世界历史》，王晋新、宋保军等译，北京大学出版社，2011，第 3 页。

④ 单波、肖珺：《文化冲突与跨文化传播》，社会科学文献出版社，2015，第 66 页。

有的各种生存方式。"麦克尼尔父子甚至悲观地认为现存网络体系将会彻底崩溃，"我们正处于破碎的边缘"。① 但是，无论网络体系是破碎还是重建，在跨文化传播中揭示文化异同、消除文化屏障始终是重要的，这直接指向一个应然的命题：我们应该理解并接受差异性，在差异中理解自我的意义，在对话中建立文化间的互惠性理解。②

三 交往网络"文化波"中的合作竞争与互化重构

德国学者格雷布纳（Fritz Graebner）所言的"文化波"（culture wave）表明：地理位置分割开的不同文化可能会由于人对物质和富裕生活的需求而开始发生文化间的互动，每一次商品交换都会增加商品成本，降低可能的利润，同时也使人们意识到其他文化的存在，这当然也导致了对其他文化的许多错误认识。如丝绸之路使东西方的贸易活动更加频繁，各种宗教沿着丝绸之路传播开来，也增加了人们对于远方陌生人的恐惧。③

《人类之网》就展现了这种"文化波"的存在。麦克尼尔父子提出，所有的网络都包含着合作与竞争两个方面的内容。社会权力最广泛的基础就是交往，因为它可以维系人们之间的合作。在一个合作组织框架中，专业化和劳动分工可以使一个社会较之于其他组织方式更加富足、更加强大。然而，这也使得这个社会更加分层化、更加不公平。同时，网络也造成了一种充满敌意的竞争，甚至战争，不过，在竞争对抗过程中人们也分享着信息，确认威胁来临时，势必会做出一定的反应，而各种有效反应通常又与某些紧密合作形式相关。结果，在一定层面上的竞争，却在另一个层面上促进了合作。人类的交往与交流、合作与竞争所生发出来的力量，在塑造人类历史的同时，也塑造着地球的历史。结果，这种力量使世界性网络的基础结构得以建成，并且以船舶、公路、铁路和互联网等方式，使这个网络的建设与维持变得更加容易。网络的建设过程和人类所支配空间的扩展过程彼此支撑。④

---

① 〔美〕约翰·麦克尼尔、〔美〕威廉·麦克尼尔：《人类之网——鸟瞰世界历史》，王晋新、宋保军等译，北京大学出版社，2011，第317页。
② 单波：《跨文化传播的基本理论命题》，《华中师范大学学报》（人文社会科学版）2011年第1期，第103~113页。
③ 单波：《跨文化传播的基本理论命题》，《华中师范大学学报》（人文社会科学版）2011年第1期，第104页。
④ 〔美〕约翰·麦克尼尔、〔美〕威廉·麦克尼尔：《人类之网——鸟瞰世界历史》，王晋新、宋保军等译，北京大学出版社，2011，第3、5页。

在"文化波"的扩散过程中，数以千计的商路和海路将各个网络连接起来。《人类之网》尤其关注其中两条最为突出的巨大的主干道。第一条即涵盖亚洲、从中国北部到地中海和黑海沿岸地区的丝绸之路，这条商路从汉朝和罗马时代开始，就定期输送商队、特产，还不时传播宗教，也不断输出天花、腺鼠疫以及枪炮火药。第二条主干道是海路，在某种程度上，它与第一条交通线形成了竞争。它从朝鲜、日本和中国南部的众多港口启程，经由东南亚的海岛，绕过马来半岛，伸入印度洋地区，最后抵达波斯湾和红海的各个港口。这是一个由众多较小的连接点和作为传输与转运点的港口城市组合而成的联合体，但它发挥出了一条独立的传输商品、思想、技术和疾病的主干线的功用。①

世界性网络锻造中的"文化波"，既造成了断裂和破坏，也带来了发展和创造。各种各样的革新与发明、繁荣与衰落、战争与瘟疫皆通过"网络"体系的波动，传播到条件允许的任何地方。人们的生活越来越受到来自远方的各种事件和进程的影响，这些事件和进程与其所波及的各个地区的现实状况相结合，共同发挥作用，有力地推动各种历史性力量的成长，而这些力量在当时很少被人们所理解和认识。在不同文化区域的人们相互往来中，无数个文化"他者"和"陌生人"彼此互动，人类在关注与被关注、理解与被理解、接受与被接受、扭曲与被扭曲的过程中，认识自我，调整自我，寻找生存与发展之路。在这些复杂多变的文化群体中，文化间的互动既可能是积极的、有趣的，也可能是消极的、苦涩的。② 各个文化网络可能会走向文化适应，通过观念互动互化，形成多种文化对现存秩序的合力重构，实现"共可能性"的愿景。

四　全球网络中的文化斜坡与新束缚

随着 15 世纪欧洲的探险之旅的开启，全球网络成为人们关注的焦点。较小规模的网络实际上并没有消失，但正如大都市网络和世界性网络拥抱了地方性和区域性的网络，将它们编织成更大的网络，而不会完全取代它们一样，全球网络也成为一个突出的结构，重叠、连接和整合了各种现有的大都市网

① 〔美〕约翰·麦克尼尔、〔美〕威廉·麦克尼尔：《人类之网——鸟瞰世界历史》，王晋新、宋保军等译，北京大学出版社，2011，第 151 页。
② 〔美〕约翰·麦克尼尔、〔美〕威廉·麦克尼尔：《人类之网——鸟瞰世界历史》，王晋新、宋保军等译，北京大学出版社，2011，第 171 页。

络和世界性网络。全球网络支持贸易交换、文化交流、技术扩散，促进了工业化和帝国主义的发展，这反过来又有助于将网络的触角延伸到世界的各个角落。①

麦克尼尔父子关于全球网络的论述，呼应了威廉·麦克尼尔过去在全球史著述中曾经提及的"文明扩散论"，即在世界文明互鉴和文化交流中，存在高技术、高文明地区向低技术、低文明地区流动的传播现象，其"优秀文化模式""以技术聚落构成文明中心""文明中心与蛮化地带"② 等观点均属于此类。在《人类之网》中，他们尤其指出了文明中心具有强大的向心力和吸附力，对周边地区形成让其无力抵抗的文明辐射，由此在文明扩散过程中产生了"文化斜坡"（cultural slope）效应。③ 他们的这一论调表明，正如有学者指出的，麦克尼尔"同时又是个'文明单中心论'者，意思是说，文明从单中心开始，也以单中心演进"，"初始文明产生于一个点，后来向其他地方传播，才变成许多文明"。④

虽然"文明扩散论"能够在一定程度上避免"维多利亚史观"，却难免附带了高低优劣之别，这一对不平等事实的揭示也反映在麦克尼尔父子对全球网络的认知之中，他们认为全球化是一个痛苦的，有时甚至是残酷的进程。⑤ 在打破了许多旧束缚的同时，人类又确立起一些新束缚和不平等。简言之，就是全球网络交往的密度和速度日新月异，人类的生活越来越依赖全球联系交往，但更大的差距甚至鸿沟却由此产生了。在 19 世纪，通信技术和交通方式的各种重大变革（如轮船、铁路、电报等）使得世界上的联系更加紧密，但是，人们生活的某些方面仍然未受什么影响。而在 20 世纪，各种新型通信技术和交通方式（如电话、无线电、电视、电影、汽车、飞机、互联网等）涌现，所具有的一个共同特征则在于它们改变了数十亿人的日常生活，扩大了人类实践活动的范围，丰富了人们获取信息的途径。一方面，这些新技术使得信息在发达国家的传播变得更为民主化，到大约 1975 年时，在发达

---

① 单波：《跨文化传播的基本理论命题》，《华中师范大学学报》（人文社会科学版）2011 年第 1 期，第 103~113 页。

② J. Bntley, "Web Browsing," *History and Theory* 44（2005）：102-112.

③ 〔美〕麦克尼尔：《欧洲历史的塑造》，刘景辉译，台北：时报文化出版企业股份有限公司，2007，第 83~84 页。

④ 〔美〕麦克尼尔：《欧洲历史的塑造》，刘景辉译，台北：时报文化出版企业股份有限公司，2007，第 90 页。

⑤ 钱乘旦：《评麦克尼尔〈世界史〉》，《世界历史》2008 年第 2 期，第 130~138 页。

国家内部，富人和穷人在获取信息方面的差异已大大缩小；另一方面，由于这些新技术赋予其拥有者以财富和权力，从而又进一步加大了世界上富裕国家与贫穷国家之间的差距，也生成了人们在获取现代信息和通信技术的机会和技能方面的鸿沟。① 麦克尼尔父子认为，尤其是所谓的数字化分野的出现，掀开了人类不平等历史的最新篇章。

五 结语：跨文化传播研究中的历史嵌入性与史观问题

全球史学者本特利（Jerry Bentley）曾提出"跨文化互动"理论，并据此为世界历史进程重新分期。② 本特利的"跨文化互动"与麦克尼尔父子的"网络"一样，都是用来理解全球史交流、碰撞和演变的核心，实则已经将跨文化传播的理论和方法嵌入了"新世界史"的书写之中。跨文化传播同样需要从描述层面、规范层面和方法论层面，强调"社会体系的动态转型与历史性演变过程以及传播与文化的社会历史嵌入性和社会主体的能动性"。③ 正如有学者评述麦克尼尔父子分析的优点在于，他们并没有将网络和交流自然化，而是将其历史化了。④ 相应而言，若要解决某些跨文化传播研究存在的"去历史化""去过程化"的问题，跨文化传播学者就应增加历史维度的考量，那么，这些全球史学者的研究典范或许能够提供一定的滋养。

麦克尼尔父子的《人类之网》体现出对"维多利亚史观"的挑战，针对过往研究"忽略交流互化""过分依赖于希腊、罗马文明的古典范例""难于理解其他文明，尤其是非西方文明"等问题，提出应将文明的发展看作具有高度相关性和整体性的发展，着重于"文明"而不是"民族国家"。全书中，四大文明是四个主角，每个文明从古至今的发展都有基本完整的交代。全书篇幅也大体上在四大文明之间平均分配，有意识地避免欧洲的比重过大。⑤ 该书的中国读者尤其会感受到中国在其全球史论述中的重要性、持续性、包容性与和平性。麦克尼尔父子将中国农业的起源、水稻种植、河西走廊、运

① 〔美〕约翰·麦克尼尔、〔美〕威廉·麦克尼尔：《人类之网——鸟瞰世界历史》，王晋新、宋保军等译，北京大学出版社，2011，第149页。

② J. Bentley, "Cross-cultural Interaction and Periodization in World History," *The American Historical Review* 101 (1996): 749-750.

③ 赵月枝：《跨文化传播政治经济研究中的"跨文化"涵义》，《全球传媒学刊》2019年第1期，第115~134页。

④ J. Bntley, "Web Browsing," *History and Theory* 44 (2005): 110-112.

⑤ 钱乘旦：《评麦克尼尔〈世界史〉》，《世界历史》2008年第2期，第130~138页。

河开通、儒学流变、郑和舰队等内容既突出又平衡地贯通在各时期的布局中。由此就可以理解，麦克尼尔父子对于西方传统史学的认识和批判，使得他们在"去欧洲中心"的史观统摄下，另辟蹊径地将"网络"作为言之成理的研究脉络，这在全球史研究发展之初具有开风气之先的意义。

实际上，跨文化传播研究无论是在理论援用、材料处理还是方法运用上，都同样需要面对最基本的史观问题，这与西方中心主义、文化本质主义等紧密相连，也与研究者的主体能动性此呼彼应。西方学术由来已久的"普适性"和"真理性"，使得人们若只在其学术范式、话语体系框架中进行研究，便很难跳出跨文化传播领域与生俱来的"西方中心"窠臼。麦克尼尔父子这类书写"宏大叙事"的全球史学者试图推倒学术隔离墙，意欲超越西方文化特殊性、排他性、地方性知识和个别社会经验的叙事框架，力图从不同文化间的互动来展开分析。① 以文明为单位，书写文明的互动，强调文明之间的密切关系和相互影响，认为人类历史有整体性，而关系则是整体性的体现，② 这对跨文化概念的启示就在于，它让我们超越形而上学的二元对立（我们/他们、东方/西方、结构/主体等）以及世界是由一种"内/外二元体"构成的本体论立场，而以"过程关系本体论"以及"关系理性"为基础，构建有关世界秩序和全球网络的新的认知体系。③

麦克尼尔父子在《人类之网》中不愿把"工业革命"和"民主革命"的冲击力说得太厉害，尽量避免让读者误会其宣扬欧洲中心论。我们由此可以理解为什么在《人类之网》一书中关于欧洲自身变化的内容如此稀薄。④ 这亦可与跨文化传播的问题勾连起来，即只有"从他者出发"，把自己的偏好悬置起来，从而看见他者、听见他者进而理解他者，才能建构文化的多维视野。⑤

---

① 刘新成：《全球史观与近代早期世界史编纂》，《世界历史》2006 年第 1 期，第 39～46、160 页。
② 钱乘旦：《评麦克尼尔〈世界史〉》，《世界历史》2008 年第 2 期，第 130～138 页。
③ 赵月枝：《跨文化传播政治经济研究中的"跨文化"涵义》，《全球传媒学刊》2019 年第 1 期，第 115～134 页。
④ 钱乘旦：《评麦克尼尔〈世界史〉》，《世界历史》2008 年第 2 期，第 130～138 页。
⑤ 单波：《跨文化传播的基本理论命题》，《华中师范大学学报》（人文社会科学版）2011 年第 1 期，第 103～113 页。

《观看之道》：文化研究视野下的视觉范式流变

白　畅[*]

"我们观看事物的方式，受知识与信仰的影响"，① 这是伯格（Berger）在《观看之道》中最先提出的观点，也是这本书贯穿始终的灵魂所在。其实，这句话同样适用于伯格本人，伯格的知识与信仰，根植于英国文化研究的沃土，作为英国左翼知识分子的重要代表，文化研究学派关注底层人民文化权力的学术传统对伯格影响颇深，这使得伯格始终对缺乏文化话语权的底层人民抱有深刻同情。因此，伯格专注于视觉艺术的祛魅，积极探索艺术史研究的新视野，力图突破传统图像批评方式的阈限。在《观看之道》中，伯格一反传统地强调观者在图像批评中的地位，并以观者的观看为线索，向当时以冈布里奇（Gombrich）、克拉克（Clark）为代表的精英主义艺术史观提出了挑战，从而促进了视觉范式的转向。

从个人经历来看，伯格早年曾在英国军队服役，直到 20 世纪 40 年代后期，才以画家身份开始其艺术生涯。在很长一段时间里，伯格同他想要护持的底层人群一样，长期被排斥在由精英主义主宰的话语体系之外。所以，我们也可以说，伯格身上执着而又朴素的浪漫主义与人文主义情怀，他对社会弱势群体的关注，他犬儒主义般的愤世嫉俗，与其自身经历息息相关。他的愿望是恢复人们与生俱来的观看权，这种观看不是以往基于"逻各斯"之上的、视觉中心主义式的观看，而是与文化、经验、欲望、信仰、制度等外在规训因素紧密联系的观看。

一　视觉中心主义的建立与解构

作为西方视觉文化领域具有长期影响力的一种图像认知理念，"视觉中心

---

*　白畅，浙江大学传媒与国际文化学院博士研究生。
①　〔英〕约翰·伯格：《观看之道》，戴行钺译，广西师范大学出版社，2005，第 2 页。

主义"（ocularcentrism）的思想源流来自古希腊哲学中对视觉的二元认识。在《理想国》中，柏拉图的"心灵之眼"与"肉体之眼"把理性与感性划分成认知领域中对立的两面，[①] 但构成二元对立的二者并不具有平等关系，在理性与感性的对弈中，理性意识被视为一种独立的精神功能，驾驭了人的情感与欲望，柏拉图坚信，只有通过理性，人们才能从"形而上"的高度真正认识世界。这种分化将统御着人类理性的"逻各斯"视为言说着的绝对真理，导致了西方哲学传统的"视觉中心主义"。

柏拉图之后，笛卡尔对"心灵之眼"的极力张扬，即以"我思故我在"作为绝对确定性基础的宣示，使得这种理性至上和对感性体验的排斥更加彻底，进一步加剧了理性与感性之间的分离和对立。[②] 于是，自然科学越是进步，视觉观看便越是与科学联系在一起，光学与透视法便是这一观看倾向的产物，其展现了科学理性在视觉意义生成中的霸权，恶果是感性的人文主义要素在视觉文化领域的严重缺席。因为，理性要求我们克制自己，用某种标准的目光去看待图像，看待历史，看待我们与这个世界、与他者的关系。但是，自然科学对视觉中心主义所预设的外在世界一味探求，导致以目的论为基本思维指向的工具理性恶性膨胀，人与世界的亲缘关系因此被割裂，我们与他人的联系也被阻隔，甚至被抽去自身的丰富生动性，成为蜗居在理性和意识的"洞穴"之中的囚徒。

涂尔干在其著作《社会学方法的准则》中，就已流露出对科学理性的警惕，他一针见血地指出："科学绝不教导我们应该有什么愿望。"[③] 纵观人类历史，其实不难发现，没有任何一种信仰体系、价值理念或者说解释世界的方法可以一直统治人类，当新的、更合理的——甚至有时候是"不合理"的但"情有可原"的视野出现的时候，就会引发我们对旧体系的质疑——当理性对视觉范式的霸权统治走向极端之时，就会迎来反弹。所以，在启蒙之光一味照亮理性精神之时，浪漫主义血肉里的疯狂与死亡也在黑暗里生长；当实证主义迎来反思过后，梵高、蒙克也纷纷发出震耳欲聋的"呐喊"。

自此，对视觉中心主义观看的质疑，对透视法的批判，成为20世纪图像艺术批评理论的重要思潮之一，人们开始对西方传统的视觉哲学进行普遍反

---

① 〔古希腊〕柏拉图：《理想国》，顾寿观译，岳麓书社，2010，第319~366页。

② 〔法〕勒内·笛卡尔：《第一哲学沉思集》，庞景仁译，北京：商务印书馆，1986，第82页。

③ 〔法〕E. 迪尔凯姆（即涂尔干）：《社会学方法的准则》，狄玉明译，商务印书馆，2011，第75页。

思，对科学主义认识论所强调的"二分法"也予以重思和解构。新的视觉范式追求的不再是图像形而上的意义，图像本身就显露着"可见的思想"，观者的价值也终于得到彰显。

不过，对伯格影响最大的大概还是英国的文化研究学派，霍尔在传统符号学上的突破使得以往被秉持文本中心主义的符号学研究所忽视的读者能力及感受逐渐受到学者重视，以威廉斯为代表的学者们开始把"生活的总体方式"（whole way of life）作为研究对象，① 对大众文化持平视态度，这成为后继文化研究的一个基本观念。而在伯格眼中，观者观看的目光中总是充满了意识形态等文化因素的规训，所以，他试图颠覆以图像本身和作者理念宰制下的艺术观，为图像批评提供一种新的认知维度。自此，以观者为支点的观看模式对我们理解艺术的方式进行了"重构"，观者，或者说受众，不再以怀旧方式观看图像，从而图像意义的生成被引入时空流变的无限可能之中。

二　约翰·伯格的观看之道

（一）观看先于语言

当语言文字的描绘与目所能见的观看相对比的时候，我们往往更愿意去相信后者，因为我们从文字中所知道的与我们用眼睛所见到的，经常并不是一回事。苏格拉底就曾经抱怨文字，认为它削弱了记忆力，缺乏互动，任意撒播，使得说话人和听话人可以不必亲身在场，这种批判和 15 世纪末人们对印刷术的担心，以及如今我们对互联网、算法和人工智能的担心不无相似之处。

而以视觉为基础的交流，似乎能够克服文字的缺点，因为在大多数情况下，观看即认知。当我们注视某个事物的时候，我们就与之产生了联系，就会因此去审度我们与该事物、与该事物所处的周遭环境以及与整个世界之间的关系。对话常常是以言语来呈现这种交互关系，而视觉的这种交互性质比对话更为根本。口语交流几乎总是以单一事件的方式发生，其内容只在关注此事的人中间分享。而我们的视线总是在忙碌，总是在移动，总是将事物置于围绕它的事物链中，构造出呈现于我们眼前的他者。在观看中，我们意识到别人也能观看我们，他人的视线与我们的视线相交，使我们确信自己置身于这可观看的世界中。

① 〔英〕雷蒙·威廉斯：《文化与社会：1780—1950》，高晓玲译，北京：商务印书馆，2018，第 15~24 页。

但是这种受限于时间与空间的观看是远远不够的，为了使交流突破时间与空间的限制，我们创造了各种各样的记录性媒介，相对于人类有限的记忆力，记录性媒介具有无可比拟的再现功能，它在"在场"与"不在场"之间，开辟了一个全新的交流空间。视觉化技术打破了真实和虚拟之间的界限，建构出一个即时且无处不在的世界图景，我们的视觉文化也因此变得"可管理"，以至于不仅很难确定我们在看什么，甚至在哪里看、如何看都变得难以追究——文化符号现在已经脱离了它们的参考点和起源点。

绘画、摄影等再现技术把事物的形貌转化为影像（image）呈现给我们，使事物的影像比事物本身更经得起岁月的磨炼，但是影像很多时候是人为的，是重造或复制的景观，这是一种表象或一整套表象，已脱离了当初出现并得以保持的时间和空间，它反映了作者的观看方法，但观者对影像的理解与欣赏，又由于自身独具的观看方法而有别于作者——尽管观者的观看方法也常常受到其他因素的影响。

伯格认为，当影像作为艺术品展出时，人们观赏的方式会受到一整套有关艺术的旧有看法的影响，我们看似客观的观看方式，其实一直受到我们的知识系统与价值体系的影响，如美、真理、天才、文明、地位等。而其中的许多看法已经不适用于当下，这些看法既同当今格格不入，又使过去模糊不清，把艺术品与历史都置于遥不可及的境地。伯格试图澄清，观看行为总是受到社会文化等的影响，带有特定时代的眼光，我们在观看时实际上已经带着自己固有的观念了。这些观念不仅包括观看者在长期文化熏陶中形成的世界观与文化观，也包括在专业训练中获得的艺术史与艺术理论的知识、艺术批评与美学的思想。正如布尔迪厄所指出的那样，每个时代的文化都会创造出特定的关于艺术的价值和信仰，正是这些价值和信仰支配着人们对艺术品甚至艺术家的看法，[①] 特定艺术时期艺术界共享的一整套艺术史的知识与艺术理论氛围，以及创作中的艺术惯例，决定了观看者的眼光。每一个时代的图像都已经纳入了当时的信仰、观念，理解一幅作品往往就是理解作品背后的意识形态。

（二）影像的占有功能

1. 对财富的占有

对文艺复兴时期的艺术家来说，图画，特别是油画，除了是一种知识工

---

① 〔法〕皮埃尔·布尔迪厄：《艺术的法则：文学场的生成和结构》，刘晖译，中央编译出版社，2001，第262~270页。

具之外，还是一种占有工具。油画的视觉范式的形成与当时的社会观念有很大关系，传统油画时代大致可以确定在 1500～1900 年，这几百年间的欧洲艺术以不同的形式服务于新兴的资本势力。当时最为优越和昂贵的视觉媒介——油画，顺理成章地成为统治阶级财产占有的最好的视觉表达之所。油画可以表现事物的质感、光泽和纹理，人在观看油画时仿佛可以亲自触摸到里面的实物。同时，正是由于在佛罗伦萨和其他地方积累了大量财富，人们才可能拥有这些油画，这些图画代表着一个微观的世界，图画的主人借艺术家之手，来确定自己拥有世上一切美丽、称心的物品。

油画通过这种满足画作主人对实物占有欲的方式，使人产生与画作的亲近关系，实现其占有功能。观看静物画时，观看者所获得的不仅是视觉享受，更多的是一种自我满足的情结。油画之于现象，就好像资本之于社会关系，在资本主义大行其道之时，许多油画本身就是用来标示可用黄金购买的东西，商品属性成为艺术品最重要的属性之一。在《安德鲁斯夫妇》这幅风景油画中，伯格首先指出了安德鲁斯夫妇的身份——地主，而且指出风景画的背景实际上是他们的庄园，在此油画的占有功能又起到了作用，油画最好地表达了安德鲁斯夫妇的意图。

同时，伯格指出，观看者与被看者的看与被看关系是通过目光来实现的，目光传达了双方的地位、阶层等权力信息，一如霍尔拜因绘制的《两大使》，华丽的衣着显示出画中人物卓越的风度，琳琅满目的饰品炫耀着他们的财富，他们自负而拘谨，眼神冷峻中带着专注——就像历史上的那些帝王一样，殖民地征服者的桀骜在画中显露无遗。两位大使如何直接或间接参与最早的殖民探险，我们无法从画中得知，我们能感受到的是他们对待世界的态度，这种态度是整个阶级所共有的：他们深信，世界的存在是为了给他们提供生活所需。在油画这种具象化的极端形式之中，殖民地征服者与当地人民之间不平等的权力关系被确立。油画独特的表现方式，看似是天才艺术家的灵光显现，可若是放置在一个文化整体中加以考察，就可以发现那不过是收藏者意图展现理想化自我形象这一市场需求的产物。

伯格讲述了油画的观念表征化的过程，油画本身的特性使其成为画作主人表达其观念的最好工具。同时，伯格也揭露出油画中暗藏的权力不平等，并将画家是如何把这种不平等的权力关系以视觉化的方式铭刻在视觉文本中的这一过程展露出来。在画家笔下，物象、景观与艺术创作中的社会主体形成了复杂的互动关系，伯格的独到之处在于，他令人信服地论证了现实中主体之间的不平等权力关系是如何通过"视觉化"的过程铭刻在视觉文本中的,现实中的意识形态现象是如何向艺术文本转换的,并对此进行了详细的分析。

2. 对女性的占有

凡勃仑在《有闲阶级论》中谈道:"在文化演进的过程中,有闲阶级的涌现与所有制的开始是同时发生的……所有权的最初形态是团体中壮健男子对女子的所有权……后来所有权概念逐渐有了扩大,从对妇女的占有扩展到了对妇女的劳动果实的占有,这就产生了对人和对一切事物的所有权。"① 男性对女性的占有,在视觉文化领域一直有所呈现,最经典的例子莫过于被各个时代的艺术家所青睐的主题"劫夺萨宾妇女"。该主题源自古罗马传说,罗马人建城以后性别失调,于是跟邻邦的萨宾人商量联姻,但遭到对方拒绝,于是罗马人在邀请萨宾人参加自己的宴会的同时,悄悄地打入萨宾城,掠夺萨宾妇女和她们的财产。该主题一度被称赞为确保古罗马未来的爱国行为。

在很长一段时间里,女性的艺术形象都由男性所宰治,伯格敏锐地觉察到了这一点,他将有关性别政治的信息注入艺术史的研究中,分析女性主体在油画中的建构问题,在伯格看来,性别政治的问题被体现在看与被看的具体化中。

伯格认为,在男权社会中,女性其实一直是以男性的视角进行自我审视与自我建构的,受到视觉中心主义思维的影响,人们会在潜意识里认为男性要优越于女性。比如,在认识方面,认为男性是能运用视觉的理性的认知者,而女性更多地受触觉所引发的感觉和情感的控制;在道德方面,男性被确立为是有责任心、冷静和正义的楷模,而女性的形象通常是温柔娴静或优柔寡断的;在政治领域,男性的世界是公共的和抽象的,是与"心灵"联系在一起的,而女性的世界则主要在家庭内部,是与"肉体"联系在一起的。这种二元结构在历史演进过程中逐渐成为一种影响主体建构与主体生产的技术。

由于整个社会文化分配给男性和女性的权力并不平等,在有限的空间内,女性将自己建构为"被观察者",并以男性的眼光来观看自身,女性的这种文化境遇导致了男性"看"而女性"被看"的处境。伯格论证道,在欧洲的裸像艺术之中,画家、观赏者、收藏者通常都是男性,而画中的对象往往是女性,这种不平等的关系,深深根植于视觉文化之中,潜移默化地影响了众多女性的心理,培养了她们的社会气质,她们以男性对待她们的方式来对待自己,她们像男性般审视自己的女性气质。

---

① 〔美〕凡勃仑:《有闲阶级论》,蔡受百译,商务印书馆,1964,第20~21页。

伯格的观点与普遍社会观念中对男女地位的一般性理解相一致。这种社会观念的形成，根植于社会分工所导致的两性不平等。这种不平等使男性成为社会规范的主导者，也使女性"被观察者"与"自我观察者"的定位被确定下来。伯格把存在于男女性别中的权力差异揭示出来，并解释道，我们不能仅仅用"艺术形式"来阐释艺术作品中的女性裸像，而应该将其置于由男性所统治的图像话语体系之下。并且，他认为，女性裸像在视觉艺术中的再现看似表现了欧洲人文主义精神中个性解放的经验，但实际上男性观看的建构又在另一个方面强化了文化传统中性别的不平等。伯格认为，欧洲裸体画传统中男性对女性裸像的标准化和规定化，显示出女性在社会文化体系的作用下已经把自身变为一种特殊的视觉对象——景观。

在伯格列举出的众多例证中，最能反映在男性视角下裸像意义的绘画题材莫过于"苏珊娜与长老"。在《圣经》中，两位长老因苏珊娜的美貌对其起了歹心，企图在苏珊娜洗澡时侵犯她，苏珊娜坚决不从。但在艺术家笔下的苏珊娜，并没有表现出任何被偷窥的愤怒或惊慌，而是甜美的女性裸体形象，这与《圣经》中的表述相去甚远，这正是因为这些画的作者、收藏者与参观者绝大部分是男性。油画作品呈现了画家观看方式、性别意识的差异。伯格的目的在于说明，欧洲油画中的这一题材最能明显反映出人们观看方式中的一个性别问题："理想"的观赏者通常是男性，而女人的形象则是用来取悦男性的。

（三）伯格的"盲点"

尽管伯格敏锐地察觉到了被囚禁在男性视角中的女性，但他也因此不自觉地忽视了视觉文化领域中女性的主体性，认为女性只能通过男性的视角，依据男性的价值观来建构自身。事实上，男性与女性，观者与被观者，看与被看的关系，更多的是"我"与"他者"的关系，而不是简单的男性"看"，而女性"被看"的关系。尽管男性凝视强化了女性的自我认同，但是这种动态关系是建立在"女性他者"的弱势和被审视的基础之上的，作为观看者的男性是主动的、充满欲望的，而作为被观看者的女性则是被动的和被展示的。

当女性成为观者时，这一视觉关系中的权力关系则会发生转换。被伯格有意无意忽略的是，艺术史上不乏杰出的女艺术家，在有生之年就已经赢得了人们的高度尊敬，只是在以往由男性主导的艺术史叙述中，她们一直被艺术史家所忽视。始于 20 世纪 60 年代中期的女性主义运动颠覆了对女性角色的狭隘认识观，艺术史家"重新发现"了为数众多的女性艺术家，荷兰画家朱迪思·莱斯特（Judith Leyster）便是其中之一。

在19世纪末之前的几个世纪，莱斯特的所有画作都归于其他艺术家名下，其中包括哈尔斯（Hals）和洪特霍斯特（Honthorst），或者被标为"作者不详"。直到19世纪末，通过分析她的签名、文献和风格，人们重新发现了莱斯特，她的作品才逐一回归她的名下。其中，莱斯特作于1633年前后的《自画像》尤为引人注目。从尺寸和年代上看，这可能是莱斯特为申请加入当地画家行会而提交的作品。当时不鼓励女性加入行会，那是男性巩固其职业地位的专属领地，但在这幅自画像中，莱斯特将自己表现为一位能使用各种不同画笔的艺术家，以此表明她对该媒介的娴熟掌握，这正是用于自荐的画作所要展示的内容。我们必须注意，当时的艺术家极少把自己画成在画架旁辛勤创作的样子。他们想让自己有别于低微的工匠，把自己表现为属于更高阶层的人物。然而，作为拒绝服从男性期待的女性，莱斯特需要清楚地表明：她确实是一个艺术家。

意大利17世纪女画家阿尔泰米西娅·真蒂莱斯基（Artemisia Gentileschi）同样也是她那个时代的重要艺术家之一，其艺术作品的典型主题是女英雄，如大卫王发泄情欲的不幸对象拔示巴（Bathsheba），以及砍下荷罗孚尼（Holofernes）的头颅，拯救了族人的朱迪思（Judith）。在男性画家的笔下，这两个主题往往被描绘得色情且暴力——这种风格在巴洛克时期十分流行。而真蒂莱斯基一改这类作品色情与暴力的传统，着重表现女性的独立与力量，同时这反映出她动荡的一生中根深蒂固的对男性的矛盾感情。她最大胆、最富创造性的《隐喻画自画像》（Self-Portrait as the Alegory of Painting），更是巴洛克时期最具创新性的自画像之一。真蒂莱斯基把自己描绘成象征绘画（LaPittura）的女性寓言人物，她有蓬乱的黑发，脖子上挂着一条金链，一手拿画笔，一手拿调色板。真蒂莱斯基企图通过这幅作品彰显自己作为女性画家的特殊身份，也希望以此反映艺术家新的、更高的地位。

女性主义运动使这些才华横溢的女性艺术家从无名之辈变为当时成就卓著的画家，其地位之重要足以载入艺术史册。女性主义运动启发了评价艺术的新语境，倾向于赞扬而不是否认女性的成就，关注研究与性别有关的问题，以及艺术中表现女性的方式。伯格显然受到了这一思潮的影响，但在该书中，他似乎在回避这一点。我们必须承认的是，男性与女性、观看者与被看者的关系是互动的，同时也是具有主动性与主体间性的，在压制与反抗中，双方可能达成某种程度的对话，而观看者与被看者在相互凝视中，也将不断强化对自我的认同。

三 网络时代的复制与观看：信息秩序的重构

在本雅明看来，复制技术的产生，改变了艺术与人、图像与人的关系，致使我们进入一个影像泛滥的视觉文化时代，物与物、物与人甚至是人与人之间的关系被重构，珍贵的艺术品失去了"灵韵"，① 其首要含义也许不再寓于它所表达的内容，而在于它今之所是——它既可能是一场艺术展中的一件展品，也可能是一处网红打卡的场地。并且，网络时代之前的艺术作品由于这种"复制"而产生了新意义，那些以前在兽甲上，在岩壁上，在雕塑中，在画布上，在我们所书写的历史中，在我们所建立的制度里"曾经言说过"的东西被重新阐明。同以往清晰的、整体的、连续的意义相比，这些信息在"重新言说"的过程中因激增而显得过剩。经典文本并没有被抛弃，它只是无人问津，它与自身所指的新形式共存于当下，所有不同形式的知识看似都指向同一种意义，似乎只有这种意义才构成它们的真实性，而事实是每一次的"重新言说"都剥离了其最初的意义，形成了新的意义。不同的人因为不同方式、不同形式的言说产生连接，进行交流，生产新的意义——这是此前艺术作品所不具备的功能。

如今，艺术品原作的独特之处除了它是一件珍贵的艺术品之外，还多了一重意义——它是你曾经见过的复制品的原作。人们不会感叹因为喜欢同一部网剧而成为朋友，但因艺术品的复制品而相遇的人则应该庆幸——因为没有这种"复制"，他们便不会相遇。在图画复制的时代，画作的含义成了可以传送的：这就是说，它成了某种信息，而且如同所有信息一般，若不被使用，就是受到忽视；信息本身不带任何特殊的权威。图画派上用场其含义不是遭到修正，就是彻底改头换面。影像的意义不在于复制品能否忠实地再现一个形象的某些方面，而在于复制使得人们可以利用一个形象为许多不同的目的服务。与原作不同，经过复制的形象，会使自己符合一切目的。一如"达达主义"一词的由来：激进的艺术家随便翻开一本法德词典，任意选择了一个词，成为这个艺术流派名称。自此，"达达主义"成为反叛的代名词——拥抱不确定性也成为复制时代的"时代精神"。

---

① 〔德〕瓦尔特·本雅明：《机械复制时代的艺术作品》，王才勇译，北京：中国城市出版社，2002。

复制使图像的意义得以增值变异——原来寓言人物的形象，通过局部的放大截取，成了一幅姑娘的肖像；原来充满着古典美的人像，加上一撮胡子，成了让人莞尔的玩笑。起初，艺术的经验（宗教仪式的经验）被迫脱离生活的其余部分——正是为了能控制生活。后来，艺术收藏进入了社会的领域，进入了统治阶级的文化，而作为实物的艺术品则脱离了大众，孤零零地摆放在上层人士的宫殿和屋宇之内。那时候的知识被置于具有"确定的过去"和"可预见的未来"的历史之中，在那样的传播环境里，产生出一种能够连接过去、现在与未来的，有着连续性的思维模式，在这种模式下，知识与信息的自反性受到限制，在很大程度上只作用于传统的阐明和重新解释，以至于在当时的知识领域中，"传统"的方面比"创新"的方面更受到人们的重视。人们日常生活的周期化过程与文本知识的联系相对有限，人们更多的是通过原来意义上的传统与此周期化过程联系在一起的。

而在网络时代，信息秩序被重新建构，关于信息与知识原本存在的标准逐渐"虚化"，其直接结果便是使我们社会活动情境的特殊性不断增加，并且这些情境之间的节点被强制打通，于是产生了一种与以往的信息秩序截然不同的动力机制——技术与媒介能够突破时空的限制，把地方性和全球性的因素连接起来，而且通过两者的这种经常性、任意性的连接，对社会生活、信息系统乃至全球文化造成巨大影响。这种现象的直接后果就是，两者合谋，通过冲破旧知识领域的框架与实践的限制，来开启跨文化交流的可能，但同时也带来了传播的无序与混乱，进而造成不同文化彼此之间的误解与隔阂。过去通过系统性建构和历史积淀得以形成的"知识尺度"与"信息体系"，随着这场内爆而失去了其合法性，因为技术释放的创造性破坏的力量带来了一种对于知识的全新定义，曾经已经得到普遍认可的标准与体系，现在已难以提供关于未来的知识标准、知识体系的整体性与积淀方式的参考。

在人类全部历史中，艺术的权威性和收藏它的场所的特殊权威是不可分割的。现代的复制手段摧毁了艺术的权威性，将它从收藏场所搬离。举目而望，人类知识的总体性图式似乎正在慢慢形成，而人类作为一个整体的过去也已经被认为是世界性的话题，[①] 在这样的视野之下，我们又如何将时间和空间重新组合起来去构筑关于行动和经验的世界–历史的框架呢？

---

① 〔英〕安东尼·吉登斯：《现代性的后果》，田禾译，南京：译林出版社，2011，第 18 页。

四　可能的路径：跨文化转向

视觉文化研究的价值在于揭露隐藏在观看行为中的权力运作，这就意味着对我们的观看模式，对视觉的纯粹性和优先性，对看与被看的权力关系进行质疑和反思。跨文化交流作为一种文化行动，本身就与"观看"行为紧密相关。面对一个图像、一个器物、一部电影或是一个他者，观看的主体，观看的时间、地点与方式，都会影响观看对象的意义生成与流变，从而影响我们的观看经验。因此，我们必须认识到，视觉文化在塑造社会意义的过程中，也形塑了边缘群体与主导阶级之间的权力关系。但在全球化与逆全球化潮流交织的当下，社会边缘群体争取文化支配权的斗争得以张扬，基于跨文化视野的文化研究不仅要摆脱学院派既有的僵硬轴线，运用多元视角观看文化生活，转变既有的权力形式及关系，更需要在"阶级"、"性别"和"种族"等研究议题上，构建文化研究的新范式。

我们经常会面对承载着不同文化意义的视觉表征，它们成为一种文化表征，跨越国家和民族的边界，穿过历史的长河，进入身为"文化他者"的我们的视野里，并在碰撞、冲突与融合中，在与其他文化的相互交织中，产生各种各样的衍生之物。于是那些原本已被言说的知识与信息，得以被我们以全新的话语体系与表征方式去表达——尽管这些不同形式的知识与信息之间并不是平等的。实现互惠性理解的困难在于，我们不仅要明晰我们作为观看主体自身的观看立场，还要去追问客体曾经所承载的"目光"，以及时空流变中不同观看主体带来的不同意义。同时，我们也应该认识到，作为研究对象的视觉表征也并非一种独立于我们的客观存在，而是建构于当下并受意识形态宰治的历史对象。跨文化研究往往会带有研究者自身文化色彩的投射，在此基础上，研究对象也就不再仅仅只有一副面孔，而是可能具有多重样貌，关于它的故事也可能同时拥有多种讲述方法。

一如彼得斯所言，"交流是一场没有保证的冒险，而哲学是一种上下求索的历史追问"，[①] 克服交流的不确定性需要我们跨越自我，从不同的主体视角出发去观看，并回过头来反思我们自身的观看方式，只有这样，我们才能实现跨文化的观看，才能更好地展现多视角之下的不同叙事。

---

① 〔美〕约翰·杜翰姆·彼得斯：《对空言说：传播的观念史》，邓建国译，上海译文出版社，2017，第382页。

围读《公共人的衰落》：自恋、公共性与亲密性的专制统治

林祎婧*

2021年春天，埃隆·马斯克带火了一款即时性的音频社交软件——club-house，掀起了一场狂欢热潮。《纽约客》刊发了一篇名为"Clubhouse Feels Like a Party"的文章，漫谈用户体验：这有点像参加一个惊喜派对，任何人都可以创建公共或私人房间，并且高度活跃的用户可以建立自己的"俱乐部"（本质上是趣缘小组），展开持续不断的系列对话，这些系列对话主题广泛，从天体物理学到地缘政治学，从健康、素食主义与禅修到女性主义觉醒的反思与想象，等等。

其实这一现象级软件早已有之，但为什么在当下引起了如此疯狂的吹捧？除去营销的成分，或许这一情景也反映了人们的社会心态：疫情影响下人类普遍隔离，这类产品试图建立连接感和开拓公共对话空间的尝试实在令人着迷。

有学者抛出这样的问题：clubhouse是否有让"公共人"复活的潜力？[①]这款社交软件的风靡反映了怎样的时代症候？为什么要有"公共人"？这种对公共的期待是不是一种虚妄的想象？如果这是可能实现的，那么我们可能在何种层面上复活"公共性"？一系列问题蜂拥而至。笔者在这些问号的引领下，试图从经典的文献中去找寻解释。理查德·桑内特（Richard Sennett）的《公共人的衰落》[②]就是笔者进入该话题的一个窗口。

许多人对于该书并不陌生。自1992年出版以来，它在谷歌学术上的引用量达上万次。与"公共"相关的一系列概念也让人有强烈的交流欲望。因此，

---

* 林祎婧，武汉大学新闻与传播学院博士研究生。

① 黄典林：《公共人的复活？——Clubhouse观察手记》，https://mp.weixin.qq.com/s/TW9iXv6_NgeY_mX4l3Mgaw。

② 〔美〕理查德·桑内特：《公共人的衰落》，李继宏译，上海译文出版社，2014。

本文尝试以"复刻"一场公共对谈的方式来谈论"公共性"，在核心观点的引领下，以问题为导向展开与作者、与文本、与现实实践的层层对话。

一　与《公共人的衰落》对话

（一）研究的逻辑起点

桑内特为什么要写《公共人的衰落》这本书呢？什么样的时代背景使他不得不直面"公共人的衰落"这一问题呢？这源自他对西方现代性的隐忧。受 20 世纪 60 年代美国"新左派"运动和"嬉皮士"运动的影响，他开始放弃研究音乐历史，转而研究社会阶层与城市问题。赖特·米尔斯（Wright Mills）指出，现代美国社会已经出现了从"公众"（public）到"大众"（mass）的观念转向，[①] 意即过去那些积极投入公共生活、为争取自己和他人的利益积极行动的公民已经转变成了如今退回狭窄的私人生活、不愿进行公共交往、只关心自身的狭隘利益的大众。美国人更内向且向往私密性，这无疑妨碍了"公共人"（public man）的崛起；文明的生活方式应该是能够积极在公共交往中实现他们的利益、体验世界的丰富性和多样性的人们的生活方式。在这样的时代背景下，桑内特开始了对"公共人的衰落"的反思。

从学术派别来看，桑内特师从美国社会学家大卫·理斯曼（David Riesman，其代表作是《孤独的人群》[②]）。《公共人的衰落》也与桑内特一直关注的"社会退缩"议题相关，其作品《家庭抵抗城市》[③] 研究的是 19 世纪随着芝加哥市逐渐成为工业区的中心，核心家庭是如何演变为一个人们用来抵抗社会的避难所的；《无序的用处：个人身份与城市生活》[④] 研究的是人格的结构如何受到过剩经济的影响，以至于人们试图摆脱他们对真正的公共关系的构成要素——痛苦、不确定和穷困的束缚——的体验；《阶级中隐藏的伤害》[⑤] 研究的是当今的人们怎么会将社会阶级当作一种人格化的事物来加以

---

① 〔美〕查尔斯·赖特·米尔斯：《权力精英》，王崑、许荣译，南京大学出版社，2004，第 382 页。

② 〔美〕大卫·理斯曼：《孤独的人群》，王崑、朱虹译，南京大学出版社，2002。

③ Richard Sennett. *Families against the City: Middle Class Homes of Industrial Chicago*（1872–1890）. Harvard University Press，1970：146~147.

④ 〔美〕理查德·桑内特：《无序的用处：个人身份与城市生活》，戎渐歆译，上海人民出版社，2023，第 35~53、61~74 页。

⑤ Richard Sennett & Jonathan Cobb. *The Hidden Injuries of Class*. Cambridge University Press，1973：191~219.

解释，以及由此造成的结果——阶级的去政治化。他的研究旨趣一脉相承，《公共人的衰落》提供了一个容纳这三项研究的总体框架，是它们的历史背景和理论背景。

从研究对象来看，桑内特以 18～19 世纪的伦敦和巴黎作为案例。我们也好奇：他对于"公共"理念的想象是如何嫁接到这种概念的历史嬗变中的？桑内特认为，现代公共生活中无所不在的透明与隔离状态的矛盾，根源于 19 世纪的公共生活危机：人们拥有在公共场所保持沉默的权利。该书之所以从巴黎和伦敦出发，是因为研究国家文化差异对首都公共生活产生的影响是很有价值的，桑内特试图从伦敦和巴黎的典型对比中，探究公共人从繁荣到衰落的根源与症结。之所以选择 18 世纪 50 年代，是因为在当时这两座城市已经比较繁荣，作为该书主要关注点的布尔乔亚阶级（指资产阶级）也开始蓬勃发展——与隐藏社会出身的市民（la ville）相比，布尔乔亚阶级更加自信。为了描绘公共世界的消失，作者研究了 19 世纪的两个十年：40 年代至 50 年代初期，工业资本主义对人们在公共领域中的外表与话语产生了明显的影响；90 年代，公共生活中的外表与话语已与 40 年代有明显不同。

此外，在"钻地洞"（postholing）① 这一研究方法的基础上，该书还纳入了城市建筑学、戏剧美学、服装史/化妆史、音乐史、美术史、文学、新闻史、儿童教育心理学、史学、哲学、政治学等跨学科的视野。

（二）重返"公共性"：经典理论浅考

那么，什么是"公共性"呢？"公共"的概念一直是与私人相对应的。桑内特从文艺复兴时期开始梳理关于"公共"的讨论，他更强调"公共"一词在日常实践中的体现。拉丁语 publicus 意指"人民、国家"，也有"普通、公众、庸俗"之意。在文艺复兴时期，古法语 public 指的是共同利益和政治群体，而后延展为特殊的社会交际领域。在 1470 年，英语 public 与社会公共利益联系在一起。17 世纪的"公共"（public）开始具有现代性的色彩，指观

---

① "钻地洞"这一历史研究方法的核心在于：通过细致入微的研究和分析，挖掘出隐藏在历史表面下的真相和细节。研究者通过收集和分析大量的原始资料（如档案、日记、书信、报纸、官方记录等），来获得第一手的历史信息；借助多学科的知识和方法，如考古学、人类学、社会学、文学等，提供更多的背景和解释，丰富对历史事件的理解；以微观的视角来理解宏观的历史过程，揭示出一般历史叙述中被忽略的细节；对历时性的变化和连续性的研究，揭示出历史进程中的深层结构和动态机制。但由于它无法解释一些基于偶然事件或者纯粹巧合的资料，所以需严格把关、交叉验证以甄别材料的真实性。

看戏剧的公众人物（社会精英）。而到了 17 世纪末，"公共"与"私人"的对立与我们今天的理解相仿："公共意味着向任何人的审视开放，而私人则意味着一个由家人和朋友构成的、受到遮蔽的生活区域。"18 世纪，"公共"扩展到了更多的"城市人"（资产阶级），才真正拥有"公共性"（publicity）的含义。

这里的"公共"被置于日常生活的范畴内加以考虑。"公共领域"是处于家人与朋友之外的社会生活领域，是由差异化的熟人与陌生人共同构成的具有流动性、复杂性和异质性的交往空间。某种意义上，桑内特眼中传统的公共性和现代的公共性可与滕尼斯眼中的"共同体"（Gemeinschaft，礼俗社会）和"社会"（Gesellschaft，法理社会/利益社会）① 相对应。

但桑内特没有提及的一点是，"公共性"有一个古希腊的阴影，那是西方人谈论的思想源流。西班牙语中的"公共性"起源于古拉丁文 poplicus，有"人民""与人民有关"之意。后来受到 pubes（成年人口、成年人）的影响变形为 publicus，成为"成年的人民"。雅典社会里的"公"有强烈的政治意味，即通过共同商议与决策来实现公共管理，主要方式有两种：抽签和民主选举。私人生活决定不了的事，就交由公共辩论与交往来解决。而有资格参加公共生活的人，是接受过博雅教育的人。在中国传统农业社会也有类似的公共生活，如农忙时期的集体农作。可见，公共性是与人的实际生活和个人利益息息相关的。

桑内特的理论没有完全对标古希腊雅典，但是"公共"这个词一定是从古希腊雅典来的。这也是为什么他与阿伦特、哈贝马斯的"公共性"有所不同：阿伦特侧重的是政治性的公共领域，市民社会兴起导致"积极生活"（vita activa）的消失；② 哈贝马斯在资产阶级范畴内谈论国家"社会化"与社会"国家化"使国家与社会无法分离，也就瓦解了公共领域。③

那桑内特所认为的"公共人的衰落"是何种意义上的呢？如果"公共"强调的是空间属性，处在空间内部的人即"公共人"。那么，既然这些空间一直存在，为何公共人和公共性会衰落呢？具备了"公共场所"和"公共人"这两个条件，但倘若大家不发生交流，那还存在公共性吗？

有学者认为公共性可以具体表现为三种基本模式：基于对象的公共性；

---

① 〔德〕斐迪南·滕尼斯：《共同体与社会》，张巍卓译，商务印书馆，2019，第 68 页。
② 〔美〕汉娜·阿伦特：《人的境况》，王寅丽译，上海人民出版社，2009，第 248~257 页。
③ 〔德〕哈贝马斯：《公共领域的结构转型》，曹卫东、王晓珏、刘北城、宋伟杰译，学林出版社，1999，第 11~12、171 页。

基于环境的公共性；基于结果的公共性。① 要对公共问题有更清晰的认知，就一定要回到古希腊，回到"公共"最初产生的历史情境中。在那里，空间是公共的，人是公共的，谈论的议题也是公共的，虽然这种直接民主的公共性在后世难以复原。我们也可以总结为三个方面：情境——涉及场所与空间；关系——涉及对象与人；话题——涉及议题与内容。三者是彼此交融在一起的，只是不同时期的理论侧重有所不同。将"公共性"量化之后，我们就能更好地理解公共性衰落的内涵。

因此可以说，"空间"里的"人"的交往和流动也是重要的，这是一种在地方情境中赋予关系的想象，也是对日常生活的"过程"的强调。在一个熟人与陌生人混杂的、充满流动性和异质性的场景空间里，这些人还得发生实际的交往。当公共空间里的公共交往衰落了，由交往构成的这些人的属性也就因此衰落了。并且，随着科层化的组织机构和专业化的市场体系的出现，人们在遇到问题时，会直接寻求机构体系的帮助，而不会选择和周边人进行商议。

（三）"公共性"的衰落：（非）人格化、面具与卡里斯玛的互动

让我们把视角切回18世纪的巴黎和伦敦——它们的公共性生长和社交繁荣是一致的。随着布尔乔亚阶级的扩张，巴黎和伦敦不断涌进陌生的人群（即布尔乔亚阶层），但当时他们尚未形成统一的身份标识，所以被称为"城市里的陌生人"。这给生活在其中的人们制造了难题：如何与陌生人交往？在200年前，街头着装是有严格规定的，人们可以依据外表来判断一个人的身份，现在一切都失效了。

桑内特提供了一套"在戏院和日常生活中都发挥作用的信念系统"来描述18世纪的人们为社会交往而进行的创造，包含两条原则：一是与身体有关，二是与声音有关。

原则1：作为服装模特的身体。衣服的功用不在于确保人们知道和自己打交道的人究竟是谁，而在于人们能够从表面上知道对方的身份。不要追究别人的真实身份，停留在他们的表面就好了，这样跟人交往可以更加顺当一些。如此一来，从这种意义上说，衣服具备了独立于穿着者及其身体之外的意义。和在家里不同，身体成了被装扮的外形。

原则2：作为标志系统的话语。咖啡屋是伦敦和巴黎的主要信息中心：到

① 高鹏程：《公共性：概念、模式与特征》，《中国行政管理》2009年第3期，第65~67页。

了 18 世纪初期，伦敦那些开咖啡屋的商人已经开始自己编辑和印刷报纸，并在 1729 年申请了报纸的专营权。这种交往有一条重要的原则：为了让信息尽可能全面，社会等级的差别暂时被悬置了。坐在咖啡屋里的任何人都有权利和其他任何人交谈，也有权利参与任何谈话。不管他是否认识其他人，也不管他是否被人邀请来发言。此外，在咖啡屋里和其他人交谈时，为确保无忧无虑的交谈，询问他们的社会身份是一种糟糕的行为。

这里的人是作为演员的人：表演活动独立于剧本之外，人的公共表达也是独立于自我之外，是"非人格"的存在。桑内特赞赏 18 世纪的公共生活，并尤其看重人们敢于在复杂和不确定的社会环境中的冒险精神，以培养出一种"成人身份"（adult identity）。

这里有一个容易引起中国读者误解的概念，就是"人格"（personality）。我们要怎么理解"人格（化）"与"非人格（化）"呢？在中文语境中，它通常和道德品质相关；但在西方，它不具备强烈的道德含义。从词源来看，personality 起源于拉丁文 persona（也就是我们今天所说的"人设"），最初指演员演戏时所戴的面具。进入公共生活的前提是戴上面具，在不同场合和议题中有不同面具的展露。在这里，人格意味着一种在道德和法律上的双重权利，以防止外人对个人世界的入侵。过于强调人格的道德性，反而会削弱对于面具的把握。邓晓芒在《人论三题》①和《灵之舞——中西人格的表演性》②中都强调了面具的重要性。人之所以有尊严，是因为人有面具，无须随时随地都暴露内心。做好类似于戏剧上的前台和后台的区分，对个人生活意义重大。现代社会的一大标准是尊重人，但并不侵入人，不冲进他人的灵魂深处去窥探一二。

但由于 personality 这一概念的不断演变，它已从原本具体的"面具"——个体内在心理的外显化，经过外部的"角色"行为表现，逐步深入内部心理特征——外在表现被内在化了。桑内特在书中所指的"人格"是自我的个性化展露，而"非人格"才带有理性的色彩，是对人格化情感因素的摒弃：戴上（抽象的）面具的个体才是非人格化的个体，才能更好地进行公共参与。这里有一点需要说明：18 世纪的公共交往是非人格化的，参与者被比喻为"作为演员的人"，但是到了 19 世纪，这些人变成了"失去演技的人"。面具的价值其实是在他人在场的情况下才显露出来的。非人格关系，就是他人在场时构建的一系列关系。自我是空洞的，是一个有待填充的概念，人永远在

① 邓晓芒：《人论三题》（新编本），生活·读书·新知三联书店，2019，第 196~203 页。
② 邓晓芒：《灵之舞——中西人格的表演性》，上海文艺出版社，2009，第 83~88 页。

努力往里添加注脚，永远没有终结，而面具的存在使人得以完成丰富的自我想象。因此自我是关系性的，只有在跟他人的交往互动中才会呈现，所以保罗·利科论述了作为他者的自身。① 金钱也是关系性的，货币本无价值，在使用的过程中才被赋予了价值。

桑内特反对公共生活当中的"人格化"情感因素。因为参加公共生活时，个性的过分彰显会损害公共利益。卡里斯玛（charisma，原意为"神圣的天赋"，来自早期基督教，初时指得到神帮助的超常人物，引申为具有非凡魅力和能力的领袖）就是高度人格化、个性化的领袖，在政治和文化领域都有许多这样的存在。科层制的发展制造了人与人之间的区隔，个体在公共生活中的个性化失落了，于是把对生活奇迹的幻想寄托在卡里斯玛身上，为"造星系统"创造了生存空间。倘若没有资本和技术的高度发展，人和人依然需要聚集在一起共同决策、没有秘密地敞开交往，卡里斯玛就很难出现。因为卡里斯玛是需要秘密的，秘密也构成了神话的一部分。

但是这也可能裹挟着巨大的风险和阴谋。桑内特表达了对公众人物的人格力量的警惕与担忧：卡里斯玛使得群众根本无法对社会事务投入感情，导致公民的政治冷感；人们常常看到的场面是总统在打高尔夫球或者和一个普通人家共进晚餐，以致他们注意不到社会事务。例如，作为政治演员的尼克松，以情感掩饰真相，以表演蒙蔽公众，也欺骗了自己。

这也可以解释为什么该书的封面画的是"马拉之死"。因为马拉也是一个擅长伪装的领袖，在这些拥有强大卡里斯玛权威的公共人面前，普通人沦为看客，演员和政客成为公共生活的中心，普通人渐渐失去在公共空间进行交流和表达的能力。长此以往，他们连了解他人的冲动也全都失去了。由于城市人更加关注内心感受、更少参与社会活动，造成了当代社会的普遍自恋和冷漠。这种"亲密性的专制"使公共人衰落了，取而代之的是城市街头的匆匆过客。

资本主义的发展使公共生活日益神秘化和私人化，也使公共生活走向了混乱与衰落的境地。有一个典例，就是百货公司和零售业的兴起。资本主义使商业市场更加精细化、专业化，一切都是排列有序的、没有差错的。但这也消解了异质性。以前的人通过讨价还价维持交往，而现在人只需要和商标、数据、说明书、资本主义体系沟通即可。人面临庞大的政治、资本、技术等专业化的机构体系，被规训和异化了，成了沉默的人。关系中的人丧失了"说话"的习惯、勇气和能力。

---

① 〔法〕保罗·利科：《作为一个他者的自身》，佘碧平译，商务印书馆，2013。

由此，个体人格变成一种社会范畴。人们着装的第一关注点在于中和性：不让自己显得有异于其他人。但人们又有窥私的欲求，从侦探推理小说的时兴中就能瞥见这种端倪。"对每个男人和女人来说，当他们想弄清楚街头上的情况时，他们就必须当一名侦探。"阿瑟·柯南·道尔让这种从外表解读性格的科学显得很好玩。不妨来看一段阿瑟·柯南·道尔的《福尔摩斯探案全集》的描述：

> 有个年轻的女人走进了福尔摩斯在贝克街的公寓；他看了她一眼，"难道你不觉得，"他说，"眼睛近视还要打那么多字很费劲吗？"
>
> 福尔摩斯能够推断出这一点，让这个少女大吃一惊，华生也和往常一样感到惊奇。等到她走了之后，华生说：
>
> "你好像能够从她身上看出好多我根本看不到的东西。"
>
> 福尔摩斯给出了一段著名的回答：
>
> "你不是看不到，而是没留意，华生。你不知道该看什么地方，所以漏掉了所有重要的东西。我一直跟你说衣袖很重要，指甲会透出蛛丝马迹，鞋带也能看出大问题来，可是你一直都没记住。"

当时的人们为了避免在街头上受人侦探，就会"避免在别人眼中显得跟城里其他人不一样"。[①] 这种认为"外表是性格的体现"的观念也促使人们把自己打扮得毫无特殊之处，以便能够尽可能地神秘化自己，尽可能地使自己不那么容易被人看穿。于是，人们在现代公共领域中的身份认同就发生了变化——彼此能够相互看见却又相互隔离的情况已经开始萌发：既要投身于混乱而又充满吸引力的公共领域，又要强调自己有不受别人打扰的权利。

大城市中出现了沉默的规训。在街头人们难以彼此"看穿"，不知道如何判断与表达，就产生了互相怀疑和自我怀疑，所以他们在戏院或者音乐厅中也担心是否能够感知到正确的情感。用来对付这种忧虑的办法跟人们在街头保护自己的方法相同：只要不表现出任何反应，不表露出你的感情，那么你就永远不会失态或者失礼。由此，指挥家的职业权威也在此期间树立起来了，因为能帮助人们实现引领、判断与确认。于是就带来了"亲密性的专制统治"。

（四）自恋、亲密性的专制统治

"亲密性的专制统治"是什么意思呢？为什么亲密性明明是件好事情，却

---

① 〔美〕理查德·桑内特：《公共人的衰落》，李继宏译，上海译文出版社，2014，第234页。

变成了专制统治呢？人类的团结友爱，为什么突然就变成了专制性的样子？而且现在亲密关系越来越难以建立起来，是不是亲密性也在衰落？（在作者的时代亲密性还没有衰落）后来吉登斯写了《亲密关系的变革——现代社会中的性、爱和爱欲》，① 他认为人们在亲密关系当中民主的实现，反而可以抵达社会参与的民主，私人关系里的平等体验也有助于更好地认知社会平等。所以，亲密性既可能带来专制统治，也可以促成民主平等。那么，亲密性和专制统治之间的关系是如何建构起来的呢？致使它发生变异的要件是什么呢？

桑内特强调的是亲密性的圈层化与排他性。这里的亲密性是私人的、纯粹的亲密性，局限于亲友的亲密，这种亲密性是不涉及利益的。当人们将自己"退回"并沉溺于与家人朋友的交往关系中，就忽略了跟一般大众的、陌生人的公共交往，无法爱陌生人，就会带来拒绝任何异质性交流的危险。保持亲密性的对象、范围和程度各异，交往的开放性和效果也随之不同。

桑内特提到了"自恋"的问题。临床意义上的自恋是一种性格疾病，这种自我迷恋（narcissism）使人无法理解什么是自我和自我满足，以及什么不是，为此会不断追问"这个人、那件事对我有什么意义"。人们总是不断地提出"别人和外界的行动跟自己有什么关系"的问题，所以很难清晰地理解其他人及其所做之事。从个体的自恋到社会的自恋都值得警惕。自恋是以自己的利益为出发点的，19世纪资本主义自恋的繁荣也带来了算计和功利，而亲密性会妨碍利益的获得，人们开始以隐匿和沉默来抵御"被看穿"。

奇怪的是，这种自我迷恋恰恰还妨碍了各种自我需要的满足，它致使人们在获得一个结果或者与其他人接触时感觉到"这并不是我想要的"。因而自恋具备了一种双重性：它贪婪地迷恋着自我需要，而无尽的失望感又阻碍它们得到满足。就像《逃避自由》② 里的悖论一样，人们在不停地追逐和逃避自恋中自我迷失，在防止"被看穿"的路上也蒙蔽了真实的自我。

二 穿越时空的对话：回到东方

（一）关于"公共性"的想象力与当代反思

桑内特也试图与中国发生对话，他提出中国读者可能会感兴趣的两大问

---

① 〔美〕安东尼·吉登斯：《亲密关系的变革——现代社会中的性、爱和爱欲》，陈永国、汪民安等译，社会科学文献出版社，2001，第242~250页。

② 〔美〕艾里希·弗洛姆：《逃避自由》，刘林海译，上海译文出版社，2015，第172页。

题。一是个体主义。从社会层面来说，大城市中的日常行为确实变得越来越和他人无关；从心理层面而言，由于人们将自身视为个体，心理体验变得贫乏了，人们也变成一些具备更少表达性的自我——受到亲密性的专制统治，缺乏陌生人与他者性的刺激，而非人格性能够并且应该丰富自我。二是城市公共空间带来的文化问题。如今，人们常说北京、上海和其他城市在建筑和户外公共空间的组织方面变得越来越西方化，这已经是一种老生常谈了。公共空间变得统一和同质化给日常社会交往带来的窒息后果，以及物理的统一性所造成的那种心理错乱的特殊感觉，也就是"死亡的公共空间"。

我们常常会面临这样一种窘境：在中国的语境下使用"公共"的概念，总有点水土不服的感觉。那是因为东西方话语中进入"公共性"概念的路径与结构不同。在整个历史上以及在现代转型以后的大部分时期，中国社会是政府-民众的结构，倡导天下大同、一心为公。在中国话语传统里，"公"更多地指涉政府、政治的层面，一切为了集体的利益，但是缺乏自下而上的"公共"属性。西方意义上的"公共"是说个体集合成组织和群体政治利益，每个人戴上理性的面具，参与社会议题的讨论，然后析出一种集体利益，是在政府与私人间的社会这一中间地带上建立公共空间。

这两种对"公"的不同理解，在社会转型过程中不断融汇、碰撞，公与私的边界日渐模糊。以前一切都是公的，但又似乎没有公共这回事；现在有了私人的东西，但又好像出现了公共。西方的"公共"强调个人视角与私人主体的状态，而中国则倾向于一种关系性的集体，所有人都处在各种关联之中，是一种集体存在。德勒兹和加塔利在《千高原》①里提出两种结构方式：一种是树状的，一种是块茎状的。在中国传统话语里出现的公共实际上是树状的，所有的个体依托于一个主干，那就是国家。但是在封建社会里，有乡绅地主去维持地方秩序与规则，体现了基层自治组织的特色。但相对于西方来说，这种组织又是弱小的。

我们现在对"公共性"的理解更偏向于阿伦特和哈贝马斯的观点。20世纪90年代哈贝马斯思想在中国的流行，也反映了人们引入西方视角来解释当代中国社会的需要。因此，中国对"公"的概念的理解既带有中国传统思想的痕迹，同时又是西方观念导入的结果。

---

① 〔法〕吉尔·德勒兹、〔法〕费利克斯·加塔利：《资本主义与精神分裂（卷2）：千高原》（修订译本），姜宇辉译，上海人民出版社，2023，第1~22页。

日本学者中根千枝提出一个概念：纵式社会。[①] 这种社会的形态和中国比较像。与之相对应的就是横式社会，打个比方，个体走到广场上去讨论问题，大家是并排的、并列的、横式的。参与公共生活的一个前提就是保障大家戴上面具以后，无论经济地位和社会阶层如何，人人皆平等发言，这种考量逻辑是希腊哲学式的：只讲逻辑，不讲其他的因素。而在中国，公私空间里都充满了关系，这种关系就决定了社会是纵式的结构。这种关系结构也有交互的成分，但是它更多地与保障集体利益的经验勾连在一起。

我国学者项飙所讨论的"附近"和地方性[②]也算是一种在公共意义上的地方性，他强调的也是交往，有把社会带回来的期许。当公共的交流空间被持续入侵时，可以"到附近去"。社会认可了"公共"一词的地理学含义：你只有在你的附近才能找到这样的空间，人与人、人与环境的关系才能被真正建立起来，并得以释放。这与桑内特试图回归到日常生活领域来谈"公共"达成了不谋而合的对接。

在社会愈发个体化和原子化的今天，人与陌生人的交往本身就是一种公共，哪怕聊的话题与公共利益无关。公共性的边界虽然泛化了，但公共交往为公共参与奠定了潜力基础。比如，上海弄堂里的"尿壶社交"[③] 和地震后暂时形成的公共交往空间，也是对"附近"的一种指涉。而生活在摩天大楼里的人，就被作为媒介的楼房本身的居住方式所改造，改造成走进自己的私密空间、不再投入公共交流空间中的模样。为什么《圣经》里说要爱上帝还要爱邻人呢？因为爱邻人是很难的。

（二）解救和恢复"公共性"

说了这么多，作者是否提供了拯救公共性衰落的方案？桑内特认为"回归游戏"是一个很好的办法，游戏能力是公共表达的能力。席勒[④]和伽

---

① 〔日〕中根千枝：《纵向社会的人际关系》，陈成译，商务印书馆，1994，第 35~36 页。
② 项飙、康岚：《"重建附近"：年轻人如何从现实中获得力量？——人类学家项飙访谈（上）》，《当代青年研究》2023 年第 5 期，第 1~9、21 页；项飙、康岚：《"重建附近"：年轻人如何从现实中获得力量？——人类学家项飙访谈（下）》《当代青年研究》2023 年第 6 期，第 1~10 页。
③ 何志森：《一个月里我跟踪了 108 个居民，发现一个特别好玩的事，80% 的人手里都拿着一个尿壶 | 何志森 一席第 571 位讲者》，https://mp.weixin.qq.com/s/zsJJZhEI4_vDQZkth8wsvg。
④ 〔德〕席勒：《美育书简》（典藏版），徐恒醇译，社会科学文献出版社，2016，第 103~116 页。

达默尔①也研究了传统游戏的重要性。

在儿童游戏中追溯出来的表演艺术的祖先是儿童对自我距离的习得，具体一点说，也就是自我距离如何帮助儿童制定他们的游戏规则。游戏规则的可塑性创造了社会纽带。但前提是：纯粹自愿，情感无涉，封闭行动。若想玩游戏，玩家必须摆脱自我；但这种摆脱的实现，则有赖于在玩家之间确立起一种势均力敌的虚拟状态的游戏规则。在这个特殊的领域之中，儿童和自我拉开了一定的距离，所以挫折导致退缩、挫折导致冷漠的常见现象并没有出现。

但成年人的游戏却并非如此，无法对游戏与非游戏进行分割，也就很难在自我与游戏间产生距离。这源于自恋，自恋是缺乏距离的。在自恋的影响之下，清楚地表达情感是对自我的一种威胁，于是人们对自己的情感加以遮遮掩掩。一个社会只要调动了自恋，它就会被一种和游戏的表达原则完全相反的表达原则所控制。

不过玛莎·努斯鲍姆（Martha Nussbaum）并不接受种种关于人性的悲观结论，她认为人类完全有能力克服人性的弱点而变得更好。在心理学家唐纳德·温尼科特②的研究中，努斯鲍姆看到了希望：游戏能够在一个人成长的过程中发挥关键作用，使儿童从绝对的自恋转向对他人的同情。角色游戏能为儿童创造"潜在空间"，艺术想象则是成年人的游戏，成年人通过想象的方式来提升自己同情共感的能力。在这个问题上，努斯鲍姆既批驳了桑内特在《公共人的衰落》中的核心立场，也对赫伊津哈的《游戏的人：文化的游戏要素研究》③致以遥远的敬意：在进入政治领域的过程中，我们没有理由放弃爱。④

但是互联网时代的电子游戏也能带来这样的效果吗？很明显的一个趋势是，疫情让人们把游戏的社交延展到网络空间。电子游戏的出现打破了传统游戏的原则。其一，玩家所扮演的角色是游戏公司设计的。其二，玩家之间几乎不会也无须对规则进行商讨，规则由平台设置。这样一来，玩家既无须

---

① 〔德〕伽达默尔：《美的现实性：作为游戏、象征、节日的艺术》，张志扬等译，生活·读书·新知三联书店，1991，第 34~38、136~137、153~158 页。

② 〔英〕唐纳德·温尼科特：《游戏与现实》，卢林、汤海鹏译，北京大学医学出版社，2016，第 172~174 页。

③ 〔荷〕约翰·赫伊津哈：《游戏的人：文化的游戏要素研究》，傅存良译，北京大学出版社，2014，第 304 页。

④ 范昀：《玛莎·努斯鲍姆：艺术不制造敌意，而在于用爱求正义》，https://m. thepaper. cn/newsDetail_ forward_ 1375001。

脱离自我，也无须在互动中形成规则，这就可能导致其失去建立交往的可能性。现在电子游戏带来的交往，有浓厚的社群意味，但在这种社群中公共性还是缺乏的。

但也有学者认为游戏并不仅是玩家与游戏机制进行互动，也是与其他玩家进行社会交往、形成人际关系的过程，能带来网络社会中聚合体的形成。玩家基于名声（类似社会资本等因素）和互惠等动因产生协作，并因重复互动加深情谊。重复互动、信息交换、情感认同而非纯粹的理性促成了合作。同时，游戏和现实之间存在着互相渗透的可能性，但这种渗透只会发生在一定条件下，要求玩家正视游戏中的集体意义，看到游戏所带来的合作经验和情感价值。①

随着技术的变迁，许多公共讨论和交往的空间都转移到了网络世界。在今天，为什么我们还需要公共人？并非说社会需不需要公共人来进行群策群力，而是作为个体的人，有什么理由和需求要求人一定要走出自己的小圈子，走向社会。这是关于亲密性的专制统治的问题。公共参与是人的本能情感的表现，也是人的独立性和主体性的回归。人无法只依托庞大的制度体系生活。公共生活并不永远走在公平、理性的道路上，所以我们通过保障公共性来保障自我的生存权益、恢复人的"人性"。让更多人做公共人参与到社会中间去，或许就是我们今天思考公共性问题的意义所在。

（特别感谢单波老师、肖劲草老师、陈爱梅同学、林川同学、叶琼同学、李龙腾同学、王宵静同学等"沙龙里的人"对该读书笔记的思想输出与修改建议。）

---

① 王喆：《"为了部落"：多人在线游戏玩家的结盟合作行为研究》，《国际新闻界》2018年第5期，第40~56页。

省思瘟疫与人的交往史

李龙腾[*]

一　引言：将传染病置于历史重心

2020 年新冠疫情紧紧牵动了每个人的心。我们为那些被病毒击中的人们痛苦，为缺乏医疗物资的地区担忧；而当那些勇敢且乐观的医护工作者和抗击疫情的人们，努力拼搏在与病毒抗争的第一线，使病毒不再"猖獗"时，我们也暂时松了一口气。然而，病毒却不了解也不在乎人类的行政区划和疆域分界，肆虐亚洲、欧洲、美洲……，实现着它节节胜利的"全球化"。

面对疫情，重思"瘟疫与人"的关系，理解传染病对人类社会造成的影响，以及我们该如何对待它，成为摆在我们面前的一个关键命题。历史上，为了守护生命，人类一直在与传染病作斗争，使天花、霍乱和结核病等不再成为能夺取人类生命的杀手。进入 21 世纪，SARS 等新型传染病的暴发、传播，再次唤起了人们对"瘟疫"的想象。

历史上如新冠病毒和 SARS 般的传染病屡次流行对我们的世界产生了巨大影响，而首次将传染病置于历史中心，作为人类历史主要动因加以全面考察的，是美国著名历史学家威廉·麦克尼尔（William Hardy McNeill）。他的论述具有开创性。1976 年出版的《瘟疫与人》[①] 影响了一大批学人，比如，写作《枪炮、病菌与钢铁》[②] 的贾雷德·戴蒙德（Jared Diamond），并推动了疫病社会史等领域的研究。

他为什么会关注传染病，将传染病置于历史重心，对世界史、全球史进行考察呢？起因是他对于一个模糊解释的不懈追问。麦克尼尔早年为撰写

---

[*]　李龙腾，武汉大学新闻与传播学院博士研究生。

①　〔美〕威廉·麦克尼尔：《瘟疫与人》，余新忠、毕会成译，中信出版社，2018。若无格外注释，下文引述内容均来自本书。

②　〔加〕贾雷德·戴蒙德：《枪炮、病菌与钢铁》，王道远、廖月娟译，中信出版社，2022。

《西方的兴起：人类共同体史》①一书，在涉猎西班牙征服墨西哥的历史时，便被一个问题所牵引：西班牙的科尔特斯何以凭借不足 600 人的兵力，征服了人口数以百万计的阿兹特克帝国呢？也许西班牙人拥有先进的战马和枪炮武器，也善于利用当地部落矛盾，但这些原因似乎并不足以解释古老的印第安人生活方式和信仰的全面崩溃。于是作者形成了自己的假说：天花的力量。

作者解释，在阿兹特克人将科尔特斯的军队逐出墨西哥城并予以重创的那天晚上，天花正在城内肆虐，这使得阿兹特克人未能乘胜追击。此外，天花能杀死印第安人，却对西班牙人毫发无伤。印第安人的心理因此受到了巨大影响，认为是西班牙人的神祇展现了其"超自然的能力"（事实上只是拥有人体免疫）。于是那些以古老的印第安神祇为中心构建的宗教、祭祀制度和生活方式便很难再维持下去，基督教和西班牙人得以实现征服。

但这一假说马上引来更多问题：西班牙人何以且何时获得了这种使他们在新大陆如入无人之境的免疫力？为什么印第安人没有属于自己的本土疫病对付入侵的西班牙人？……人类与传染病的互动史便在这些问题中展开了：一些典型的案例，如 14 世纪的黑死病、19 世纪的霍乱大流行等也被作者纳入研究视野。麦克尼尔采取了一种从整体上审视人类文明的大历史观，视野涵盖了人类从树上走向地面，从狩猎到农耕，再到工业文明和全球化等不同的历史分期，将疫病史纳入了历史解释的范畴。

值得注意的是，作者写作和成书的年代，正是生态运动兴起和发展的时段，而在该书付梓之后，艾滋病引发了公众的广泛关注，这也扩大了《瘟疫与人》的读者群和影响。尽管该书成书年代较早，一些具体推论仍缺乏证据，或者被后来的新证据所修正，但其在考察传染病对人类整体的影响上仍旧颇具启发性，而这一启发正如作者所言："即使人类的医学技术已达到前所未有的水平，甚至扭转了疾病的正常发生过程，传染病未来也将和人类长久地共存，自始至终是人类历史的基本参数和决定因素之一。"②

二 瘟疫与人的万年互动

（一）史前狩猎时代

尽管缺乏详细史料，麦克尼尔仍凭借自己扎实的史料搜集和推理，试图

---

① 〔美〕威廉·麦克尼尔：《西方的兴起：人类共同体史》，孙岳、陈志坚、于展等译，中信出版社，2017。
② 〔美〕威廉·麦克尼尔：《瘟疫与人》，余新忠、毕会成译，中信出版社，2018，第 237 页。

还原史前时代人类在"征服"自然的过程中与传染病的关系，以及传染病对人类文化产生的影响。作者首先的假定是：在人类各族群完成进化前，我们的祖先也像其他动物一样，处在一种自我调适的、微妙的生态平衡之中，比如，在食物链中，我们的祖先既猎食某些动物，又被别的动物所猎食，而只要人的进化同寄生物、肉食动物和猎物的进化同步，精密编织的生命之网就不会出现特别重大的变化。

然而，当人类在生物进化之外，把惯性的行为转化为文化传统并纳入象征性的意义体系，开启文化进化时，古老的生物平衡便开始失衡。人类逐渐能够以无法预见的、意义深远的方式改变自然平衡状态，而人类患病的方式也发生了急剧变化。当可杀死大型食草动物的武器和技术发展起来时，人类得以进入比雨林更广阔的草原，雨林型的传染病日益减少，但与草原兽群接触引发的寄生物也必定影响到正在快速进化的人类肌体。非洲许多地区引发昏睡症的锥虫，就是当时遭遇到的一种非常重要的病原体，它寄居于羚羊类动物身上，通过采采蝇传播，对人类健康具有极大威胁性。当然，也正因为如此，非洲草原的有蹄类畜群才生存至今，这种导致昏睡症的锥虫为人类在非洲草地上的生存划出了鲜明的界线。非洲传染病所表现出来的丰富性和侵害性，或许也是人类快速进化最显著的抑制因素，以此减少对其他生命形式的冲击。

寄生物的进化伴随着人类自身的进化，其对人类的侵害随着人类数量的增加而加剧。比如肆虐非洲的很多寄生蠕虫和原虫，它们并不引起免疫反应。当人类人口密度增加时，它们对人类的侵害也随之放大。它们所造成的倦怠、腹部疼痛等慢性病症影响人们进食、怀孕和抚养孩子，这反过来会削减人口，使生态再次平衡。

当人类通过把握火种和披戴动物毛皮以抵御严寒，以便进攻北部草地和森林里的动物，开发新食物时，一种全球范围的生态关系快速转型就开始了。公元前4万~前1万年，人类狩猎者进入澳大利亚，越过白令海峡从亚洲进入美洲，扩展到美洲所有气候带，占据了地球上除南极洲之外的所有陆地板块。文化调适和发明创造降低了面对多样环境时调整生物机能的必要性，但同时对各大板块的生态平衡来说，则引进了一个本质上带有破坏性的且不断处于变化中的因素。

（二）进入农业时代

人类的患病总与他生产生活的生态环境密不可分。人类在不同环境中分别驯化着当地的动植物，同时也反向驯化自身，当人类种植粮食并畜牧时，自身也就被固定在了土地上。人类借助灌溉、除草、犁地与休耕等技能重塑自然，成倍地增加食物供应，同时自身也受到没完没了的劳作的奴役。时刻防范同类的掠夺也催生了政治组织。总之，食物的生产使人口迅速增长，推动了城市与文明的兴起，但人口的增长与集中，也为潜在的病原体提供了充足的食物来源。

新的生活环境和生活方式带来了新的疫病模式。人类长期定居的村庄里，粪便的堆积物可能增加肠道寄生物的侵扰，污染的水源也可能造成大面积的传染。人类从事灌溉农业的地区，血吸虫病至今仍旧困扰着大量人口，其会使人出现无力和倦怠的症状。当畜群、作物和人口大量增加时，原虫、细菌和病毒的感染空间也得以拓展。虽然人口不断增加，生产力不断提高，但农民们比他们狩猎者先辈更容易受到寄生物的感染。

这一时期的疫病所造就的"儿童病"与"地方病"等文明社会疾病模式初步浮现。疫病成为"儿童病"意味着，除了入侵并导致宿主死亡，或因人体免疫而被杀死之外，传染病出现了一种新的生存技巧。也即，如果社会规模足够大，人类有频繁的交往，那么总会有尚未感染的易感人群存在，当没有抗体的一代人长大，潜伏在年长者体内的病毒就能再次蔓延。麻疹、腮腺炎、百日咳、天花都是我们熟知的"儿童病"。疫病成为"地方病"意味着，病毒性和细菌性寄生物经过迅速和半灾难性的早期调适，宿主和寄生物的大量死亡交替发生，直到新宿主发展出的免疫力和寄生物达到适应，使传染病地方化。

瘟疫对当时人们的文化心理乃至社会结构造成许多影响。根据作者的解释，印度关于跨种姓接触的禁忌，以及关于身体净化的复杂规定，也许就和恐惧传染病的心理、维持各社会群体的安全距离有关。在部落之间的战争中，瘟疫也往往造成比战争更大的损害，并且影响战争的结局。

（三）欧亚疾病大交融

公元前500年至公元1200年，进入了作者所称的"欧亚疾病大交融"的阶段。公元200年前后，地中海沿岸、印度和中国间的贸易已运作稳定。在交换物资的同时，传染病也一并交换，人类宿主与新的文明病之间的适应过程艰难展开。在巴比伦《吉尔伽美什史诗》提及的大洪水之前的一连串灾难中，就有"神的天谴"，即瘟疫。同时代的埃及与中国古籍，以及在较晚出现的《圣经》中都有提及瘟疫和人们对它的恐惧。

疫病传播经历了一个由隔绝到交融的过程。由于互动较少，传染病在不同文明社会间的传播机会仍微乎其微。到公元纪年开始，中东地区、中国、印度以及地中海地区形成了四个不同的"疾病圈"，此时若疾病圈内的疾病越出边界，对于那些没有免疫力的人口是致命的。发生在公元前430～前429年雅典的传染病，可能就是这种情形。按照修昔底德的描述，传染病由埃塞俄比亚传到埃及、利比亚和波斯，经海路抵达雅典，虽然经过一个季节便消失，但其对雅典社会的打击如此之大，以致再也没能恢复过来。这场未能预见也不可预见的瘟疫，也许与雅典未能打败斯巴达和伯罗奔尼撒同盟的结局存在着密切关系。

而公元纪年后的两个世纪，东地中海地区、印度和中国之间的贸易已常规化，商队频繁地横穿中亚的绿洲和沙漠，商船则自由航行于印度洋及其附近水域。这些空间内经常性的往返运动，既意味着商品的交流，也意味着传染病的交流。人类疫病均质化的可能便出现了。由于天花、麻疹和鼠疫等传染病在东西方相继出现，公元300年前后出现了疫病的多发和人口的减少。

作者认为，公元2～3世纪传染病的灾害性蹂躏，使得罗马帝国的军队和官僚机器不堪重负，进一步破坏了人口和生产，并成为导致帝国崩溃的原因之一。相似的事情也发生在中国，随着汉王朝的结束，中国出现极端政治分裂，而这正和天花与麻疹来到中国同时发生。疫情的暴发使帝国无法征集资源抵御外来侵扰，其统治力量也可能被瘟疫迅速削弱，造成体系的失衡与崩溃。

基督教和佛教在此时的兴起，也许和疫情对人们的打击不无关联。在欧洲，基督教将照顾病人视为宗教义务，教会成员会在疫情来临时为病人提供护理。活下来的人可能心存感激并产生人与人相互依存的温馨感觉。基督徒也格外强调对突如其来的死亡赋予生命的意义，因而在瘟疫来临，大部分社会组织丧失信誉之时，基督教会的势力得到了增强。相类似的是，佛教在1世纪传入汉王朝，并获得官方认可，这也许与它能够以中国化的形式为失去亲人的幸存者和暴力与疾病的牺牲者提供安慰有关。

大约在公元900年，欧亚大陆发展出稳定的疫病模式，原本地理上各自独立的欧亚诸文明间的经常性交流引发的疫病调适再次稳定，人口也再度增长。

（四）跨越大洋的交流

瘟疫、生态与人之间的历史关系显然微妙又复杂，以至于想要完全恢复历史真相的可能微乎其微。1500～1700 年，欧洲人发现新大陆与殖民美洲的过程，是这个时期最为显著的事件。正如前文提到西班牙人征服墨西哥的故事，欧洲人引入美洲的传染病在殖民拓展中起到巨大作用。它在摧垮美洲印第安人的信念和其社会结构中所发挥的作用要远甚于武力等人为因素。

显然，新旧大陆之间在疫病交流上存在着不对等，与旧大陆物种多样性和生态复杂性相比，新大陆更像是一个巨大的岛屿。新大陆的原住民并没有新的传染病能够入侵欧洲和非洲，但有着漫长文明史的欧洲人和非洲人却带着自古以来陆续遭遇的诸多传染病踏上了新大陆，并给美洲印第安人带来了巨大的人口灾难。据分析，在被征服的前夕，美洲印第安人的人口已经相当稠密，大约已有 1 亿人。而到 1568 年，即新旧大陆接触后不到 50 年，墨西哥中部从 2500 万～3000 万的人口减少到 300 万，随后 50 年又衰减至约 160 万。[①] 天花也给印第安人造成了极大的心理和文化冲击，既有制度和观念很难经得起如此强烈的冲击。西班牙人把自己的语言和文化带到新大陆，使其成为标准，促成其殖民目的。

美洲印第安人也因此加入了影响旧大陆人群的瘟疫圈。比如 1556 年暴发于欧洲的流行性感冒，1558～1559 年也给美洲带来了灾难；但加入 16 世纪亚欧大陆的流行疫病圈并没有使他们免受来自大洋彼岸的其他传染病的侵袭。恰恰相反，由于缺乏后天免疫力，白喉、腮腺炎、天花和麻疹给印第安人带来了更多灾难。加利福尼亚半岛在 17 世纪末出现了严重的人口衰减，在 1558～1559 年美洲传染病暴发 80 年后，这里的人口减少了 90%以上。

随着欧洲人进入海洋探险和跨洋贸易时代，传染病分布再次均质化。潜在致命的偶发疫病逐渐让位于地方性的传染病。一方面，疫病分布的均质化意味着疫病被传播到更多地区；另一方面，最大限度扩散了的传染病经由免疫作用，使它对人口的影响逐渐降低，转化为地方病。这也为现代人口的持续增长铺平了道路。

当然，这一进程中力量的平衡始终偏向于欧亚社会。疫病模式的变化，与其他因素如美洲粮食作物的引进、地方政府通过掌握枪炮技术所带来的社会稳定、固定的税收与官僚制度的发展等，一同促成了这一时期的相对和平；随着被传染病蹂躏的幸存者被迫融入文明社会圈，人类的多样化和生物的多样性也相应减少了。

---

① 参见〔美〕威廉·麦克尼尔《瘟疫与人》，余新忠、毕会成译，中信出版社，2018，第 166 页。作者整合分析。

（五）近代的医学实践

人类在与疫病对抗中更具主动性凸显于 1700 年以后的人类疾病史。随着近代医学和公共卫生制度的出现和发展，人类有机会彻底打败某些传染病。但事实上，疫病与人类的竞争依然存在，而且还会和人类长久共存。

在 1700 年后，科学技术的发展引发地球生态剧烈变化，疫病模式再次转化，对疫病进行更加"现代化"的预防和控制也成为可能。过去，人们习惯于容许神话和习俗通过试错法，确定一套可接受的人类行为方式来限制疫病，但近代医学则采取了新的规则。尤其在 1850 年之后，医学技术与医疗机构开始对人类存活和人口增长产生巨大影响。

天花疫苗接种的出现和传播是人类主动预防传染病的一个典型案例。在中国，种痘始于明隆庆年间，即 16 世纪中叶。当时，在土耳其以及整个阿拉伯半岛、北非、波斯和印度，天花接种也早已为民间所了解和实践。1721 年，天花接种被引入英国皇室，由于技术简单可行，具有较好疗效，随即在英格兰普及开来。虽然由于欧洲大陆公众的抵制（认为是对上帝意志的干预和存在在健康人口中肆意传播的危险），天花接种普及较晚，但在 1774 年路易十五死于天花后，法国民众对接种有组织的抗拒才逐渐瓦解。针对天花更为成熟的人工免疫在 19 世纪也成为普遍行为。

新疫病预防模式对欧洲造成了深远的影响。例如鼠疫、疟疾和其他传染病在英国的消失。英国在控制天花上的努力，也许成为决定英国相对于法国的崛起，以及较早实现人口持续增长的原因；而传染病影响的降低，则构建了"启蒙运动"哲学和社会认识的普及化的基本背景——世俗化的世界观离不开传染病对人类身体乃至灵魂的控制的放松；新出现的机械主义世界观支持对更有效的医疗方法的探索，经验性的医疗方法改进日益趋向系统化。

潜在的威胁仍旧时时浮现。在专家们倡议要将威胁人类的传染病从地球上清除出去的时候，他们面临的已不再是区域性疾病，而是洲际规模以上的人口危机。一场流布世界的大霍乱就印证着这一断言。霍乱由可在水中生存数周的霍乱弧菌所导致，被人吞下后迅速繁殖，并且几个小时内造成腹泻、呕吐、发烧乃至死亡等。1817 年，一场霍乱横扫加尔各答。英国人在印度的贸易和军事殖民，使得霍乱沿着陆路与海路，分别传入尼泊尔、阿富汗、锡兰、印度尼西亚、中国和日本等，随后又扩散至阿拉伯半岛，并向北进入叙利亚、安纳托利亚和里海沿岸，直到 1823 ~ 1824 年的寒冬使它们停止了前进的脚步。而在 1826 年，一场新的霍乱又再次出现，由孟加拉国传至俄罗斯，又通过俄罗斯对波斯、土耳其、波兰的军事行动，带至巴尔干（1831 年），再传到英国，侵入爱尔兰，并由爱尔兰移民带到加拿大，并南下至美国（1832 年）和墨西哥（1833 年）。霍乱这一次波及的范围更广。1831 年霍乱第一次袭击开罗时，大概造成了这座城市 13% 的人口死亡。①

虽然疫情造成了严重的灾难和恐怖的气氛，但在疫病肆虐的几十年中，人类并非一无所措。这一时期，对传染病的观察与研究、对污染水源的清理以及对城市下水道的改造、地方卫生委员会等的建立、城市卫生和公共健康的立法实践都在"瘟疫"的可怕景象下不断推动，国际医学交流和合作也达到了新的高度。一些新的防疫规定也被实施，比如在埃及，官方对穆斯林朝拜的规范始于 1890 年，规定进入该国的穆斯林都要注射天花疫苗。

随着现代医学和卫生制度大放异彩，许多长期困扰人类的重要传染病，也很快被细菌学家所掌握的新技术驯服：伤寒杆菌疫苗被研发出来，巴氏杀菌法出现，疟疾和黄热病得到控制，结核病疫苗被研发出来，食物供给与营养改善……但同时，现代医学也并非无往不胜，1918~1919 年的大流感就向人们展示了一种威胁人类未来生存的流行病。同时，还有一种令人不安的隐患，那就是为置敌人于死地，有意在地方传播致命病原体的生物学研究，也可能造成整个世界的疫病灾难。人类仍将被这些巨大的隐忧所困扰。

三　双重寄生理论：微寄生和巨寄生

除了精彩的疫病社会史描画外，作者提出了一种颇具启发性的双重寄生理论。他认为，人类生活在由病菌的微寄生和大型天敌巨寄生构成的脆弱平衡中。微寄生，就是包括病毒、细菌或多细胞生物在内的微小生命体，它们能在人体组织中找到可供为生的食物源，它们或引发急性疾病很快杀死宿主，或激发人体免疫导致自己被杀死，抑或形成某种平衡，既消耗掉宿主一定体能，又无碍于宿主正常机能的发挥。所谓巨寄生，主要是指同类中的其他人。

巨寄生在很长一段时间内以相邻族群间的彼此"战争"为主，直到食物生产成为某些社群的生活方式时，较为温和的巨寄生才成为可能。征服者从生产者那里攫取食物，成为靠生产者为生的新型寄生者。早期文明便建立在这一模式上。早期掠夺者转变为征服者，他们学会了从农民那里抢走部分而

---

① Laverne Kuhnke, Resistance and Response to Modernization Preventive Medicine and Social Control in Egypt, 1825–1850 (Ph. D. diss., The University of Chicago, 1971), p. 51.

不是全部，生产者通过生产超过自身生存所需的谷物和其他粮食，维持了在掠夺中生存的可能。而这种剩余可以看作应付人类巨寄生的抗体，成功的政府可以使纳税人对灾难性的掠夺和外敌入侵产生免疫力，而不必反复遭受突然而致命的灾难。

微寄生和巨寄生不但具有类比意义上的相似性，而且在实际上相互关联。例如，血吸虫病和类似感染造成倦怠和慢性不适，可能使农民失去体力，无法抵抗为了战争和征服而武装和组织起来的掠食者。在灌溉社会，专制政府之所以得以维持，除了治水的需要之外，受瘟疫影响的、劳累疲弱的农民，也可能是其"寄生"的基础。

当然，这一理论假说也遭到了许多质疑，例如过于"类比"化、不符合人类社会合作的精神等。然而，作者书中也透露出一些预先的反驳。书中说到，在早期阶段，巨寄生基础确实相当严峻，而只有随着城市和农村间互惠模式的日趋发展，只是上缴租税所体现的寄生单向性才逐步取消。尽管除了受到那些神父、国王们提供的某种不确定的保护，以避免遭受其他更加残忍和短视的掠夺者的侵扰之外，那些饱受压榨的农民所得到的回报微乎其微。作者在该书结尾也谈到，可以肯定，过去用简单的二分法，将人类社会划分为食物生产者和被供养者的认识，已经被深刻地改变了。这种改变，不仅源自农业科学的长足进步，更源于粮食的生产者如今也从其他人那里接受服务和产品供应。但是生产者和消费者关系的古老问题，却将以更加复杂的形式存在着，即使在我们这个机械化和官僚化的时代也是如此。

至于人们对于理论简化的担忧，作者谈到，人类正是基于相互交流和沟通的能力，才得以主宰生物世界，而人类是否能够生活与存续，其解答也在于此，并没有哪一种术语体系能够穷尽或涵盖我们所处情境的每一个方面。但我们所能做的，就是尽己所能地运用我们所继承的语言和概念，去观照我们自身的存续，而不必为寻求一个能在任何时空环境下让任何人满意的所谓"真理"而枉费心机。

四 历史的启示："抵抗疫情"与"重建生态"

瘟疫和人之间依靠着生物的自然调适，才长期维持了一种内涵不断变化却不失均衡的关系，然而虽总体均衡，但在具体的时空和地区，这种均衡却非常脆弱，人类任何生产方式和生活习俗的改变、生产能力的提升和交通的发展，都有可能导致均衡的破坏，引起新的传染病模式。近代医学和公共卫生制度的出现，为我们在自然调适之外提供了新的可能，尽管现代医学也并非无往不胜。

面对疫情，人类也许有两种进路：一是和历史上的先辈一样，抵抗疫情，如今我们似乎有了更多的工具和方法，也有了更大的勇气和智慧；二是新传染病的发生往往和我们生活环境的破坏、生态失衡紧密相关，那么重建生态，使人们生活于更加健康卫生的环境、更加生态和谐的环境就尤为重要。

麦克尼尔提到了某种"颠倒"的有趣的生态主义观，他认为，如果把人类与其他生命关系中的生态角色视为某种疾病，这也并不算荒谬。人类颠覆生态平衡，一如疾病颠覆宿主体内的自然平衡。人类通过新的手段开发自然，在短暂的稳态之后，又强化了对其他生命形态的摧残。所以如果从别的生物体角度来看，人类便颇像一种急性传染病，即使偶尔表现出较少"毒性"，也从未建立真正稳定的慢性病关系。果真如此，那么维护生态平衡和生物多样性，主动排除人类的"毒性"，是不是一种新的可能呢？

《热浪》: 公共事件中的城市、政府与媒体

叶 琼*

一 谁应该为芝加哥热浪中的超高死亡率负责？

和埃里克·克里纳伯格结缘始于几年前在读书会上听到师姐讲到了他的另一本著作《单身社会》，得知他还有一本代表作《热浪：芝加哥灾难的社会剖析》（本文简称《热浪》）。随着这几年学习，笔者对社会孤独问题饶有兴趣。值疫情之际，身处武汉，便也想起了1995年发生在芝加哥这座城市的故事。

1995年7月，不同寻常的酷热和潮湿笼罩了美国中西部地区，芝加哥的气温超过100华氏度（约为37.8℃），打破了这座城市历史上的最高纪录。虽然极端天气只持续了几天，但对人的影响却是毁灭性的：中暑所引发的各种疾病使数以千计的人生病住院，其中739人为非正常死亡。

从死难者年龄来看，有73%的人年龄高于65岁；从族裔来看，非裔美国人的死亡率最高；从种族来看，黑人的死亡率高于白人，比例为1.5∶1；从性别来看，55%是男性，45%是女性；不同社区之间的死亡状况也存在显著的区别。热浪中的死者集中在那些低收入的、老龄化的、非裔美国人集中区，以及城市中的犯罪率高发区。

几乎在同一时间，欧洲也非常热。从巴黎到马德里，气温达到90~100华氏度，但是却没有听说欧洲的死亡问题。在四年之后的夏天，热浪再次袭击芝加哥，与1995年一样，芝加哥变电站供电不足，停止运转，使得大约10000名居民断电三天；缺水问题与1995年一样严重。最终，有110人死于热浪。这个数字是当地历史上很高的一次，但依然低于1995年的热浪死亡人数。

---

* 叶琼，武汉大学新闻与传播学院博士研究生。

是什么造成了 1995 年芝加哥热浪中"超高"的死亡率？时任芝加哥市市长的理查德·M. 戴利（Richard M. Daley）委任了一个大型委员会，调查这次热浪的原因。最终报告（《最终报告：市长委员会论极端天气状况》）将热浪解释为一些关键因素叠加而引发的独特的气象学事件，这些关键因素包括：每天的气温指数都超过 100 华氏度，其中有两天连续超过 115 华氏度；天空晴朗，晚上也很少降温；城市热岛效应。气象学家用气候模型预测，中暑死亡率大大低于实际死亡率。种种迹象表明，单单用气温高这一点作解释似乎无法让人信服。

一些未被发现的社会因素在其中一定起到了重要作用。马塞尔·莫斯（Marcel Mauss）等认为，"一个极端状况，该状况能使我们更好地察觉到社会事实。而在正常情况下，这些社会事实虽然也同样重要，但规模小而且不系统"。① 芝加哥热浪这一极端事件使我们有机会更好地看清社会事实。而且，公共机构在面临压力和危机的情况下，对自身的暴露更为充分。热浪提供了一个绝佳的机会，让我们可以更好地剖析芝加哥的社会。

在对这件事的归因中，一些地方的活跃分子和社区领袖认为，责任应该由市长及市政府官员承担。城市基层官员都没能意识到社会风气和自然气候所带来的危险，没能采取有效的公共措施；市长和市议会批评基础设施的提供者联邦爱迪生电力服务公司；官方报告和公共委员会② 批评新闻组织没有发出足够的警告；面对批评，像《芝加哥太阳时报》这样的一些报纸以政府忽略了自己应有的应急处理计划为由，进行反击；市高级官员指责受害者家属，因为他们未能照顾好他们的亲人；公众服务部的委员简单地将责任归因于受害者本人，"他们死于自己的疏忽"。③

那么，到底谁应该为芝加哥热浪中的超高死亡率负责？其实，没有单纯的原因能够解释为什么在这个悲剧中有那么多芝加哥人死去，当然也不存在某个人或某个团体能为整件事情负全责。用社会剖析的方法或许能为我们拨开层层迷雾，看清个中缘由。

---

① Marcel Mauss, Henri Beuchat, *Seasonal Variations of the Eskimo: A Study in Social Morphology* (London, Boston: Routledge & Kegan Paul, 1979), pp. 1-15.
② 英文原版中，此句的主语为：Official reports and public commissions。参见 Eric Klinenberg, *Heat Wave: A Social Autopsy of Disaster in Chicago* (Chicago: University of Chicago Press, 2015), p. 31，中文版将其翻译为"官方报道"，有些欠妥。此处翻译为"官方报告与公共委员会"。
③ 这里多处翻译值得商榷，可参照英文版原文。Eric Klinenberg, *Heat Wave: A Social Autopsy of Disaster in Chicago* (Chicago: University of Chicago Press, 2015), pp. 31-32。

二　独自死亡：孤独的社会生产

在美国，普遍认为"好的死法"应该发生在家里，因为对家里设施的熟悉能让临终者感觉舒服些。更重要的是这个过程应该是群体参与的，有家人在场、有朋友陪伴。当有人在家独自死去时，这样的死可以看作被社会抛弃和失败的强有力的证据。

美国的社会学研究传统持续关注社会的孤独问题，《孤独的人群》《追寻寂寞》《真实的弱者》《独自打保龄——美国社区的衰落与复兴》等经典的社会学著作都将目光投向了这一话题，认为社会孤独是众多不同社会问题的根源。从实际情况来看，美国的社会孤独问题异常突出，独居（living alone）现象越来越普遍。20世纪50年代以来，独居老人的比例一直在飙升。到20世纪80年代中期，65岁以上的美国人中大约有1/3是独自居住，80岁以上的老人超过一半是独自居住。

为什么这些老人会选择独居，并且将陌生人拒之门外？首先要考虑的是经济因素，阶层地位是孤独和独居的决定性因素。研究显示，三个贫困的老人中有两个是独居的，且膝下无儿无女的老人会更容易变得孤立无援。经济拮据的老人们恐惧陌生人的拜访，因为对他们来说，一场抢劫或盗窃就意味着在食物、医疗、租房、水电等方面的费用不足。其次，社区对老人来说也不安全，社区中行为不端者、公司、邮购业务和推销员都一再把老人当作牺牲品。老人接触这类骚扰而形成的印象导致他们对外界愈加猜疑，尤其是当有突然来访的和不认识的人敲门时。再次，老人担心自己的人身安全。老人特别关心自己的健康，他们意识到自己体弱多病，容易受到伤害或攻击，他们担心羸弱的身体不仅不能使他们顺利逃脱，恐怕还会因遭受突然袭击而伤亡。他们想逃离陌生人带来的这种危险。最后，老人作为忠实的媒体受众，广播和电视新闻有关犯罪的报道、城市犯罪故事的各种消息，都增加了老人对犯罪活动的担忧。老人们由于在电视屏幕上经常看到如此多的谋杀和伤害事件，受到惊吓不愿离家一步。

对老人们来说，这些公共生活带来的压力与另一个美国文化的本质特征形成了合力，即对独立和自主的理想化和推崇。许多老人发现，保持孤独和拒绝帮助是保全自己的最佳方法。①

---

① 〔美〕埃里克·克里纳伯格：《热浪：芝加哥灾难的社会剖析》，徐家良、孙龙、王彦玮译，商务印书馆，2014，第66页。

在热浪期间，许多芝加哥的老人不愿打开他们的窗户，并且拒绝配合那些跟踪调查他们并试图帮助他们的志愿者和城市工作者。[①] 把陌生人拒之门外已经成为独自生活在城市中的老人生存的一种策略。

三 公共空间：都市邻里的支持形态

曾有流行病学的研究者讨论人口及社会环境对热浪的影响，但是他们却忽略了在芝加哥热浪中，不同区域之间死亡率的差异。在芝加哥，有这样两个相邻的社区，他们在人口层面存在相似点，但死亡率却相差 10 倍。他们是北朗代尔与南朗代尔（俗称小村，Little Village），其中北朗代尔死亡人数有19 人，南朗代尔死亡人数是 3 人。这两个社区的微观气候相似，独居人口数和生活贫困的老人的数量也几乎一模一样。为什么死亡率相差如此之大呢？这似乎要从这两个社区的差异中来寻找答案。

这两个社区大致有几个差异值得注意。其一，两社区居民的种族不同。其二，两社区在生态特征上不同。罗伯特·麦肯齐（Robert McKenzie）将生态特征解释为在环境的选择、分配、适应性的作用下，人类在时间和空间上的联系。[②] 换句话说，人们和组织的空间配置形成了当地的生活。其三，二者在社会形态学上也有不同。马塞尔·莫斯将之定义为社会的物质基础，即由土地、人口的数量与人口密度共同构成集体生活的基础。

有观察者将两地区死亡率的差异归因为两地人口的种族不同。北朗代尔96% 的人是非裔美国人，小村 85% 的常住人口是拉丁裔美国人。但关于拉丁裔美国人更耐热、更团结的表述并不具有科学证据。或许两社区的生态特征与社会形态上的差异更具解释力。

这还要从北朗代尔与小村的发展历史开始谈起。在 20 世纪早期，北朗代尔地区对波兰和捷克斯洛伐克移民有很大的吸引力。大约在 10 年间，北朗代尔的人口从 46226 人增长到 93750 人。到 1930 年，这个地区到处都是居民和商人，人口密度是普通城市密度的两倍。1930~1940 年，犹太人是当地的主要群体，但是大部分居民是这里的租户而没有在这里买房定居，一旦非裔移民到了这里，超过 75% 的白人居民便马上搬离这里。到 1960 年，北朗代尔完

---

① 〔美〕埃里克·克里纳伯格：《热浪：芝加哥灾难的社会剖析》，徐家良、孙龙、王彦玮译，商务印书馆，2014，第 64 页。

② 〔美〕R. D. 麦肯齐：《人类社区研究的生态学方法》，载 R. E. 帕克、E. N. 伯吉斯、R. D. 麦肯齐《城市社会学——芝加哥学派城市研究文集》，宋俊岭、吴建华、王登斌译，华夏出版社，1987，第 63~77 页。

成了美国城市历史上最快速最彻底的种族转变过程，在仅仅10年间，从几乎90%都是白人到超过90%的非裔人。与此同时发生的是，在20世纪50~60年代，芝加哥工业衰退，北朗代尔地区的经济基础被削弱。到1970年，75%的工厂搬离了这里，消失殆尽的基础设施使得当地居民逃离北朗代尔。1980~1990年，北朗代尔地区经济几乎没有增长，银行业、小企业、娱乐业等行业均受到影响。北朗代尔的居民现在不仅没有邻居可以走动，也没有地方上班工作。商业组织和当地经济的衰退使得这一地区的公共生活更加恶化。从工业衰退以来，几乎有一半的人移居他处，只留下空荡荡的房子和那些承诺留下或无奈留下来的邻居。到1990年，北朗代尔40%的土地是荒芜的。

20世纪90年代北朗代尔当地的居民承受着当地社会网络和空间的压力。工业、商业衰退之后，不法药物（毒品）的生意急速发展，代替了正式的商业经济。空旷的角落和田地，长满杂草的开阔地，废弃不用的建筑物件和昏暗的街道，都为毒品交易者提供了安全保障，同时，也使当地居民感到不安全。毒品贩子和帮派为了抢夺地盘和市场引发的暴力冲突将北朗代尔变成了一个危险的区域，改变了当地的社会与自然环境。对他人的恐惧限制了老人的公共活动，也限制了那些年轻和健康的人来支援老人，"恐惧使人们无法外出"。①

这里主要的两个正式社区参与渠道——教堂和街区俱乐部——成为仅有的依靠。教堂和以教堂为基础的社会网络确实在热浪期间帮助了不少当地老人和病人，保护了许多脆弱的住户。街区俱乐部作为邻里构建社会凝聚力的一个关键资源，它起作用的重要前提是有一个由活跃居民组成的核心团体。但是，居民的高流动率耗尽了这个地区老居民保留下来的情感归属和财产纽带，而且撼动了当地的社会网络。街区俱乐部在热浪中几乎无法起到重要作用。在热浪期间，仅有的教堂所做的努力对于城市社会网络的巨大缺口来说，只不过是杯水车薪。

反观小村发展的历史，它走了一条与北朗代尔完全不一样的道路。在建立之初，该社区主要由捷克斯洛伐克裔人、德国裔人和波兰血统的人组成。直到19世纪末20世纪初，该地区才开始兴旺。20世纪50年代中期开始，墨西哥裔美国人到小村生活，到60年代末，这个地区居民获得了明确的拉美身份。小村活跃的街道生活吸引了老人和年轻人来到公共场所，在这些公共场所，非正式的互动和偶然对他人的观察成为社会凝聚力的典型形式。安全的

① 〔美〕埃里克·克里纳伯格：《热浪：芝加哥灾难的社会剖析》，徐家良、孙龙、王彦玮译，商务印书馆，2014，第105~108页。

人行道、当地零售商和食品杂货商，还有充满活力的公共活动都为当地居民的健康和福利提供了好处。到 20 世纪 90 年代末，商店、小公司和当地组织、大型的居民住宅区开始遍布整个地区。小区的社会生态在热浪期间为老人提供了重要的帮助。其一，街区通过相关安全措施鼓励老人来到公共场所，在公共场所中与社会的接触有助于他们得到其所需的帮助；其二，这些地区的商场、银行和其他商业中心给老人提供了空调设备，帮助他们缓解炎热。

北朗代尔与小村不同的社会发展历史塑造了完全不同的社会生态，致使两地在热浪期间的死亡率存在巨大的差异。

四 治理城市：企业化管理和公关之上的政府

在这一场公共卫生事件中，政府必定扮演着重要的角色。但是 20 世纪 90 年代中期的芝加哥政府是一个典型的企业部门，对管理质量和效率十分重视，将自己的各项服务向私有企业外包，其对待公民像企业对待顾客一般。公共资源竞争性的获取方式抛弃了城市的部分公民，尤其是那些独居的贫困老人。在热浪期间，城市的治理模式削弱了市政府为芝加哥居民提供有效服务的组织能力。

（一）城市提供服务的工作授权给了类似于军事组织的机构

在热浪发生四个月以前，警察局局长承诺要完全恢复老人公民小组，并且为每一地区指派一名受过训练的资深官员。事实上并不存在老人公民小组，他们在从事一些与老人无关的工作。如果警察想从事社区服务的工作，他们必须经过培训。但所有有志于做好服务工作的警察都对为期三天的培训持消极态度，警察不想当一个"管一些鸡毛蒜皮的小事的小警察"。大多数警察对于成为社区工作者没有太大兴趣，他们不愿意放弃旧有的工作方式，如此一来，警察几乎不可能去应对上级赋予他们的处理社区邻里关系的工作。

"都市老人在行动"（Metro Seniors in Action）是芝加哥一个代表老年人的组织，在热浪期间他们想为老人们提供公共服务上的支持，但是政府忽视了他们在热浪中请求采取特殊支持计划的诉求，并且拒绝了他们为城市提供志愿工作者的请求。

（二）不同城市、乡村、州和联邦机构在服务方面缺乏一个有效的系统来加以协调和监督

戴利市长一家人在热浪袭来的那一周正好在密歇根度假，当时并没有人

向他报告死亡人数。其他几个部门的高级官员包括卫生部门和消防部门的官员在热浪期间很多都在外地度假，他们掌握的信息还不如普通公众多。媒体的报道引起了他们的注意，最终政府开始实施应急计划。政府官员曾经低估城市应急系统和研究所发布的早期预警信息。直到那周的周末，消防部门才召集更多的消防员和救护车，而这时事态已经相当严重了。

医护人员抱怨消防部门和消防员对医疗系统工作不熟悉阻碍了信息的传递，降低了城市的反应能力。[1] 他们最严重的指控是芝加哥官员和消防局领导拒绝呼叫更多的救护车和医护急救人员，因为这些官员和领导要考虑用在这次公共事件中的预算。"城市政府官员只关心所谓的节约资金，而以牺牲人们的生命为代价，消防部门的领导漠不关心市民生命。"消防部门没有集中监管消防员或求救服务系统，机构分散，每个部门单独行动，缺乏有效的配合，很少向上级部门汇报数据。

当老人在他们的辖区内面临死亡时，冷酷僵化的机制只是一个空架子，因为城市没有激活任何机制提醒公众注意热浪的危险性。

（三）公共系统未能提供足够的基本资源

20世纪80年代早期开始，政府支持计划以及财政拨款都开始调整，钱变得少了。面对逐步上涨的能源成本，政府补助金削减，老人固定的收入减少。因此在热浪期间，老人即使有空调也尽量不开空调，因为不想让自己的能源开支处于入不敷出的状态。20世纪90年代，城市居民也不知道当他们需要最基础的生活用品（如家用能源和饮用水）援助时到哪里去申请。社会和空间地位使他们无法被服务提供者看到。企业服务系统和孤寡老人之间的政策错位，导致在热浪过程中芝加哥老人不堪一击。

（四）政府极力用公共关系来维护自己的形象，将行动摆在次位

政府在热浪危机中本应担起重要的救治责任，但是芝加哥市政府的一系列行动都让人大跌眼镜，在公关方面它却是极致的高手。

戴利市长发现事件的严重性后发表声明，他"并不否认有人死亡"，也承认如此密集的死亡事件必定与中暑有关。7月20日，他再一次召开新闻发布会，发布了一项新的高温紧急计划（与之前失败的一项计划几乎无异），将重

---

① 〔美〕埃里克·克里纳伯格：《热浪：芝加哥灾难的社会剖析》，徐家良、孙龙、王彦玮译，商务印书馆，2014，第140页。

点放在未来危机的防治上，对指责他未保护好南区非裔居民的批评不屑一顾。他声称，黑人和白人死亡的数量是相等的（但比例上不相同），并称赞自己和其他政府官员组织了一次有效的应急处理。

对热浪的责任归属问题，他持续发表自己的看法，极力撇清政府的责任。在发布会上他断言，如果年长者的家人和邻居忽视自己向年长者提供帮助和关心的责任，政府所能做的也非常有限。其后，又将注意力转移到提供电力的联邦爱迪生电力服务公司身上。这个电力公司在提供电力上出了故障，戴利曾指责其造成了大部分的损失。

在热浪之后，他仍然没有追查热浪中自己的行政管理团队的一些问题，而是成立了委员会调查热浪事件。市长办公室在 11 月公布了最终调查报告，但是报告只是确认了热浪死难者，指出个人体弱多病容易遭到热浪攻击，并没有揭示灾难背后的社会群体结构因素。操纵和发布这项报告的市长办公室，很乐意用这份报告来进一步强调个人在危机中的责任，为市政府在这场危机中的失职行为进行开脱。无论如何，这样在官方上似乎有了解释，但实际上根本没有引起社会的关注。

社会学家斯坦利·科恩（Stanley Cohen）在《国家的拒绝：知晓暴行和苦难》一书中曾描写过政府用来避免对公共事件负责的一系列特有手法。他认为，一般拒绝的方式包括这样几种。文字拒绝：事实或事实的认知被拒绝。解释拒绝：粗略的事实并没有被拒绝，然而，与其他人表面上看来的现象不同的是，他们给出不同的事实描述，真正发生的则是另外一回事。暗中拒绝或拒负责任：将责任推给其他力量，表明这与政府没有任何关系或超越了政府的控制。拒绝声音或使其沉默：利用政治权威使不同意见的报道保持沉默。现实语言拒绝或重新命名：使用委婉语言掩盖事件的意思等。公共记录的拒绝：利用政府的符号权力来界定政府对事实的看法。模式拒绝：声称这个事件是特殊的和反常规的，是历史未曾有过的。毫无疑问，芝加哥政府几乎全部中招。实际上也不仅仅是芝加哥政府。①

市政府对热浪的反应遵从一种保持距离和拒绝的模式。从公共关系上来说，芝加哥政府无疑是成功的，但是它所带来的后果也是显而易见的。它阻止城市机构启动应急程序让急需解决的问题得到快速干预，还阻碍了社会和政治分析的进程，使得本应有的对灾难的进一步调查也没有了，最后只能是

---

① Stanley Cohen, *States of Denial: Knowing about Atrocities and Suffering* (Cambridge：Polity Press, 2013), pp. 7–134.

一次次的重蹈覆辙。

五　生产新闻：灾难中的媒体

新闻媒体在灾难中所起到的作用是不可替代的，政府经常依靠当地主流媒体的报道为市民提供重要信息。社会学并不注重对媒体呈现或媒体内容的研究，而注重分析记者和编辑在制作报道时的情形，观察新闻机构中的记者们是怎样致力于刻画灾难报道的符号性的。气象状况、居民为了保持凉爽用水消暑、太平间的照片等这些媒体报道背后的生产逻辑是怎样的？外源性压力和内生性机制都在其中起作用。

从 7 月 12 日气温升高的时候开始，芝加哥当地的《芝加哥论坛报》就将中暑作为头条标题。它将其他媒体，如广播媒体、电视媒体的报道作为参照，选择一些不同的报道角度完善报道。而编辑部本身也会受到其他主流媒体的影响，他们把一系列常规故事内在化，新闻生产的专业化网络与制度性结构也使得新闻制作被同化，使公共空间的活力受到限制。

周末，热浪仍在持续，这是每个人都认识到灾难严重性的一天，但是媒体的报道却不多，因为在周末大多数有经验的编辑和作者正在参加一年一度的聚餐会，值班的编辑有一个记者和编辑的名单，如果需要人手，就打电话给这些人。

记者们被派出去采访，对他们来说，关键的信息来源，特别是当地政府官员和大型组织，在帮助新闻记者获得政治事件内部消息方面扮演着重要的角色。当记者们找不到获取信息来源的渠道时，他们首先想到的便是政府。这些关键的信息来源能因此左右报道中的内容和事实，这在甘斯①那里已经得到过印证。

在写稿时，《芝加哥论坛报》等报纸普遍采用杂志的新闻生产模式，一位主要撰稿人（往往是高级记者）在一群记者搜集到的信息的基础上写出整个新闻，这些记者被派往街头采访，之后打电话到编辑办公室报告他们的发现，同时听取下一步安排。编辑和主要撰稿人有机会在他们所收集的其他信息的基础上改动或是深化调查报告。

在爆炸性新闻面前，撰稿人也面临紧张的时间压力，不但要描述事件，还要解释事件。如何解释事件？最通用的方式有两种：一种是捕捉官方辞令；

---

① 可参见〔美〕赫伯特·甘斯《什么在决定新闻：对 CBS 晚间新闻、NBC 夜间新闻、〈新闻周刊〉及〈时代〉周刊的研究》，石琳、李红涛译，北京大学出版社，2009。

另一种是采用之前已经形成了的可用的大众化观点。很显然，在热浪期间，市政府官员和部分气象学家强调的自然灾害和气候原因成为记者们解释事件的一个思路。

在对灾难的呈现中，用水对付高温，或者是用自然的方法对付自然，都是可以见到的场景，这主导了最初的对灾难的报道。但当高温开始变得致命时，图片记者就可以得到新的和更具冲击力的材料。新闻大众希望能够在电视新闻节目和报纸上看到表现死亡事件和死难者的图像。记者可以在太平间的停车处等候，并且有信心得到一张完美图片表现死亡。报纸头条的制作被照片所主导，新闻画面提供的视觉图像成为报道的重心。如此，新闻很容易就把危机转化成可视化的景象，从而隐藏事件本身蕴含的更深层次的社会和政治问题。

编辑需要考虑媒体上的内容对受众的影响，需要考虑什么样的议题和事件对读者而言才是具有新闻价值的。在都市版上，热浪显然是一个热点事件，但是乡村版对有关热浪的新闻报道进行了删减、编辑、摘录和重组，以适应乡村读者的口味。编辑通过转换图片描述的人物形象，以便报纸的视觉效应能够回应特定读者群的需要，而这些特定读者群往往希望新闻能够报道与他们处境类似的人物。

《芝加哥论坛报》的一些记者与编辑对这次灾难事件的新闻报道进行了评估，几个编辑认为报纸上的新闻报道本应对死难者给予善待，而事实上他们对热浪死难者的报道显得过于表面化。于是，成立记者团对这一事件进行了为期三周的调查，但最终这一调查行动因资金不足而流产。在芝加哥进入冬季后，主编们得出结论，没有多少读者会想在秋季继续关注在夏季已报道过的新闻。编辑计划报道的整个新闻事件已经随着热浪死难者逐步淡出人们的视线而被人们遗忘。

六 结语

在进行了一番社会剖析之后，再回到最初的问题——为什么1995年芝加哥的热浪造成了超高的死亡率？这座城市危机四伏，诸多的社会因素时刻威胁着城市居民的安全，尤其是老年人。

其一，城市居民中独居老龄人口增加，他们常常没有近亲，也没有可靠的常规联系人员和社会网络。这些老人在热浪事件中比其他群体的人面临更大的死亡危险，同样，他们在日常生活中也承受着不可见的威胁和不可言说的尊严危机。虽然美国社会学一直在讨论社会资本，但是对社会资本的讨论其实忽略了对成千上万孤独地生活着的或是遭遇健康问题的老人的社会解决方案的重视。

同时，城市在发展的过程中，淡漠了人际关系，产生了对门不认识对门的状况，我们都是生活在这片区域的陌生人。如若要与周围的人产生联系，还得通过敲锣打鼓的方式，获得隔壁邻居的注意力。那些引起了人们注意的发声者，从一方面来说，他们是幸运的。那些被忽略的弱者以及未被我们注意到的人呢？他们不应该被这座城市、这个社会漠视。

其二，日益增长的居住集中化，以及富人和穷人的社会隔离。这些富人和穷人分别聚集在互相排斥的隔离的城市的不同部分，这样会存在相互隔绝的风险。[①] 在不同的居住区形成了不同的社会生态，糟糕的社会生态系统会破坏公共生活空间，限制人们外出，阻断人们公共生活和获得社会支持的道路。

其三，应该在社会灾难中起到重要作用的政府也问题频出。第一个问题是组织方面的错误配置。将从事治安管理的警察放在社区服务的位置上。第二个问题是将城市居民（包括老人和弱势群体）变成了公共物品的消费者，只有聪明的顾客才能在市场中得到服务。这是一种错误的服务配置方式。这种方式下，那些没有能力却极需要服务的人却得不到服务。第三个问题是城市管理者与管理者所应服务的弱势群体之间的社会距离拉大了。当政府的运作越来越像职业的公司，委员变成了 CEO，机构把更多的服务转包给私人公司，并且警察取代地方官员和区域长官作为社区的哨兵时，政府会失去与市民的联系，不了解市民需求。第四个问题是政府越来越多地运用公共关系和市场营销计划去编造他们各项计划成功的新故事。回应型政府可以使用这样的形象塑造良好的形象，但这仅仅是个美丽的外壳，不是真正的政府。

其四，与新闻机构在城市象征性政治中的角色有关。这里有两个重要的趋势需要考虑。一是新闻机构的转变。这种转变是为了应对日益增长的文化和经济压力，使新闻公司能够娱乐观众并使新闻机构能够获得更多利益。二是新的输送体系的兴起。这种输送体系利用市场规则去区分读者，以便于读者得到更少的中心地区的信息而得到更多他们自身的信息。

热浪不仅仅是一个特殊的气候事件，其背后有极其复杂的社会因素。它

---

① 〔美〕埃里克·克里纳伯格：《热浪：芝加哥灾难的社会剖析》，徐家良、孙龙、王彦玮译，商务印书馆，2014，第 243 页。

像一面镜子，将平时不易察觉的问题暴露出来了。或许我们值得庆幸的是在1999 年热浪再次袭击芝加哥时，芝加哥已经在各个方面做了改进，死亡人数是 1995 年热浪时候的 1/7。如果我们能在历史中汲取一点教训，哪怕只是一点，那也是值得庆幸的。

交换正义：交往中的重要伦理问题

肖劲草[*]

　　交换是重要的传播/交往（communication）实践，正如货币是生活中最重要的媒介一样。但研究货币的主力是货币金融学，而非媒介学，那么有必要将交换纳入传播学视野，而不是将其留给商业贸易类学科吗？这个逻辑在过去可能有效，但如下现象促使我们进一步思考。就交易者而言，近几年我国推出了青少年网络游戏消费的限制条款，国外也有影视产品的分级规范，对青少年消费某些影视产品作出限制。交易内容方面，购买流量，购买"网络服务"刷舆论、刷榜，购买涉隐私的数据涉及安全、伦理、法律、政治等诸多事宜。就交易方式而言，网络视频产品的"套娃式"收费，公益平台对慈善捐款的"提成"，平台对视频打赏的"抽水"，粉丝群体为偶像打榜的消费"刷单"等，其交易的规模、涉及用户数量规模都已十分庞大。在互联网社会，众多媒介实践已经和交易紧密捆绑，或已成为促成交易、服务交易的重要环节，不少媒介实践之所以重要，正是由于其创造了交易，创造了通过交换解决需求的方案和途径，带来了经济和社会的繁荣，并引发了相关的社会、伦理、法律和政治方面的问题。忽视交换将遮蔽深入理解关涉平台经济、流量经济、粉丝经济等传播现象的视野，当下正是继传播政治经济学之后，再次将"交换"纳入传播学视野的好时机，也是在数字时代思考交换伦理的重要时刻。

　　那么，交换伦理和交换正义有何区别？一般而言，正义是作为底线的道德，例如，向未成年人出售一包香烟是不道德的，但似乎这够不上不正义，正义与道德之间存在着边界，研究交换正义首先就要探究这条边界。其次要关注交换正义所辖的具体原则是什么，以及确证它们的方法。这一点，可以参考罗尔斯对社会正义的思考。再次就是结合交换中的具体问题，如在应用

——

* 肖劲草，武汉大学媒体发展研究中心研究员，武汉大学新闻与传播学院副编审。

—

中分析阐释交换正义具体原则的内涵和适用边界。最后还需要思考交换正义和社会正义等其他正义问题的关联。

《交换正义：和谁交换？交换什么？怎样交换？》围绕上述问题做了较为系统的思考，① 具体思路如下：引论部分阐明研究的"背景与意义""脉络与现状""路径与方法"，以及要解决的主要问题和重难点。第一章主要讨论何为交换，解析交换的要素和交换产生的条件。第二章对交换正义进行一般性考察，力图通过分析正义的作用，找到不正义的交换与不道德的交换的边界，结合交换正义面对的实践问题，寻找交换正义所辖的具体原则，包括尊严原则、自愿原则、公平原则、不伤害原则、反歧视原则、权利原则等。另外，这章特别强调交换正义与正义其他分支的关系。例如，交换正义需要社会正义来确立正当的产权、人身权利等。在后面分析自愿原则时也会发现交换正义对道德理论的依赖。自第三章起，结合"和谁交换？交换什么？怎样交换？"中的具体问题，阐释具体的正义原则。第三章讨论我们可以和谁交换，解析交换主体应具有的意志和决策能力、技术资质、道德资质，以及歧视现象，重点分析歧视的道德属性和反歧视原则的具体内容，简略探讨自由市场与歧视的关系。第四章回答"我们可以交换什么"，分析了权利原则和不伤害原则。最后两章聚焦"我们应该如何交换"。第五章研究自愿交换，第六章研究公平交换。

撰文时，笔者构想过两种章节设计方案。第一种是写完第二章后逐章讨论交换正义的具体的原则，最后一章运用这些原则来解决交换正义面对的实践问题。如此安排的好处是凸显对原则的分析和把握，劣势是全书只在开头和结尾聚焦总问题，问题不突出。第二种是现在的安排，以问题为中心，当需要阐述具体原则时，结合具体问题展开论述，叙述紧凑，秩序井然，总问题和子问题的层次、逻辑更为清晰。

如何将哲学史的分析同问题分析相结合是一个棘手的问题。哲学史研究是哲学训练的重要组成部分，其特点是可以"锚定"具体的文本。一方面，作者应有比较清晰的文本解读逻辑和分析框架；另一方面，在分析中要有问题意识和批判性思考。要梳理清楚作者的问题和作者的回答方式与论证方式，还要"逼迫"文本回答自己的问题。这类研究的难点就是如何平衡"我注六经"和"六经助我"，风险是容易丧失问题，把"接着讲"变成"照着讲"。本书着眼于问题研究，没有要"锚定"的文本，但有很多需要处理的哲学史

① 肖劲草：《交换正义：和谁交换？交换什么？怎样交换？》，社会科学文献出版社，2020。

资料，如何将哲学史分析同问题分析相结合呢？笔者还是选择了"夹叙夹议"的方式，当问题需要哲学史分析时就将其展开，不单独谈哲学史。哲学史的价值在于提供解题的思路和论证的"养分"。

最后聊一下写作的风格。哲学作品可以大量使用专业术语和隐喻，也可以根据目标读者和历史社会调节，略写甚至略去时代背景与学术背景，让文本变得晦涩。写哲学史作品时还可以用分析对象的话语来写作，采用"诗化"的语言等。这些为阅读设立了门槛，普通学者和学人面临进入障碍，写作的价值和意义不容易彰显。不过哲学作品也可以较为通俗，特别是实践哲学、应用伦理学方面的作品，由于每个人都有政治实践、伦理实践的经验，只要有阅读的耐心和兴趣，总能领会其中的意义。因此，本书力求表述清晰和论证严谨，不"掉书袋"，写大白话，争取多一些交流和互惠性理解。下面以对交换概念的界定和对公平交换的分析为例，介绍部分本书的内容。

何为交换？在日常用法中，交换被视为物的互相转让，或以为他人做某事来获取回报，经济学家把交换视为权利的相互转让，社会学家则将非约定性的相互回报也视为交换。由于社会交换所包含的内容过于广泛，且交换主体间的义务并非源于双方的约定和同意，而是源于非正式的习俗。如何回报、何时回报具有较大的不确定性。如果回报不恰当，也不能强制进行回报。因此，社会学中的交换概念不适合用正义这个对确定性和可执行性有较高要求的道德范畴来评价和规范。笔者对交换的界定主要针对交换的日常用法和经济上的用法，初步界定为：

（1）甲方承诺以做或不做某事 A 为条件，要求乙方做或不做某事 B。

（2）乙方同意并承诺完成甲方的要求。

（3）双方完成承诺。

这个界定的优点是扩展了交换的内容，强调了交换只需包括同意。缺点是它过于宽泛，容易混淆交换和其他类型的合作行为。例如，一群人在一起制定交通规则，他们以自己靠右行驶为条件，要求其他人也靠右行驶。如果各方都遵守承诺，一种大家都靠右行驶的交通秩序便诞生了。又如，当人们建立组织时会约定以自己做或不做事 A 为条件，要求其他合作者做或不做事 B，重新规定彼此的权利和义务。再如，当每个人都以把报复的权利转交给第三方为条件，要求其余的人也将报复的权利转交给第三方。这三个例子虽然满足上述初步的定义，但它们却有着交换所不具有的建构性。所谓建构性是指，合作者通过限定彼此的行为，权利和义务建立一种新的秩序或组织。在这种情况下，合作者并不直接从对方的行为中获利。给合作者带来利益的是他们共同建立的新秩序。合作者自身的作为或不作为是建立秩序的必要条件。如果有任何合作者不履行承诺，新的组织或秩序就不能建立起来。这种"不可能"不是指某人的不履约会导致他人的不履约，而是指个人不履行承诺就足以瓦解组织和秩序。秩序和组织就如同一台特殊的机器，如果缺少任何一个零件，这台机器就组装不起来。靠右行驶的秩序依赖于每个人都放弃靠左行驶的权利。如果有人不放弃靠左行驶的权利，靠右行驶的秩序就无法建立起来。又如，在创办公司的时候，如果股东不放弃其对自有资本的部分产权，公司的产权结构就无法确立，新的合作秩序便无法产生。秩序和组织的产生依赖于所有参与者的共同行为。

与上述的合作不同，交换的特点是互补性，而非建构性。互补性是指交换各方的所得是对方直接提供的东西。在交换中，人们的作为或不作为不是为了制造一台"新机器"，建立新的秩序和组织。因此，为了排除这种混淆，对交换的界定还应包括：

（4）一方的作为或不作为可以直接满足对方的需求。

（5）各方的作为或不作为不产生新的秩序或组织。

满足上述五个条件的相互行为可被视为广义的交换。这个定义吸收了经济学家、哲学家和日常观点对交换的看法，突出了交换的三个特征。第一，交换必须基于同意。同意一方面把交换同暴力获取、偷窃等行为区分开，另一方面又容纳了交换中可能出现的被迫。第二，共同性，即交换不是单边行为，双方都要有所付出或有所放弃。双方的行为都以对方完成承诺为条件。共同性将交换与相互赠送礼物的互惠行为区分开。第三，互补性，交换的一方所获得的东西正是另一方所提供的东西。互补性将交换同其他建构秩序、建构组织的合作行为区分开。另外，由于交换的内容通常是权利，所以交换不仅涉及个人的行为，而且涉及相关的社会制度和法律体系。

何为公平交换？公平和正义有密切的联系，既相似又不同，最好进行对比分析。什么是正义？正义有张普罗透斯的脸，不说的时候似乎知道，张嘴却说不清。"不正义的行为"与"不道德的行为"的差异是什么？现实生活中我们会说很多行为是不道德的，但似乎不能说所有不道德的行为都是不正义的。不正义一定不道德，不道德不一定不正义，我们可以通过讨论正义的作用来进行区分。

将"正义"与"公平"比较。"不正义"与"不公平"有一部分重合，另外一部分不重合。"正义"概念在西方历史的变化中囊括了"应得"（desert）和"公平"（fairness）这两类基本含义。[1] 但公平和正义至少有以下几点区别。

第一，公平是比较性的。用公平来评判行为和规则时，我们需比较对待不同主体的方式，只有在比较中才能判断行为或规则是否公平。与公平不同，正义不仅有比较性的用法，还有非比较性的用法。例如，战争正义中的"正义"是非比较性的。司法正义也具有类似的特点，我们有明确的规则判断 A 是否有罪。当然司法正义在量刑的时候会考虑比较性因素，对 A 的量刑应同同类案件进行比较，不然将有失公平。此外，正义还反对侵犯人的基本权利和自由，这同样也是非比较性的。第二，公平并不代表道德，而正义的则必定都是道德的。小偷分赃，垄断集团瓜分垄断收入，黑帮制定"游戏"规则也会追求"盗亦有道"——追求不当得利的公平分配。公平地分赃仍然是不道德的行为。与此不同，正义的行为则都是道德的。与公平相比，正义具有更高的道德价值。第三，在判断是否公平时，我们有更多的空间，而在判断某些行动和规则是否正义时，我们有相对严格的限定。正义关涉对"质"的判断，权衡空间相对较窄，而公平则关涉"度"和"量"，更多地需要亚里士多德意义上的"实践智慧"来权衡。

以上是公平的重要特点，那么我们应当如何确定公平的内涵呢？特性分析无法告诉我们答案，我们需要寻找理论来辨析内涵。当代学者克雷格·卡尔（C. Carr）提出了相对完整的公平理论，根据克雷格·卡尔的理论，公平评判的社会活动应该具有内在目的，我们需要借助社会活动的目的来确定公平的具体内涵，公平的主旨就是使社会活动忠于其内在目的。[2] 笔者赞同克雷格·卡尔的理论，克雷格·卡尔借用拳击比赛的例子来说明这一点。[3] 在克雷格·卡尔看来，拳击比赛的目的是筛选拳击技术和运动能力最强的人，而非寻找最能击倒对手的人。因此，公平的比赛规则会对参赛者的体重进行分级，禁止体重悬殊的人同场竞技。因为在自然禀赋相当的情况下，更利于

---

[1]　D. D. Raphael, *The Concept of Justice* (New York: Oxford University Press, 2001), p. 238.

[2]　C. Carr, *On Fairness* (London: Ashgate Publishing Ltd., 2000), pp. 56–64.

[3]　C. Carr, *On Fairness* (London: Ashgate Publishing Ltd., 2000), p. 46.

测试技术与运动能力。公平的比赛规则也会禁止在拳击手套中放铅块的行为。因为放置铅块会增加因一次被击中就终止比赛的情况的发生概率，不利于对拳击技能的测试。与拳击比赛不同，自由搏击比赛的目的就是挑选出最能击倒对手的人，因此公平的比赛规则不会排斥体重和其他自然禀赋上的差异，击倒对手就是一切。

司法审判也有其目的，即进行正确的判案和量刑。所以，公平的司法审判程序和制度要求法官平等地对待原告和被告，允许双方进行辩护，拒绝政治力量、舆论力量干扰审判，要求同原告、被告有利益关系的司法人员回避。商业竞争的目的是让在质量、价格和服务上有优势的商家得到发展，所以公平的商业竞争禁止欺诈、强迫和垄断等竞争方式。同商业竞争相似，选举的目的是让最胜任的人获胜，所以公平的选举规则要排除舞弊、贿选等竞争方式。以上所举的例子都具有竞争性，但并非所有的竞争性活动都有公平。最明显的例子是战争，对于战争的参与者而言，获胜就是一切。无所谓公平的战争与公平的作战方式。暴力与欺骗是战争的美德。评判战争的道德规范是正义与非正义，而非公平与不公平。类似的情况也适用于追逐配偶，所以谚语说："在战争和爱情中没有不公平。"

公平所包含的具体内容有什么？它们有什么特点呢？公平最重要的特点就是平等。其体现在两方面。第一，公平要求社会活动的参与各方能平等地遵守符合活动目的的规则、制度和程序。第二，公平要求根据参与者提出的要求平等地划分利益。利益划分的问题常出现在经济和政治权益的分配过程中。如果诉诸谈判来解决利益划分问题，那么谈判的目的除了在于各方争夺自身利益外，还在于寻求能为各方接受的均衡点。带有这种目的的谈判活动有公平可以言。那种因兵临城下而进行的谈判，完全以暴力为后盾的谈判则完全没有公平可言。谈判的结果只是实力的反映。公平的结果不是反映权力和强力的结果，而是反映各种合理要求的结果。平等不是平均，而是要根据要求的合理性和强弱实现比例上的平等。例如，甲方生前分别欠乙、丙、丁200元，甲去世后只留下300元的遗产，那么公平的划分办法就是给每个债权人100元。如果甲生前欠乙400元，欠丙200元，甲去世后只留下300元，那么公平的划分方法则是给乙200元，给丙100元。这两个例子中各方都是基于同样的要求——债权——来划分利益，情形较为简单。复杂的情形是，人们基于不同的要求来划分利益，这些要求包括需求、应得和契约等。公平的划分方式就是在特定的情境中，分别考虑这些要求的强弱，按比例平等的方式划分利益。公平的划分是打破僵局，寻找各方可接受的均衡点，使实践活动得以进行的机制。另外，当利益不可分割时，则应按照要求的强弱实现机会上的平等。

那么，交换活动的目的是什么呢？该书认为，交换活动是竞争性的社会合作，交换的各方一方面在交换中争取自己的利益，另一方面希望通过交换找到为各方都能接受的、平等的和互惠的均衡点。[1] 公平交换就是能够很好地达到这一目的的交换。可接受性一方面意味着交换是自愿的，另一方面意味着各方的交换内容价值大体相等。前者由过程公平来保证，突出的是各方人格上的平等，后者则由过程公平和结果公平共同保证。对于某些交换内容，在特定的社会条件中，我们能够独立于交换过程对其交换价值做出较为一般的判断。结果公平在这里有比较突出的作用。对于某些特殊的交换内容，我们则难以独立于过程对结果进行评判。

---

[1]　肖劲草：《交换正义：和谁交换？交换什么？怎样交换?》，社会科学文献出版社，2020，第 123 页。

图书在版编目（CIP）数据

基于传播问题的跨学科阅读："随波逐流"读书笔
记 . 第二辑／单波，肖劲草主编 . --北京：社会科学
文献出版社，2025. 3. --ISBN 978-7-5228-4611-8

Ⅰ. G210-53

中国国家版本馆 CIP 数据核字第 2024GF1806 号

基于传播问题的跨学科阅读
"随波逐流"读书笔记（第二辑）

主　　编／单　波　肖劲草

出 版 人／冀祥德
组稿编辑／祝得彬
责任编辑／张　萍
文稿编辑／尚莉丽
责任印制／岳　阳

出　　版／社会科学文献出版社·文化传媒分社 （010）59367156
　　　　　地址：北京市北三环中路甲 29 号院华龙大厦　邮编：100029
　　　　　网址：www. ssap. com. cn
发　　行／社会科学文献出版社 （010）59367028
印　　装／三河市东方印刷有限公司

规　　格／开　本：787mm×1092mm　1/16
　　　　　印　张：16. 5　字　数：283 千字
版　　次／2025 年 3 月第 1 版　2025 年 3 月第 1 次印刷
书　　号／ISBN 978-7-5228-4611-8
定　　价／98. 00 元

读者服务电话：4008918866